LA CORDE POUR LES PENDRE...

Du même auteur :

Le Pétrole à l'heure arabe, en collaboration avec Nicolas Sarkis, Stock.

Vodka-Cola, en collaboration avec Charles Levinson, Stock.

La Puce et les Géants, Fayard.

ÉRIC LAURENT

LA CORDE POUR LES PENDRE...

Relations entre milieux d'affaires occidentaux et régimes communistes de 1917 à nos jours

FAYARD

Les capitalistes nous vendront eux-mêmes la corde avec laquelle nous les pendrons.

V.I. Lénine.

Ce livre doit beaucoup aux encouragements et à l'aide que m'apporta Fernand Braudel. Au cours de mes séjours aux Etats-Unis, j'ai pu bénéficier un temps des remarquables conditions offertes par le Wilson Center à Washington, grâce à l'invitation de son directeur, James Billington, qui est également un des meilleurs spécialistes du phénomène russe et de la réalité soviétique.

Je remercie Samuel Wells, qui dirigeait les « Etudes de sécurité internationale » au sein desquelles j'ai travaillé ; Branko Lazitch et François Fejtö m'ont aidé à vérifier quelques dates et points d'histoire. Mais cet ouvrage n'existerait pas sans Anne-Marie, ses conseils, son humour... et sa patience.

E.L.

I

Anatoli Dobrynine, 67 ans, ambassadeur d'Union Soviétique aux Etats-Unis depuis vingt-deux ans avec rang de vice-ministre des Affaires étrangères, apprit la nouvelle à trois heures quinze du matin, le 9 février 1984. Son secrétaire le tira du sommeil et lui tendit un télégramme en provenance de Moscou.

D'après les experts de la N.S.A. * installés à Fort Meade, dans le Maryland, qui l'avaient intercepté sans parvenir à le décoder, le message n'émanait ni du ministère des Affaires étrangères, ni du secrétariat d'Andréï Gromyko, mais de la section internationale du Bureau politique du P.C.U.S. Procédure inhabituelle qui en diminuait la portée diplomatique mais en accentuait on ne peut plus la dimension politique.

Dobrynine gagna immédiatement son bureau situé au même étage que ses appartements et téléphona, sur une ligne spéciale à cinq chiffres, à Bob MacFarlane, chef du Conseil national de Sécurité à la Maison Blanche, l'organe chargé de coordonner la politique étrangère et la défense américaine. La vague de froid d'une violence inhabituelle qui frappait l'Est américain continuait d'emprisonner Washington dans une gangue de neige glacée.

Dans un anglais parfait, l'ambassadeur — dont Henry Kissinger, qui fut longtemps son interlocuteur, estimait qu' « il

* National Security Agency : la plus puissante et la plus secrète des agences de renseignement américaines.

n'avait jamais eu le sentiment que son air dégagé reflétait une particulière bienveillance envers l'Occident » — déclara : « Monsieur le Conseiller, le secrétaire général du Parti communiste et président de l'Etat soviétique, Iouri Andropov, vient de mourir. Notre direction souhaite que le président des Etats-Unis soit rapidement prévenu. »

MacFarlane répondit qu'il allait immédiatement informer Ronald Reagan, ce qui plus tard devait se révéler faux. Le président américain n'apprit la nouvelle qu'à son réveil et ne fut donc pas la toute première personnalité étrangère avertie du décès du leader soviétique.

Immédiatement après avoir raccroché, Anatoli Dobrynine composa un numéro qui éveilla une sonnerie à cinq mille kilomètres plus à l'ouest, dans une luxueuse villa de Bel Air, le quartier le plus élégant de Los Angeles. Compte tenu du décalage horaire de trois heures, il était alors minuit quarante.

Allongé sur un lit, en robe de chambre noire et pyjama mauve, la tête confortablement calée par un amoncellement d'oreillers, un vieil homme rédigeait quelques notes dans le silence feutré de son immense résidence de Fletwood Street. Son physique était des plus contrastés : cheveux blancs impeccablement lissés, lunettes à fine monture, allure paisible et distinguée, nettement corrigée par des traits reflétant une vigueur presque carnassière. De petite taille mais massif, son corps dégageait une impression de puissance ; tout comme cette voix dure, au débit volontairement lent, que Dobrynine reconnut sur-le-champ.

« Docteur Hammer, je viens d'être informé du décès de Iouri Andropov. La nouvelle ne sera rendue publique que demain dans l'après-midi, mais le camarade Constantin Tchernenko m'a chargé de vous dire qu'il serait extrêmement honoré de votre présence aux obsèques qui auront lieu dans quatre jours. »

A une heure dix du matin, toutes les grandes capitales et leurs dirigeants, en Europe de l'Ouest comme au Japon, en Chine comme dans les pays du bloc soviétique, ignoraient et continueraient d'ignorer pour de nombreuses heures encore la disparition, après quatre cent soixante-six jours de règne, de l'ancien chef du K.G.B.

A cet instant, Armand Hammer, quatre-vingt-six ans, un des hommes d'affaires les plus prospères et les plus puissants de la planète, était le seul à avoir été informé d'un événement aussi considérable que la disparition du chef d'une superpuissance dont l'objectif ultime restait — en théorie — l'anéantissement du système que le vieil homme incarnait au terme de son extraordinaire réussite.

Le destin de Hammer est aussi énigmatique que fascinant. L'homme a été mêlé aux principaux événements qui changèrent la physionomie et le cours du siècle qui l'a engendré. A la différence de Howard Hugues ou de David Rockefeller, il n'a pas hérité d'un empire industriel et financier. Il a créé et développé le sien à coups d'audace. Léonid Brejnev et Ronald Reagan, deux de ses amis intimes, s'accordaient à son propos sur une même définition : celle d'un « joueur » prêt à bousculer, voire à ignorer les règles du jeu, et, comme tel, d'une puissance incontournable, mais détesté par la plupart de ses pairs dans le monde des affaires. Un solitaire aussi qui, à la différence des héritiers Ford ou Watson (descendant du fondateur d'IBM), n'a jamais abandonné la direction de ses affaires à des managers en se contentant de percevoir les dividendes.

Dix ans auparavant, Wall Street et la grande presse américaine s'interrogeaient : à soixante-seize ans, Armand Hammer n'était-il pas désormais trop âgé pour continuer à diriger un groupe si étendu, d'une telle importance stratégique ? En 1985, tous confessent leur erreur : le « docteur » n'a jamais été aussi présent et incisif. Il ne mesure qu'un mètre soixante-huit, mais « pèse » dix-neuf milliards de dollars de chiffre d'affaires. Jonglant avec les fuseaux horaires, il reste nuit et jour en contact téléphonique avec ses sociétés et ses collaborateurs à travers le monde, les maintenant sous une constante pression.

Clé de voûte de son empire, l'un des quinze plus puissants

de la planète : le pétrole. En Californie, en mer du Nord, au Pérou, en Alaska, au Venezuela, hier en Libye, depuis peu en mer de Chine, demain en Sibérie. Clé de sa réussite : le génie de Hammer, qui sait à quel point économie et politique sont inextricablement liées, lui qui a fréquemment négocié des contrats d'une stupéfiante ampleur avec des pays habituellement hostiles aux Etats-Unis.

Ce 9 février, Armand Hammer s'éveilla comme chaque matin à cinq heures trente et gagna la piscine couverte jouxtant sa chambre aux teintes pastel. Il nagea durant une heure, observant de temps à autre les onze écrans de télévision disposés à une extrémité de la salle. Aucune des chaînes n'évoquait la disparition d'Andropov. Tout au plus laissait-on entendre qu'il régnait aux abords du Kremlin une activité quelque peu inaccoutumée, marquée par l'arrivée de nombreuses *Zil*, ces longues limousines noires réservées aux plus hauts dignitaires.

Il déjeuna rapidement d'une tranche de melon et d'une tasse de thé et, jusqu'à dix heures du matin, sa ligne fut constamment occupée par de nombreuses communications aux Etats-Unis et en Europe. Lui dont la facture de téléphone, pour sa seule résidence de Los Angeles, dépasse annuellement les neuf millions de francs, venait d'utiliser à nouveau trois de ses principaux atouts : sa force de persuasion, sa faculté instinctive d'anticiper les événements et le formidable réseau qu'il s'était tissé au fil des décennies à travers le monde entier.

A midi cinq, vêtu d'un élégant costume de fine laine grise, il s'installa à l'arrière d'une de ses trois Rolls blanches. Andy, son chauffeur sur la côte Ouest depuis vingt ans, roula prudemment sur la large avenue de palmiers, de contre-allées et de pelouses où s'ébattaient de nombreux amateurs de jogging.

Le véhicule ralentit, bifurqua sur la droite et s'engagea dans Wilshire Boulevard : cette artère issue des bas-fonds de Los Angeles défilait depuis déjà plus de soixante kilomètres et dix mille numéros à travers les quartiers les plus étranges, les architectures les plus saugrenues, jusqu'à cette oasis de calme et de richesse marquant l'aboutissement de l'axe routier ; Wilshire, qui lui donna son nom, illustre à merveille tous les paradoxes de la Californie : redoutable affairiste et spéculateur effréné durant les années 20, il fut aussi... un socialiste convaincu.

Au numéro 10889, sur la droite, un building de verre. La Rolls ralentit, s'engouffra dans le parking et s'immobilisa face à un ascenseur où deux hommes attendaient, déférents. Quelques minutes plus tard, Armand Hammer accéda au 16e étage du quartier général de sa compagnie, Occidental Petroleum. Il adressa un bref sourire à ses deux secrétaires particulières, MMrs Prehl et Clayton, puis pénétra dans son bureau, cette pièce que ses proches collaborateurs surnomment « la salle du trône ». Là, en plans fixes, à travers une série de photographies aussi édifiantes que valorisantes, la vie du Dr Hammer était proposée à la curiosité des visiteurs. Du moins une partie : la plus officielle. Celle où l'on voyait le petit émigré du Bronx, devenu l'égal des rois et chefs d'Etat, sourire en compagnie de Roosevelt, John Kennedy, Lyndon Johnson, Nikita Khrouchtchev, Tito, Richard Nixon, Léonid Brejnev, Fayçal d'Arabie, Mao Tsé-toung... Un véritable kaléidoscope de leaders évincés ou disparus et, parmi eux, un seul survivant : Armand Hammer. Peut-être parce que l'Histoire qu'il vit et joue n'est pas la même...

Il était alors quinze heures trente à Washington et les principaux conseillers et membres du cabinet, convoqués d'urgence à la Maison Blanche, étaient réunis autour de Ronald Reagan. Le président procéda à un tour de table, demandant à chacun d'intervenir brièvement sur deux sujets : les conséquences de la disparition d'Andropov sur les relations internationales, notamment soviéto-américaines, et le bien-fondé d'une présence du président américain à Moscou, pour les obsèques.

En fait, les réponses à la seconde question furent quelque

peu faussées, car nul n'ignorait le manque d'enthousiasme de Reagan à la perspective d'un tel voyage. « Trop prématuré et, d'ailleurs, pour discuter avec qui ? On ne connaît même pas le type qui va lui succéder », aurait-il déclaré, selon l'un des participants à cette réunion.

Il fut rapidement décidé que le choix du vice-président George Bush, qui avait déjà représenté les Etats-Unis en 1982 aux funérailles de Leonid Brejnev, constituait la meilleure des solutions.

Le lendemain à seize heures, alors que la nouvelle s'était déjà propagée à travers le monde, suscitant de multiples supputations sur la future direction soviétique, la voiture d'Anatoli Dobrynine, après avoir franchi une des portes d'entrée latérales, remonta les allées de la Maison Blanche. L'ambassadeur fut introduit dans la salle des Cartes, agréable pièce située près de l'accès réservé au corps diplomatique et dont la vue était masquée par les massifs de rhododendrons. Au cours de la Seconde Guerre mondiale, Franklin Roosevelt en avait fait la salle de discussions et de décisions stratégiques, d'où son nom.

Il fut rejoint au bout de quelques instants par Edwin Meese, secrétaire général de la Maison Blanche, Bob MacFarlane et William Casey, directeur de la C.I.A. A la vue de ce dernier, le visage rond de Dobrynine grimaça douloureusement : « Ah non, Bill, je ne vous salue plus depuis que vous êtes devenu un homme dangereux ! » Un large éclat de rire de Meese et MacFarlane accueillit cette boutade, tandis que Casey et Dobrynine échangeaient une chaleureuse poignée de main. Les deux hommes se connaissaient depuis plus de quinze ans et, si les circonstances conféraient désormais à leurs relations toutes les apparences d'un duel entre adversaires irréductibles, ils n'oubliaient pas que, quelques années plus tôt, elles revêtaient toute la réalité d'un amical duo.

En 1973, à la tête de l'Export-Import Bank (dite encore Eximbank), Casey, homme d'affaires prospère, proche de Nixon comme il l'est aujourd'hui de Reagan, avait amplement favorisé l'octroi à l'U.R.S.S. et à plusieurs de ses satellites de crédits à bon marché. Inlassable soutien de Dobrynine dans la défense de la politique de détente soviéto-américaine, il avait déclaré dès 1972 : « Chercher à mettre sur pied et à développer le commerce entre l'Est et l'Ouest, c'est forger l'axe principal de la paix. »

En cette fin d'après-midi, nulle trace de nostalgie dans la conversation engagée entre les quatre hommes. Edwin Meese, cheveux courts, allure lourde et sévère, fit part à l'ambassadeur soviétique de la décision américaine d'envoyer Bush aux obsèques. Pur produit de la *nomenklatura,* Dobrynine n'en était pas moins psychologue et montrait une singulière virtuosité à exploiter les réserves quasi inépuisables de culpabilité de ses interlocuteurs américains. Sa voix se fit plus sèche, son port plus raide pour « déplorer l'absence du président américain, le refus d'un geste qui aurait permis de dissiper les ambiguïtés de la politique suivie par les Etats-Unis ».

A dix-neuf heures quinze, une dépêche de l'agence Tass, reprise par Associated Press, mit en émoi les salles de rédaction. Elle mentionnait laconiquement « la présence aux obsèques de Iouri Andropov de l'éminent homme d'affaires américain Armand Hammer, président d'Occidental Petroleum Company ».

A vingt heures trente, Dobrynine reçut un appel embarrassé de Meese. Le président « en personne », précisait-il, souhaitait que Moscou reconsidérât son invitation à Hammer. Le Soviétique se dit surpris par une telle requête. Le Dr Hammer n'était-il pas un proche du président Reagan dont il avait généreusement soutenu les campagnes ?

Meese se lança dans une confuse explication d'où il ressortait qu'il convenait de distinguer entre un fait indiscutable, l'amitié de Reagan pour Hammer, et un problème de procédure : le souhait du gouvernement américain de rester en général le seul interlocuteur officiel de l'Union Soviétique, a fortiori dans un moment aussi délicat que la disparition du dirigeant suprême de ce pays.

« Impossible, aurait répondu Dobrynine. Hammer est l'invité personnel de notre Bureau politique. »

Le 11 février à seize heures, un Boeing 727 décolla de l'aéroport international de Los Angeles à destination de Londres. Nulle trace d'identification sur le fuselage, hormis un sigle noir à l'avant de l'appareil : *OXY 1.* L'appareil, utilisé par Hammer pour effectuer chaque année environ dix fois le tour du monde, était équipé de réservoirs supplémentaires lui permettant des vols sans escale sur plus de neuf mille kilomètres. Les cent vingt mètres carrés de cabines avaient été réaménagés en un salon aussi confortable qu'élégant, auquel s'ajoutaient plusieurs chambres pourvues de magnétoscopes et d'une abondante collection de films de Chaplin.

Hammer s'absorba aussitôt dans l'examen de dossiers que ses collaborateurs lui tendaient. Au bout de deux heures de travail sans même relever la tête, témoignant d'une capacité de concentration étonnante chez un homme aussi âgé, il demanda à ne plus être dérangé, plissa les paupières, arrondit sa bouche en une moue légère et s'assoupit presque sur-le-champ. « Une habitude contractée en 1921, confie-t-il volontiers, à l'époque où je devais voyager nuit et jour à travers l'U.R.S.S. sans pouvoir prendre plus de quelques minutes ou quelques heures de repos en train ou en voiture. »

L'avion disposait également d'un système de communication hyper-sophistiqué permettant de téléphoner en cours de vol n'importe où dans le monde. Hammer s'arrangeait pour ramener ses voyages à travers la planète aux dimensions d'une traversée de Manhattan. Ce soir-là, une des victimes de ses appels fut un des responsables d'Occidental à Londres, tiré de ses rêves à trois heures du matin par un message émanant du Boeing, lui indiquant que le « docteur » se poserait à l'aéroport d'Heathrow avec quatre-vingt-dix minutes d'avance sur l'horaire prévu et souhaitant qu'un abondant petit déjeuner avec bacon frais lui fût servi dès l'atterrissage. Proche du désespoir, l'homme s'enfonça dans la nuit glacée en quête d'un traiteur.

A onze heures du matin, après un bref moment de repos pris dans son appartement loué à l'année au Claridge, Hammer confirma à Rupert Murdoch, magnat de la presse anglo-saxonne — propriétaire notamment des prestigieux *Times* et *Sunday Times*, ainsi que de plusieurs chaînes de journaux et de télévision aux Etats-Unis —, qu'il souhaitait l'avoir pour déjeuner à sa table, tout en précisant qu'il ne disposait malheureusement que d'une heure.

A quinze heures, Hammer fit son entrée au 10 Downing Street, accueilli sur le pas de la porte par Margaret Thatcher. Le pétrole de la mer du Nord (plus de 50 % des ressources britanniques en énergie), dont il exploitait des gisements en coopération avec British Petroleum, lui conférait un poids décisif sur l'économie du pays. Parmi la poignée de collaborateurs qui l'accompagnaient lors de cette rencontre, un au moins retrouvait là un cadre familier : Gordon Reece, ancien conseiller en communication de Mrs Thatcher ; l'homme qui avait si efficacement imposé dans l'opinion britannique l'image de la Dame de fer travaillait désormais, sur la recommandation du Premier ministre en personne, pour le compte d'Armand Hammer. Il était en train de lui façonner un excellent profil de *go-between* (messager) entre l'Est et l'Ouest, travaillant inlassablement à une meilleure compréhension entre blocs antagonistes et mettant au service de cette cause les immenses moyens dont il disposait.

Par une ironie du calendrier, la personnalité à lui succéder fut le vice-président George Bush, arrivé du Luxembourg où il venait de prononcer un discours devant une conférence de l'O.T.A.N. Les deux hommes ne se rencontrèrent pas ; tandis que le numéro deux américain dînait à la résidence des Chequers avec le Premier britannique, Armand Hammer et sa femme étaient, à Buckingham Palace, les invités de la reine et du prince Charles...

Depuis deux ans, le futur roi s'était lié d'affection avec le vieux milliardaire américain, et nombre de ses proches pouvaient constater qu'il remplaçait auprès de lui comme confident son oncle Lord Mounbatten, ancien vice-roi des Indes, tué au large des côtes d'Irlande lors d'un attentat perpétré par l'I.R.A. Dans le salon de leur villa de Los Angeles, les Hammer ont placé en évidence une photo montrant une femme âgée tenant dans ses bras un bébé : la femme est Frances, épouse de Hammer, l'enfant n'est autre que le prince William, fils aîné de Charles, prince de Galles.

Trois ans plus tôt, Hammer, qui s'était rendu propriétaire de la quasi-totalité de l'œuvre de Daumier, avait organisé à Londres une vaste exposition inaugurée par l'héritier de la Couronne britannique. On ignore si c'est une commune passion pour les dessins et tableaux du caricaturiste, grand pourfendeur des travers d'une bourgeoisie préoccupée de son seul enrichissement, qui rapprocha alors deux hommes aussi différents...

Le 13 février, après avoir décollé de Londres à huit heures du matin, l'*OXY 1* se posa quatre heures plus tard sur l'aéroport de Chérémétiévo, à quarante kilomètres de Moscou. Tandis que l'appareil roulait en bout de piste, longeant une forêt de bouleaux, peut-être le vieil homme, regardant à travers le hublot avec un sourire, fredonnait-il l'argument qu'il opposait chaque fois à ceux qui lui faisaient grief de ses liens privilégiés avec l'U.R.S.S. : « Les affaires sont les affaires, mais la Russie, c'est ma romance ! »

L'avion se dirigea vers le nouveau terminal où attendaient plusieurs membres du protocole. A la différence des autres visiteurs étrangers, fussent-ils de marque, Hammer était dispensé de toute formalité douanière comme du contrôle des passeports. Il attendit au salon d'honneur que tous ses bagages fussent chargés à bord de quatre *Chaïka* garées devant l'entrée (on eût dit des Cadillacs) et le cortège gagna à vive allure le centre de Moscou où la circulation était rigoureusement filtrée en raison de la proximité des obsèques.

La plupart des chefs de gouvernement et délégués étrangers

s'étaient répartis avec des fortunes diverses entre les principaux hôtels de la capitale. Certains, logés dans les derniers étages supérieurs, eurent la déconvenue de découvrir que leurs ascenseurs étaient en panne. Inconvénient auquel Hammer ne s'exposait guère, lui qui disposait, face aux murailles du Kremlin, d'un superbe appartement offert par Brejnev — traitement de faveur dont jamais aucune autre personnalité occidentale n'avait bénéficié depuis la révolution d'Octobre. Ce logement, auquel étaient affectés en permanence un maître d'hôtel et une femme de chambre, était truffé de trésors de l'art russe : icônes, somptueuses peintures achetées jadis par Hammer et qu'il avait décidé de léguer à sa mort à l'Etat soviétique.

Lui demander de commenter les obsèques d'Andropov sur la place Rouge ne suscite d'abord de sa part qu'une boutade : « J'ai constaté avec un certain étonnement que j'étais le plus élégant de tous les invités présents. » Lors de la réception qui suivit dans une des salles d'apparat du Kremlin, la salle Saint-Georges, chacun remarqua la poignée de main extrêmement sèche de Constantin Tchernenko à Margaret Thatcher, puis l'accolade longue et chaleureuse, ponctuée de larges sourires et de nombreuses réparties, dont bénéficia Hammer qui lui emboîtait le pas.

L'homme d'affaires américain, en montrant toutes les apparences d'une subtile neutralité, n'était pas indifférent à la lutte qui se livrait pour le pouvoir suprême au Kremlin. Il avait déjà naguère parié sur la continuité brejnévienne, incarnée par son dauphin Tchernenko, beaucoup plus que sur le « renouveau » andropovien. Il récoltait après coup les fruits de sa lucidité. Présent sur toutes les chaînes de télévision américaines aux heures de meilleure audience, il confia avec un mélange indiscernable de conviction et de cynisme : « La différence, pour l'Occident, avec l'accession au pouvoir de Tchernenko ? » Son visage s'éclaire : « Il sera tout ce qu'était Leonid Brejnev : chaleureux, modéré, ouvert au dialogue et à la paix. »

Plus tard, il ajoutera : « J'ai vu à Moscou des dirigeants soulagés par la disparition d'un responsable, Andropov, qui incarnait, quoi qu'on en dise, la mainmise et l'omnipotence du K.G.B. »

Comme une personnalité présente à Moscou manifestait à Andréï Gromyko, vice-premier ministre et inamovible chef de la diplomatie soviétique, sa surprise de voir le traitement exceptionnel réservé à Armand Hammer, apparemment si représentatif du grand capital, Gromyko répondit d'abord avec une pointe d'agacement : « Ce qui nous unit est très complexe », puis il se radoucit et ajouta avec une expression déférente qu'on lui voyait rarement, insistant sur chacun de ses mots : « Sachez que de toutes les personnalités actuellement à Moscou, y compris les dirigeants soviétiques, cet Américain est le seul à avoir connu Lénine et à être devenu son ami. D'ailleurs, il y a soixante ans, en 1924, il était déjà ici pour assister à ses obsèques. »

II

A vingt-trois heures dix, le 16 avril 1917, une locomotive Baldwin, tirant cinq wagons, pénétra en gare de Finlande à Pétrograd. Un orchestre installé sur le quai, composé de membres de la milice des travailleurs, l'accueillit aux accents de *la Marseillaise*. Tout allait si vite qu'ils n'avaient pas encore eu le temps d'apprendre *l'Internationale* et devaient se contenter d'un hymne qui, pour être révolutionnaire, n'en restait pas moins celui de l' « impérialisme » français.

Vladimir Illich, les traits tirés, descendit de l'un des wagons et, s'adressant, à travers la foule enthousiaste, « aux soldats, ouvriers et marins », évoqua l' « aube de la révolution internationale » qui se levait. « Notre révolution russe en marque les débuts et ouvre une ère nouvelle ! » Puis, happé par les autres dirigeants du Parti bolchevique, Lénine fut entraîné vers la salle d'attente autrefois réservée à la famille impériale.

Tout basculait : les dix jours qui allaient ébranler et remodeler le monde approchaient. Pourtant, un mois auparavant, Lénine n'était encore qu'un exilé en panne de révolution : celle-ci se développait certes en Russie, attisée par les effets de la Grande Guerre, mais sans lui. Installé en Suisse à Zurich, au 14 Spiegelstrasse, à côté d'une petite fabrique de saucisses, il vivait chichement avec sa femme dans un appartement d'une seule pièce. Presque tous les après-midi, il s'installait dans la salle de lecture de la Wasser Kirche, la bibliothèque municipale, où il tentait de reconstituer un manuscrit sur l'« impérialisme » qu'il avait écrit et qui, comble de l'amertume, avait été égaré par les Postes.

Pourtant, autour de cet exilé de quarante-sept ans en proie au découragement, un jeu complexe et subtil, fait de calculs, de manipulations, de pions lentement poussés vers un même objectif, n'a cessé et ne cesse alors de se tramer. Car l'avenir de la Russie inquiète aussi bien New York que Londres et Berlin. Moins d'ailleurs les chancelleries que le monde des affaires, les milieux financiers, voire quelques chefs militaires aux visions stratégiques affirmées.

A trois mille kilomètres de Zurich, le chef d'état-major allemand pour le front russe, le général Erich Ludendorff, qui deviendra dix ans plus tard un des proches d'Hitler, cherche à rompre cet étau cauchemardesque que constitue pour l'Allemagne un conflit mené sur deux fronts : d'un côté la France et l'Angleterre, de l'autre la Russie sur laquelle Ludendorff fait une analyse étrangement prémonitoire. Il considère qu'encourager la subversion dans ce pays constitue une arme légitime. A son avis, l'instauration d'un régime révolutionnaire pourrait faire émerger à Moscou un gouvernement singulièrement plus conciliant vis-à-vis de Berlin qui disposerait alors des amples réserves en blé, pétrole et or de son ancien adversaire.

La conviction du général recoupe certaines manœuvres discrètes engagées à Berlin depuis un an. Au centre du dispositif, le chancelier Theobald von Bethmann-Hollweg, héritier de la puissante Banque Bethmann à Francfort. Celui-ci est tenu informé par son ministre des Affaires étrangères, Arthur Zimmerman, des pourparlers qui se déroulent alors à Berne et surtout à Copenhague.

Dans la capitale danoise, le représentant allemand, Brockdorff-Randzau, a pour interlocuteur un des personnages les plus étranges et les plus pittoresques de la révolution naissante.

Son nom en affaires : Alexander Helphand. Son véritable nom : Lazarévitch Israël Gelfand. Le nom de code sous lequel il est connu dans les milieux révolutionnaires : Parvus, « le Petit ». Superbe marque d'ironie pour un personnage truculent, physiquement énorme, intellectuellement brillant, doté d'une puissance de travail au moins égale à celle de Lénine. Né en Biélorussie en 1867, il était devenu l'un des tout premiers publicistes de la social-démocratie allemande. Auteur d'articles inspirés du marxisme, son brio avait suscité l'enthousiasme de Babel, Kautsky, Rosa Luxemburg et Lénine. C'était aussi un visionnaire, le premier, dans un XIXe siècle déclinant, à engager la lutte pour la journée de travail de huit heures et à prôner la grève comme arme principale des luttes prolétariennes. On lui doit également la théorie de la « révolution permanente », reprise plus tard par Léon Trotsky. De 1905 à 1915, il est en Turquie, dans les Balkans, où il amasse une colossale fortune, avant de devenir, au seuil de la guerre, conseiller des gouvernements turc et bulgare.

Dès février 1915 ont débuté ses premiers pourparlers avec le ministère allemand des Affaires étrangères : il s'engage à susciter la révolution en Russie pour contraindre les Russes à une paix séparée. Sous couvert de tractations commerciales, il fait passer de l'argent aux révolutionnaires.

Le 14 août 1915, Brockdorff-Rantzau écrit à Berlin au ministre des Affaires étrangères pour lui recommander d'employer Helphand, « un homme extraordinaire, aux pouvoirs et aux influences hors du commun. Je sais que nous prenons un risque en cherchant à utiliser les forces qui se rangent derrière lui, mais ce serait une preuve de plus grande faiblesse que de refuser leurs services par crainte de ne pas être capables de les contrôler [1] ».

Le 23 février 1917, quatre-vingt-dix mille ouvriers se mettent en grève à Pétrograd, la capitale impériale ; le lendemain, leur nombre dépasse les deux cent mille. Grèves partiellement politiques, mais qui répondent surtout aux restrictions alimentaires et à l'inflation qui, depuis le début de la guerre, rognent le niveau de vie. Manifestations et émeutes s'étendent. La garnison de Pétrograd, réquisitionnée pour endiguer les troubles, se soulève, allant jusqu'à tirer sur les policiers. Scénario en apparence assez semblable à celui des troubles d'octobre 1905, avec cependant une différence essentielle qui très vite apparaît : cette fois, le régime se désintègre. L'empereur est en Ukraine avec l'état-major. Le gouvernement, composé de dignitaires séniles, s'avère incapable de maîtriser la situation. La vacance du pouvoir se prolongera jusqu'aux événements d'Octobre. Les bolcheviks, pourtant minoritaires, jusque dans le prolétariat, n'auront pas à s'emparer du pouvoir ; ils le ramasseront.

Parvus n'a pas cessé de faire passer de l'argent aux révolutionnaires. Il évalue le coût de cette révolution à plus de 20 millions de roubles. Après les événements de février 1917, ces fonds ont été uniquement réservés aux bolcheviks, leur permettant de renforcer une presse et une organisation jusque-là débiles et peu présentes. Max Warburg, probablement le plus puissant financier allemand de l'époque, associé à l'industriel Stinnes, a investi deux millions de roubles dans la création d'une maison d'édition destinée à assurer la diffusion des tracts et de la littérature bolcheviques.

Aux Etats-Unis, la poussée révolutionnaire est accueillie avec enthousiasme par Wall Street et l'un des éditoriaux les plus marquants de la grande presse d'affaires salue alors « le réveil de la Russie, ce géant si longtemps assoupi et qui est en train de devenir une réplique slave de la démocratie américaine ». Wall Street, justement, dont les deux piliers sont les frères de Max Warburg, Paul et Félix. Immigrés en 1902 aux Etats-Unis, où ils ont acquis la nationalité américaine, ils contrôlent Kuhn Loeb and Co, première banque mondiale de l'époque. En 1907, après une crise en grande partie artificiellement suscitée, Paul Warburg a été à l'origine de la réforme du système bancaire américain. A la suite d'une réunion dans l'île de Jekyll, en Géorgie, en compagnie des banquiers J.P. Morgan (de la Banque Morgan) et Frank Vanderlip (de la National City Bank), fut décidée la création d'une entité fédérale. Warburg souhaite alors que l'on évite le concept et l'appellation de Banque centrale tels qu'ils existent en Europe, et propose un système de « réserve fédérale » déployant ses branches à travers tout le territoire américain. La toute-puissante F.E.D., qui aujourd'hui encore dicte sa loi, notamment en matière de taux d'intérêt, est née.

Dès 1916, Kuhn Loeb et l'un de ses principaux associés, Jacob Schiff, transfèrent de l'argent au mouvement bolchevique par le canal d'institutions telles que la Banque pétro-industrielle d'Allemagne, la Disconto Gelleschaft, ou encore la D.E.N. Norske Handelsbank d'Oslo. D'après le *Washington Post* du 2 février 1918, dans le même temps, la Banque Morgan aurait au moins versé un million de dollars à ces révolutionnaires, adeptes de la nationalisation du crédit et des moyens de production...

Parvus, lui, poursuit son travail de sape. Dans la presse allemande, il s'en prend violemment à Kérenski, Premier ministre modéré alors au pouvoir en Russie, et freine les tentatives de tous les socialistes en faveur de la paix. Il pousse le gouvernement allemand à attendre que l'anarchie s'installe dans le pays et le paralyse.

Lénine a-t-il alors conscience du jeu équivoque qui se développe autour de sa personne et du formidable enjeu qu'il représente, lui qui confie désabusé, en conclusion d'une conférence tenue en janvier 1917 : « Nous qui appartenons à l'ancienne génération, peut-être n'assisterons-nous pas aux batailles décisives de la révolution à venir... » ? Tenu régulièrement informé par Hanecki, son agent de liaison à Stockholm, qui travaille pour Parvus, il est probable qu'il a jugé tout naturel d'accepter l'aide de l'Allemagne, sans que sa position s'en trouve pour autant déviée d'un iota : assurer la victoire du socialisme révolutionnaire dans toute l'Europe.

Mais agir, peser sur les événements implique qu'il puisse rapidement regagner la Russie. La France, l'Angleterre et l'Italie ne sont pas prêtes à faciliter le passage d'un homme qui prône le soulèvement populaire et la guerre civile. Pour sortir de Suisse, il ne lui reste alors qu'une possibilité : transiter par le territoire des ennemis de la Russie. Au cours de la dernière semaine de mars 1917, un message est envoyé par l'ambassadeur allemand à Berne, le baron Gisbert von Romberg : « D'éminents révolutionnaires désirent rentrer en Russie via l'Allemagne, car ils craignent de passer par la France en raison des dangers que présentent les sous-marins. » Le ministre des Affaires étrangères, Arthur Zimmerman, transmet le texte du message au chef d'état-major, le maréchal von Hindenburg, en l'accompagnant d'une note : « Dès lors qu'il est de notre intérêt que l'influence des radicaux révolutionnaires prédomine en Russie, il semble judicieux d'autoriser ce transit. »

Martov, un des fondateurs du mouvement socialiste en Russie, négocia les détails de l'accord. Celui-ci prévoyait, en échange de la traversée de l'Allemagne par les émigrés, le retour ultérieur de nombreux prisonniers de guerre allemands et autrichiens. Un socialiste suisse, Fritz Platten, s'appliqua avec l'ambassadeur d'Allemagne à Berne à éviter toute possibilité d'incident ou de scandale. Les wagons qui transporteraient Lénine et ses partisans bénéficieraient de l'extra-territorialité (d'où la légende du wagon plombé) ; le voyage s'effectuerait aussi rapidement que possible, et l'on insista sur le fait que les passagers « seraient pris en charge sans que l'on tienne compte de leurs opinions politiques ni de leur attitude face à la guerre et à la paix ».

Le 9 février, le train spécial quitta la gare centrale de Berne avec à son bord Lénine, sa femme et une trentaine d'émigrés bolcheviques, parmi lesquels Zinoviev et Karl Radek. La célérité avec laquelle les autorités allemandes avaient donné leur accord et réglé les problèmes matériels s'expliquait largement par la formidable course contre la montre dans laquelle ils étaient engagés ; l'entrée en guerre de l'Amérique aux côtés des Alliés paraissait imminente : seuls une paix ou même un armistice signés dans les plus brefs délais sur le front russe permettraient un retrait de troupes suffisant pour organiser une vaste offensive à l'Ouest, capable d'écraser la France et la Grande-Bretagne avant l'arrivée des renforts américains.

Le 2 avril *, après avoir traversé l'Allemagne, la Suède et

* Date du calendrier russe.

la Finlande, Lénine envoya un télégramme à ses proches : « Nous arrivons lundi à onze heures du soir. Prévenez la *Pravda.* » Au même moment, l'attaché militaire américain à Pétrograd, le colonel James Ruggles, avec la candeur ou l'ignorance caractéristiques du personnel diplomatique dans les grandes marées de l'Histoire, rédigea un câble destiné à Washington : « Des éléments sinistres et imprévus arrivent pour prendre le contrôle de la révolution. »

Le convoi spécial qui traversa l'Europe du Nord ne transportait pas, comme on l'a dit trop souvent, pour plusieurs millions de roubles de tonnes d'or que les Allemands auraient obligeamment remis aux bolcheviks pour leur permettre d'intensifier leur action. Cet « or de l'étranger » est un mythe. En revanche, l'afflux de fonds en provenance de l'ennemi est bien une réalité, et ces transferts vont s'amplifier durant les semaines qui suivent le retour de Lénine.

Entre avril et octobre 1917, le Parti bolchevique fait un nombre prodigieux de recrues, ce qui ne révèle pas seulement l'habileté de ses dirigeants (et l'inefficacité de leurs adversaires), mais aussi l'écrasante supériorité de leurs ressources [2].

Ils pouvaient dépenser sans compter pour leurs journaux, les agitateurs et propagandistes qu'ils employaient à temps complet, ainsi que pour les armes de leurs gardes rouges. Des sommes aussi considérables ne pouvaient provenir des cotisations — en avril 1917, le parti ne comptait encore que quarante-neuf mille membres — ni des ventes de la *Pravda.* Les activités révolutionnaires requéraient beaucoup d'argent. Transféré de Berlin par la Banque impériale d'Allemagne ou la Disconto Gelleschaft, celui-ci parvenait jusqu'à la Banque sibérienne de Pétrograd par la VIA Bank ou plus fréquemment par la NYA Banken, deux établissements installés à Stockholm. Le dernier appartenait à Olof Aschberg, surnommé par la presse allemande le « banquier de la révolution ».

En 1918, la NYA Banken fut placée par les pays alliés sur la « liste noire », en raison de ses opérations avec l'Allemagne. Elle changea aussitôt de nom, mais resta sous le contrôle d'Aschberg dont le représentant britannique n'était autre que le président de la Banque du Commerce du Nord, Earl Grey, ami et associé de l'homme politique Cecil Rhodes, incarnation aux yeux des marxistes de l' « impérialisme britannique ». Les autres associés d'Aschberg étaient Leonid Krassine, plus tard ministre du régime bolchevique, à l'époque un des collaborateurs du géant industriel allemand Siemens, et Max May, vice-président chargé des opérations internationales du puissant groupe bancaire américain Guaranty Trust.

Le 21 février 1918, un message codé de l'ambassade américaine à Oslo, à destination du Département d'Etat, précise : « Vous confirmons que des fonds importants en provenance d'Allemagne et destinés aux bolcheviks continuent d'être déposés à la NYA Banken à Stockholm. Notre légation en Suède a été avertie. Signé : Schmedeman[3]. »

En juin 1917, le gouvernement provisoire d'Alexandre Kérenski avait annoncé son intention de déclencher une offensive militaire, bien qu'un général l'eût averti qu'en cas de riposte allemande « l'armée russe s'écroulerait comme un château de cartes ». Kérenski enjoignait aux soldats d' « apporter à la pointe des baïonnettes la paix, la vérité et la justice, et d'avancer au nom de leur amour illimité de la Patrie et de la révolution * ».

Aux yeux des observateurs, Kérenski semblait alors avoir accompli un miracle en ranimant le moral de l'armée. Lénine était très conscient du danger que pouvait représenter pour son mouvement une victoire militaire. Un succès, même fugace, risquait de ruiner le prestige du bolchevisme aux yeux des soldats et des travailleurs.

En juillet, à la faveur de troubles, il tente de s'emparer du pouvoir. Sans succès. A l'aube du 5 juillet, il doit quitter son appartement et, deux jours durant, il erre d'une cache à l'autre. Chaque fois, ne souhaitant pas que l'on découvre qu'ils hébergent un « agent allemand », ses hôtes le pressent d'aller chercher refuge ailleurs.

Le 11, Lénine coupe sa barbe et Zinoviev, qui l'accompa-

* La « révolution démocratique et libérale », s'entend : celle qui avait prévalu en février 1917.

gne, sacrifie ses cheveux bouclés. Rejoints par Staline, ils se rendent dans la banlieue de Pétrograd d'où ils prennent le train jusqu'à la petite gare de campagne de Razline, dans les environs de laquelle ils vont se cacher jusqu'au 8 août.

Car, en plus de l'ordre d'arrestation langé par Kérenski, une campagne de presse se développe, ponctuée de révélations plus ou moins étayées sur les fonds reçus par les bolcheviks des milieux d'affaires allemands. Lorsque Lénine tente de se défendre de ces accusations, il le fait avec une maladresse inhabituelle chez lui. Il déclare n'avoir rencontré Hanecki qu'une seule fois, en 1907, alors que celui-ci était pourtant son agent de liaison en Scandinavie et travaillait pour Parvus. De même pour ce qui concerne un autre intermédiaire, Iouri Kozlovski, avocat à Pétersbourg, lui aussi agent de Parvus. Alors même que Lénine publie ces démentis, le ministre de la Justice est en possession de certaines des lettres que le leader bolchevique avait adressées à Hanecki. Dans l'une, datée du 12 avril, il lui écrit notamment : « A l'avenir, soyez concis et particulièrement circonspect dans vos rapports. » Dans une autre, il déclare : « Rien reçu de vous, ni lettre et surtout ni argent. » Ailleurs enfin, il reconnaît que Kozlovski lui a remis une somme d'argent considérable, provenant de « notre canal habituel ».

Une majorité de révolutionnaires ne pouvait admettre que les bolcheviks fussent des agents de l'Allemagne. A leurs yeux, cette accusation rejaillissait sur la social-démocratie tout entière. « Si nous n'arrêtons pas Lénine, l'Histoire nous jugera comme des criminels ! » s'exclama l'un de leurs porte-parole. Pourtant, aucun effort sérieux ne fut déployé pour l'appréhender. Il s'était réfugié à trente kilomètres de Pétrograd, recevait de nombreux visiteurs : rien n'eût été plus facile que de découvrir l'endroit où il résidait. Mais personne ne le désirait vraiment [4].

Le 16 mars 1917, à New York, Lev Davidovitch Bronstein, alias Léon Trotsky, fut informé des émeutes qui se développaient dans Pétrograd. Le 27, après avoir rendu à la bibliothèque publique du quartier de Bronx les quelques livres qu'il y avait empruntés, réglé quelques arriérés d'impôt et récupéré le montant de trois mois de loyer payés d'avance pour son appartement de Vyse Avenue, il embarquait à bord du paquebot norvégien *SS/Christianiffjord* à destination de la Russie, pourvu d'un passeport américain.

Sur le quai, une petite foule de militants et de sympathisants, aux premiers rangs desquels un homme de haute taille, à l'allure élégante et réservée : Julius Hammer, père d'Armand, fondateur du Parti socialiste du Travail, le plus âgé et le plus riche des membres de la communauté socialiste américaine... Sur le pont du navire, alors qu'il s'éloignait des docks, quelques représentants de la communauté du « renseignement »... et du monde des affaires. Lincoln Steffens, communiste américain, qui était du voyage, a décrit ce cocktail détonant : « La liste des passagers était longue et mystérieuse : Trotsky et un groupe de révolutionnaires, quelques passagers innocents, et des représentants de Wall Street et de la finance allemande... »

Les conditions du départ du futur chef de l'Armée rouge étaient aussi étranges que l'avait été son séjour américain. Trotsky était arrivé aux Etats-Unis le 13 janvier 1917, en provenance de Barcelone. Il déclare dans ses mémoires que sa seule profession, dans la patrie du capitalisme, fut celle d'un « socialiste révolutionnaire ». Il écrivait irrégulièrement quelques articles pour l'organe du mouvement socialiste russe à New York, *Novy Mir,* dont il tenta vainement de prendre le contrôle, ainsi que pour le journal de langue russe édité à Paris, *Moshe Slovo.* Deux publications confidentielles aux tirages et aux moyens dérisoires. Pourtant, Trotsky et sa famille vivaient à New York dans un appartement disposant d'un réfrigérateur et d'un téléphone — un luxe à l'époque. La famille circulait fréquemment à bord d'une voiture avec chauffeur. Le fait marqua d'ailleurs les deux jeunes garçons de Trotsky ; un jour qu'ils étaient installés dans un salon de thé, les enfants demandèrent à leur mère : « Pourquoi le chauffeur ne nous rejoint-il pas ? » Or les seuls fonds que

Trotsky admet avoir reçu entre 1916 et 1917 sont trois cent dix dollars qu'il déclare avoir immédiatement « distribué à cinq immigrés qui s'en retournaient en Russie ».

D'après l'historien américain Joseph Nevada, dont les travaux sont assurément des plus impartiaux, le « revenu hebdomadaire de Trotsky se montait à 12 dollars ». De janvier à mars, il reçoit cent quarante-quatre dollars de *Novy Mir* et cent dollars supplémentaires pour des lectures rétribuées : soit donc un revenu total de deux cent quarante-quatre dollars, qui lui permettra apparemment de donner trois cent dix dollars à des amis, de payer son loyer et de vivre confortablement à New York — tout en emportant dix mille dollars qui seront trouvés sur lui au cours de ce voyage de retour mouvementé sur lequel nous reviendrons.

En fait, Trotsky n'a cessé d'entretenir des relations avec les milieux dirigeants américains à travers un homme, Charles Crane, ancien président de la puissante Commission des finances du Parti démocrate. Proche du président Woodrow Wilson, Crane, par l'intermédiaire de sa société Crane Company, facilita l'implantation de certaines grandes firmes américaines en Russie, dont le géant Westinghouse. L'intérêt qu'il porte à ce pays le conduira à y effectuer, de 1900 à 1930, vingt-trois voyages. Son fils Richard est alors l'assistant spécial du secrétaire d'Etat américain, Robert Lansing. Charles Crane, quoique sans attributions officielles, semble en mesure de bénéficier de façon illimitée des services offerts par le corps diplomatique américain. Ainsi, le 11 décembre 1917, un « nouveau rapport confidentiel à l'intention de Monsieur Crane sur les progrès de la révolution bolchevique » lui est envoyé par le consul général des Etats-Unis à Moscou, Maddin Summers. D'après des confidences faites à l'ambassadeur américain à Berlin, William Dodd, Crane déclare « faire beaucoup pour mettre la révolution de Kérenski sur la voie du communisme ». En mars 1917, lorsque les événements se précipitent, il confie à Louis Fraina, qui deviendra l'un des principaux dirigeants du Parti communiste et du Komintern aux Etats-Unis : « Tout le monde autour de moi estime que la révolution n'est que dans sa première phase et qu'elle doit se développer. Nous pensons que vous devriez rentrer à Pétrograd pour la re-révolution. »

Le navire qui ramène Trotsky en Russie effectue une première escale au Canada, à Halifax, en Nouvelle-Ecosse. Deux jours avant son arrivée, les autorités ont reçu un câble de Londres : « Faites débarquer Trotsky et ceux qui l'accompagnent. Les retenir jusqu'à ce que parviennent de nouvelles instructions. » Le 3 avril, Trotsky, sa famille et cinq socialistes russes sont placés dans le camp d'internement d'Amherst, en Nouvelle-Ecosse, réservé aux prisonniers de guerre allemands. On trouve sur lui dix mille dollars dont il refuse d'indiquer la provenance.

Le formulaire de l'armée canadienne au numéro de série 1098, rempli par Trotsky lors de son arrestation, donne de lui la description suivante : « Trente-sept ans, exilé politique, journaliste. Né à Gromskty, Russie. »

Les mesures prises par les autorités canadiennes, et, avant elles, par la Grande-Bretagne, étaient d'une parfaite cohérence : pour Londres alors en guerre, Trotsky représentait une grave menace. Il avait constamment réaffirmé son intention, s'il arrivait au pouvoir, de mettre fin à un conflit qu'il qualifiait d' « impérialiste », et de signer une paix séparée avec l'Allemagne.

Pourtant, les événements vont évoluer étrangement. Cinq jours plus tard, le leader russe est libéré « à la demande de l'ambassadeur britannique à Washington, répondant à la requête du Département d'Etat américain ». Les autorités canadiennes sont informées que Trotsky, voyageant avec un passeport américain, bénéficie des mêmes droits qu'un citoyen des Etats-Unis. Sa libération est éminemment souhaitée par Washington.

On sait aujourd'hui, par les documents déclassifiés du Département d'Etat, que de fortes pressions furent alors exercées sur le Premier ministre britannique, Lloyd George, notamment par deux personnalités en vue de la City, Lord Milner, à l'époque membre du cabinet de guerre et directeur du London Joint Stock Bank, et William Wiseman, associé de la Banque Morgan et de l'établissement new-yorkais Kuhn Loeb and Co...

La Maison Blanche intervient auprès des autorités canadiennes par la voix du « colonel » Edward House, principal conseiller de politique étrangère du président Wilson. Cette figure mystérieuse, d'allure et d'éducation toutes britanniques, était le fils d'un représentant des intérêts financiers anglais dans le sud des Etats-Unis. Il exerçait une influence déterminante sur les choix du président américain, qui se plaisait à le présenter comme son *alter ego*.

Cette chaîne de solidarité qui fonctionna aussi efficacement en faveur d'un ennemi permit à Trotsky, le 4 mai 1917, d'arriver en gare de Pétrograd où il reçut un accueil aussi enthousiaste que Lénine. A la foule qui agitait autour de lui des drapeaux rouges, il lança : « La Russie a ouvert une nouvelle époque : une époque de sang et de fer. »

Alexandre Kérenski, Premier ministre du gouvernement provisoire, surnommé par les bolcheviks le « dictateur démocratique », confia alors à l'un de ses collaborateurs : « Lénine, et maintenant Trotsky ! Les choses sérieuses vont débuter. »

Le 23 octobre 1917, des détachements armés commencent à occuper les points stratégiques de la capitale : gares, centraux téléphoniques, ponts. A la grande surprise de ceux qui doutaient de l'efficacité opérationnelle des bolcheviks, il n'y eut aucune résistance, ce qui valut à Lénine une réputation supplémentaire d'infaillibilité. Privé de son chef, le gouvernement provisoire se réunit au Palais d'hiver dont « la prise » — devenue par la suite une des grandes pages de la mythologie communiste — se résuma en fait à un échange de coups de feu et à une reddition facile. Dans le courant de l'après-midi, Trotsky et Lénine se présentèrent devant le Soviet pour annoncer la dissolution du gouvernement provisoire. Au cours de cette deuxième assemblée, les anciens leaders de la « social-démocratie » durent subir l'humiliation de remettre eux-mêmes la direction du Præsidium aux mains des bolcheviks.

Le 26 octobre, Lénine quitta son bureau à quatre heures du matin. Après avoir pris un bref repos, il passa la matinée à rédiger le premier train de lois bolcheviques : des décrets touchant la paix et la terre. Le socialisme est désormais en marche et, pour les « prolétaires unis à travers le monde », la question n'est plus de savoir si cette révolution se propagera, mais à quelle vitesse elle touchera leur propre pays. Tout paraît alors n'être qu'une question de semaines, de mois au plus.

Le 3 décembre, un Américain est longuement reçu par Léon Trotsky à son bureau de l'Institut Smolny, ancienne école de filles qui abrite maintenant le Soviet et son Comité militaire révolutionnaire. L'homme se nomme Williams B. Thompson. Directeur de la Banque fédérale de New York, il est le personnage clé de l'édifice financier américain. Il a bâti sa propre fortune dans la spéculation sur le cuivre. Son inquiétude : que l'Allemagne soit en mesure d'exploiter commercialement et industriellement la Russie. Son adjoint, Raymond Robbins, tiendra d'ailleurs à Bruce Lockhart, agent britannique, personnage de Kipling exilé sur les bords de la Néva, des propos aussi étonnants que révélateurs, que Lockhart transmet à Londres :

« Vous entendrez dire que je suis le représentant de Wall Street. C'est vrai. Nous avons déjà obtenu des autorités 500 000 acres pour l'exploitation du cuivre. Celui-ci sera acheminé par le Transsibérien. Ils nous ont également promis le monopole d'exploitation du platine à travers toute la Russie. C'est ce qui explique nos négociations actuelles avec les Soviets. Laissez-moi vous dire que ma tâche ici est de mettre la main sur la Russie pour le compte de Wall Street et des milieux d'affaires américains. J'ajouterai que vous êtes un loup anglais et que je suis un loup américain, et, quand la guerre sera finie, nous aurons la tentation de nous égorger l'un l'autre pour nous approprier le marché russe. Pourtant, si nous sommes des loups intelligents, nous devons savoir qu'il nous faudra continuer de chasser ensemble, sinon le loup allemand nous détruira l'un et l'autre. »

Le cynisme de Robbins paraît encore plus étonnant si l'on sait qu'il réside à Pétrograd depuis août 1917, à la tête d'une mission... de la Croix Rouge américaine, laquelle ne dispose d'aucun représentant du corps médical, mais dont les membres sont tous des employés de la Chase Bank de New York, du groupe minier Anaconda, de la Banque Morgan, des Chemins de fer Harriman, d'International Harvester et de General Electric... La coordination de cette mission, dont le financement a été assuré à hauteur de trois cent mille dollars par les banques Morgan et Kuhn Loeb, et par la Standard Oil de John Rockefeller, est assurée à Washington par Harry Hopkins, qui deviendra quelques années plus tard conseiller spécial de Franklin Roosevelt. Cette couverture permet à Wall Street d'être régulièrement et rapidement informé de l'évolution de la situation, et de conserver d'étroits contacts avec les principaux protagonistes de la révolution en cours.

Deux hommes sont les interlocuteurs de cette « mission » : Boris Reinstein, qui deviendra peu après secrétaire de Lénine et qui jouera un rôle important dans le développement des échanges commerciaux russo-américains et dans l'octroi de facilités à Armand Hammer, et Alexandre Gumberg, alias Berg, de son vrai nom Michel Gruzenberg, frère de Zorine, ministre bolchevique. Agent de liaison en Scandinavie, Berg deviendra peu après, aux Etats-Unis, le conseiller de deux multinationales, Floyd Odlum et Atlas Corporation, et l'un des principaux collaborateurs de Reeve Schley, vice-président de la Chase Bank, propriété de la famille Rockefeller.

Le 9 septembre, William B. Thompson quitte la Russie pour les Etats-Unis. Il s'arrête à Londres où, en compagnie de Thomas Lamont, de la Banque Morgan, il est reçu par le Premier ministre anglais, Lloyd George. Dès son arrivée à Washington, il rencontre plusieurs heures durant le président Wilson et le « colonel » House, et plaide pour une reconnaissance immédiate du régime bolchevique. Il effectue ensuite une longue tournée à travers le territoire américain ; devant des auditoires habilement sélectionnés, représentant le gratin industriel et financier du pays, il prône une meilleure compréhension de la réalité révolutionnaire russe. A Los Angeles, il trace même un parallèle audacieux, évoquant l'esprit des pionniers américains, « ces hommes qui n'auraient pas hésité longtemps avant d'accorder aide et sympathie au gouvernement des travailleurs de Russie : parce qu'ici même, en 1849 et dans les années qui suivirent, nous eûmes aussi plein de soviets de gens audacieux et qui constituèrent au fond de bons gouvernements ».

Les capitalistes américains sont encore loin de tisser, comme le déclarera plus tard Lénine, « la corde qui les pendra ». Lénine a aboli la propriété privée, nationalisé le commerce, déclaré qu'il refusait d'assumer les dettes contractées à l'étranger par les gouvernements précédents. « Réactions éphémères », estiment néanmoins les milieux d'affaires américains qui considèrent qu'une reconnaissance internationale du régime bolchevique facilitera son assouplissement. Optimisme qui sera encore, cinquante ans plus tard, celui des partisans de la détente à tout prix, mais renforcé à l'époque par une ignorance absolue du phénomène communiste. Non seulement les milieux dirigeants de Wall Street n'ont pas peur des révolutions, mais ils semblent alors être passés maîtres dans l'art de les susciter et de les contrôler.

1903. Une révolte aboutit à amputer la Colombie d'une partie de son territoire, à la création de l'Etat du Panama, et au contrôle par les Américains de cette voie stratégique que constitue le Canal. L'affaire — les comptes rendus des commissions d'enquête du Congrès le révèlent aujourd'hui — fut totalement orchestrée par plusieurs grandes sociétés privées. Mieux : la déclaration d'indépendance proclamée avec éclat le 3 novembre 1903 à Panama avait été rédigée de bout en bout dans les bureaux de la société de conseil juridique new-yorkaise Sullivan and Cromwell, travaillant pour ces compagnies.

1912. Un pool bancaire nord-américain appuie en Chine la révolution engagée par le leader nationaliste Sun Yat-sen. Argent et armes sont acheminés à travers plusieurs sociétés secrètes chinoises, dont le K.14. L'un des intermédiaires est l'avocat new-yorkais Charles B. Hill, qui siège également au conseil d'administration de Westinghouse.

Plus de cent dix documents font état de ces transactions. Dans certains, Sun Yat-sen, après avoir remercié ses bailleurs de fonds américains, leur garantit des concessions dans les secteurs de la banque, du commerce et des chemins de fer dans le cadre de la nouvelle Chine révolutionnaire.

En mai *1917*, le procès à New York d'un espion allemand, von Rintelen, met en lumière le soutien apporté par plusieurs firmes à la révolution mexicaine de Pancho Villa. Trois cent quatre-vingt mille dollars avaient été transférés par le canal de la Guaranty Trust et de la Mississippi Valley Trust au fabricant d'armes Western Cartridge Co, installé à Alton, dans l'Illinois. Ce dernier s'engageait à livrer les armes et munitions commandées, à El Paso, au Texas, où les troupes de Villa en prendraient livraison. Le 10 janvier 1916, Villa assassine dix-sept mineurs américains et, le 7 mars, il récidive à Colombus, au Nouveau Mexique, tuant dix-huit autres ressortissants des Etats-Unis. Une livraison de quinze mille fusils et quinze millions de cartouches est alors suspendue. L'intervention du secrétaire d'Etat Robert Lansing permet néanmoins de débloquer rapidement la livraison d'armes. Quelques mois plus tard fut mis sur pied à Mexico le gouvernement Carranza, création étrangement hybride : doté d'une constitution de type « soviétique » (elle avait été rédigée par des trotskystes), le nouveau régime avait été porté au pouvoir et était soutenu par les milieux d'affaires nord-américains ! Un exploit qu'on ne doutait pas alors, à New York et Washington, de pouvoir rééditer avec le même succès en Russie [5].

III

Le 24 janvier 1919 à neuf heures trente du matin, le chef des services américains de contre-espionnage, le brigadier-général Marlborough Churchill, membre de la délégation des Etats-Unis à la conférence de Versailles, reçut un « avis de la plus haute importance » qu'il transmit aussitôt au président Wilson qui siégeait dans la galerie des Glaces. Dans une allocution prononcée au micro de Radio-Moscou, Lénine venait d'annoncer la création d'un « centre de la révolution mondiale du prolétariat ». Tous les partis socialistes du monde entier étaient conviés à envoyer des délégués au congrès constitutif du Komintern qui se tiendrait à Moscou en mars [1].

Selon Lénine, la révolution en Russie était d'ores et déjà un vigoureux nourrisson, alors qu'en Occident sa naissance était encore à venir. Le nouveau mouvement devait permettre d'accélérer la chute d'un capitalisme devenu « moribond » aux yeux des stratèges du Kremlin, malgré la victoire des puissances alliées à l'issue d'une guerre meurtrière.

Il est vrai qu'il existait un extraordinaire contraste entre les négociations feutrées qui se déroulaient entre les chefs d'Etat et de gouvernement occidentaux dans la galerie des Glaces du palais de Versailles, et le formidable état de crise dans lequel se trouvait plongé le reste du monde. Comme l'écrivit Winston Churchill, alors ministre de la Guerre de son pays, l'« avidité, les passions, les espoirs, le désir de revanche, la famine et l'anarchie gouvernaient l'époque ».

Cette âpreté des relations internationales, Lénine, au-delà de son dogmatisme, paraissait infiniment mieux la percevoir et l'exprimer que le président américain en quête d'une utopique harmonie planétaire en quatorze points. « Des rafales de mitrailleuses, écrivaient Anthony Cave Brown et Charles McDonald, étaient tirées dans les rues des villes allemandes ; toute l'énergie du Japon tendait à se tailler un empire asiatique parmi les ruines fumantes du vieil ordre occidental ; la France écumait de haine et d'esprit de revanche envers l'Allemagne ; l'Allemagne, sombre et amère, se repliait au-delà du Rhin dans ce qu'elle considérait de plus en plus comme une défaite provisoire ; les luttes commerciales se développaient, s'exacerbaient, la France et l'Angleterre considérant avec méfiance et anxiété les progrès de Tokyo et des Etats-Unis, ces derniers s'inquiétant des visées du Japon impérial, convaincu qu'il leur faudrait un jour lui livrer bataille ; des soulèvements communistes ont lieu en Hongrie, en Saxe, en Thuringe, en Bavière et dans la Ruhr ; l'armée britannique s'était mutinée en France ; l'armée française s'était mutinée en France et en Russie ; les Grecs étaient sur le point de faire la guerre à la Turquie ; la Géorgie, l'Arménie et l'Azerbaïdjan, avec les encouragements de la Grande-Bretagne, menaçaient de faire sécession ; l'Irlande était en guerre contre l'Angleterre ; les armées de deux nouvelles nations, la Pologne et la Tchécoslovaquie, s'affrontaient pour des problèmes frontaliers ; les Russes assistaient à l'invasion de la Roumanie ; l'Angleterre envahissait la Turquie ; Russes et Anglais envahissaient la Perse ; la France envahissait la Syrie ; l'Angleterre occupait la Mésopotamie ; l'Afghanistan déclenchait une guerre sainte contre la Grande-Bretagne ; le Mexique traversait une guerre civile, tandis que Panama était attaqué par le Costa Rica et que les Haïtiens affrontaient les Etats-Unis...

« En de nombreuses parties du monde sévissait la famine. Presque partout les systèmes de communication avaient été détruits. La Grande-Bretagne renforçait son blocus contre l'Allemagne et la Russie, tandis qu'une épidémie de grippe tuait des millions d'individus. Inflation, récession et dépression se succédaient ; les échanges internationaux étaient disloqués ; la méfiance envers la monnaie devenait telle que partout en Europe le système du troc se généralisait. »

Deux des plus grandes dynasties régnant en Europe avaient déjà disparu. Le 10 novembre 1918, Wilhelm II, empereur d'Allemagne et roi de Prusse, partait en exil pour la Hollande, marquant la fin des Hohenzollern. En Russie, l'issue fut plus dramatique avec l'exécution, aux abords d'une mine d'amiante — qui deviendra quelques années plus tard la propriété d'Armand Hammer —, de toute la famille impériale. Pour comprendre les vraies raisons qui motivèrent cette décision de Lénine, il faut se rapporter à son curieux sens de l'Histoire et au sentiment de profonde arriération que lui donnait à éprouver la Russie. Après que le tsar et ses proches eurent été abattus, il déclara devant le Congrès des comités de paysans pauvres, dans un langage familier convenant à son auditoire : « En Angleterre et en France, ils ont exécuté leurs tsars il y a des siècles ; avec les nôtres, nous avions du retard... »

En ces premiers mois de 1919, dans une Europe en effervescence, ledit retard paraissait sur le point d'être totalement comblé. Le règne des Habsbourg sur l'Empire austro-hongrois semblait toucher à sa fin, et alors même que s'ouvrait le Congrès du Komintern, le premier soviet créé hors de Russie voyait le jour en Hongrie. A sa tête, Bela Kun, ancien officier de l'armée austro-hongroise, âgé de trente-trois ans. Capturé durant la guerre et interné au camp de Tomsk, en Sibérie, il en était sorti bolchevik. D'après la description qu'en a faite l'un de ses proches, « ce petit homme disposait d'une capacité quasi illimitée à fonctionner par slogans marxistes ». Fragile, ne pouvant compter que sur un soutien réduit du régime soviétique, l'expérience révolutionnaire hongroise ne dura que cent trente-trois jours, et Kun fut exécuté. « Une tragédie — selon Grigori Zinoviev, l'un des principaux dirigeants bolcheviques — due à la pression des bandits impérialistes et à l'usage qu'ils firent de leurs baïonnettes et surtout de leur or. »

Propos d'orfèvre dans la bouche de Zinoviev qui estimait, dans le premier numéro de l'organe du Komintern, que l'« Europe et le monde seraient communistes dans moins d'une année ». Pour y parvenir, il engage la formidable machine de guerre de son mouvement dans une stratégie à deux niveaux : financement d'actions subversives par des transferts clandestins d'or et de devises ; vaste campagne de séduction en direction du monde des affaires, Lénine déclarant « avoir compris qu'il était possible d'allécher les capitalistes avec des promesses de commerce ».

Dès le milieu de l'année 1919, des rapports alarmants parviennent à Washington. De nombreux agents du Komintern se sont infiltrés sur le territoire américain. Objectif : « abattre la bourgeoisie en organisant à travers le pays un soulèvement armé précédé de grèves générales ». Méthodes : « exploiter tous les motifs de frustration — le chômage, les mauvaises conditions de travail dans les usines, l'oppression des Noirs et des travailleurs étrangers ». Pour Lénine (quarante-neuf ans), Léon Trotsky et Joseph Staline (trente-huit ans), « le Parti communiste américain est appelé à jouer un rôle décisif dans le mouvement révolutionnaire mondial ».

Vagues d'explosions, meurtres, grèves et émeutes secouent le pays. Plus de huit grandes villes américaines, dont la capitale Washington, sont les cibles d'attentats à la bombe. On évalue dans le même temps à plus de quatre millions le nombre des travailleurs en grève. Situation insurrectionnelle qui n'est pas sans ressembler à la période qui a précédé la prise du pouvoir à Pétrograd. Dans une étude secrète transmise d'urgence au président Wilson et intitulée « Estimation de la situation révolutionnaire aux Etats-Unis », l'état-major du ministère de la Guerre évalue à « un million cent quarante-deux mille les membres de groupes extrémistes dépendant du P.C. ou proches de lui ». Ce rapport précise qu'un grand nombre sont armés et travaillent dans des secteurs clés tels que les mines, les activités portuaires, les textiles, les chemins de fer, l'industrie de l'acier, dont un arrêt brutal paralyserait tout le pays.

Des « milliers d'agitateurs et de propagandistes » sont à l'œuvre, disséminés sur tout le territoire ; les documents que le F.B.I. parvient à saisir chez certains révèle clairement les méthodes et desseins du Komintern : une grève générale dans les industries vitales, suivie d'une insurrection qui doit se développer région par région. Ainsi, à New York, la consigne est de neutraliser tous les transports, d'empêcher l'approvisionnement en vivres ; dans le même temps, des groupes de grévistes armés, les « gardes rouges », prendront le pouvoir en créant et en organisant des conseils révolutionnaires locaux. Les gares seront occupées militairement afin d'empêcher l'arrivée des troupes fédérales dépêchées pour rétablir l'ordre. Les consignes sont d'« insister au maximum sur les objectifs pacifistes des insurgés, afin de neutraliser et de rallier marins et soldats ».

La psychose d'un soulèvement est telle qu'à l'occasion du 1er mai, à New York, la garde nationale a élaboré un plan d'état de siège prévoyant l'usage de l'artillerie dans les rues. Onze mille policiers sont déployés pour protéger les bâtiments et prévenir tout incident. A Chicago, deux compagnies de l'armée contrôlent les points clés de la ville, comme à Boston, San Francisco, Detroit. Nul n'ironise alors sur la menace révolutionnaire qui pèse sur les Etats-Unis alors que, se plaisent à souligner les experts, « une minorité de six cent mille communistes a pu se rendre maîtresse de la Russie entière ».

Pour parfaire ce dispositif et accentuer la pression sur l'Amérique du Nord, afin — selon les termes de Lénine — « que le drapeau rouge flotte sur la Maison Blanche », un des premiers organisateurs du Komintern aux Etats-Unis, Mikaël Borodine, est envoyé au Mexique. Cet agent, né en Biélorussie dans une famille de rabbins, arrêté à plusieurs reprises par la police tsariste avant de devenir un proche de Lénine, Trotsky et Zinoviev, conserve « en permanence le visage aussi figé qu'un masque ». Il jouera quelques années plus tard un rôle décisif dans la mise sur pied d'un mouvement communiste en

Chine. En septembre 1919, il débarque à Mexico avec une double mission : tenter de susciter une alliance des pays latino-américains hostile aux Etats-Unis, et utiliser le territoire mexicain comme base avancée pour lancer vers le puissant voisin des opérations de déstabilisation. Les agents américains du contre-espionnage en poste à Mexico considèrent qu'« il s'agit là d'une idée d'autant plus perspicace que les fonctionnaires mexicains suivent tout meneur disposé à les soudoyer ».

Or, Borodine ne manque pas de fonds. Six mois plus tôt, la police suisse lui a confisqué un demi-million de dollars qu'il s'apprêtait à déposer dans les coffres d'une banque genevoise. Peu après, alors qu'il pénétrait sous un faux nom aux Etats-Unis par le port de Chicago, il fut averti avant l'accostage que la police n'ignorait pas sa véritable identité et il jeta par-dessus bord un paquet censé contenir des bijoux d'une valeur supérieure à un million de roubles. Mais l'essentiel reste les deux millions et demi de dollars soigneusement conservés par des agents bolcheviques dans l'île de Saint-Domingue. Ils servent à acheter des complicités, à gagner des appuis, à fomenter des troubles. Le principal lien entre Borodine et les groupes révolutionnaires en Amérique centrale et aux Caraïbes est un prêtre américano-mexicain, Rafael Mallen. En outre, en cas d'événements ou pour des opérations particulièrement délicats ou exceptionnels, Borodine est autorisé à entrer en contact, à New York, avec Ludwig Martens.

Le 2 mars 1919, le Département d'Etat a reçu une lettre en provenance de Moscou. Envoyée par le commissariat du peuple aux Affaires étrangères, rédigée dans un style sec et dépourvu de la plus élémentaire courtoisie, elle informait de l'arrivée en territoire américain de Ludwig Martens « en tant que représentant commercial de la Russie soviétique ».

Sur cet homme né en Russie méridionale de parents allemands, Scotland Yard dispose alors d'un épais dossier constitué lors de son séjour à Londres, de 1906 à 1914, comme agitateur à la solde du mouvement bolchevique. Mais il n'est pas non plus un inconnu aux Etats-Unis où il a été l'un des proches de Léon Trotsky durant son exil new-yorkais.

Martens doit accomplir une tâche délicate à partir d'une position difficile. Au cours de sa première intervention publique, il indique que le gouvernement soviétique souhaite établir des relations commerciales avec les Etats-Unis et révèle que les « autorités de Moscou sont prêtes à transférer dans des banques européennes et américaines un stock d'or d'une valeur de cent millions de dollars destiné à garantir le montant des premiers achats ». Martens évoque l'ampleur des besoins de son pays, les perspectives alléchantes qu'ils peuvent représenter pour les entreprises américaines. Il y a virtuellement tout à y exporter : matériel ferroviaire et agricole, machines pour équiper les usines, fournitures électriques, automobiles et camions, produits pharmaceutiques, denrées alimentaires, engrais, etc. En échange, la Russie souhaite vendre à l'Amérique certains produits de base : fourrures, minerais, métaux, etc. Ultime précision : Martens subordonne le développement d'un commerce aussi fructueux à la reconnaissance du régime soviétique par le gouvernement américain.

Cette décision, malgré les nombreuses pressions dont il a fait l'objet, le président Wilson n'est pas en mesure de la prendre alors que l'opinion publique s'inquiète de plus en plus des menées subversives perpétrées sur son territoire. Le Congrès estime que, « bien qu'elles soient distinctes en théorie, il est impossible en pratique de dissocier l'action du gouvernement soviétique et celle du Komintern. Leurs objectifs et leurs méthodes sont les mêmes ». Washington, qui avait été la première capitale à reconnaître le gouvernement provisoire d'Alexandre Kérenski, va, par une étrange ironie de l'Histoire, adopter la même attitude que Catherine II de Russie qui avait refusé pendant trente-trois ans de reconnaître la nouvelle république américaine, considérant « ce régime comme outrageusement révolutionnaire »...

L'activité de Ludwig Martens n'en illustre pas moins la stratégie suivie par les hommes au pouvoir à Moscou : assurer la survie du gouvernement soviétique et alimenter la révolution mondiale requiert que ses représentants sachent collaborer avec le capitalisme, sans pour autant négliger tout ce qui contribue à accélérer la marche de l'Histoire. Lev Kamenev, numéro deux du Komintern et négociateur à Londres pour les questions commerciales, le réaffirme sans ambages en 1920 : « Le capitalisme, alléché par les perspectives de profit, contribuera à aider notre gouvernement dans le développement de son industrie, tout en gravant dans le même temps l'épitaphe de sa propre tombe. » La même année, un rapport secret du Komintern, intitulé « Manœuvres économiques », préconise « la promesse de faveurs commerciales et industrielles comme moyen le plus sûr de peser sur les gouvernements en vue d'obtenir une reconnaissance diplomatique [2] ».

Au même moment, la Standard Oil du New Jersey, la plus puissante compagnie pétrolière au monde, appartenant à John Rockefeller, est engagée dans des négociations secrètes avec le gouvernement soviétique pour le rachat au Caucase de 50 % des immenses concessions appartenant à Alfred Nobel, qui ont été théoriquement nationalisées. Simultanément, la Chase Bank, appartenant également à la famille Rockefeller, négocie avec la Prambank, établissement d'Etat, la création d'une chambre de commerce américano-soviétique. Cette institution sera ouverte deux ans plus tard, en 1922, et dirigée par René Schley, l'un des vice-présidents de la Chase Bank.

L'établissement bancaire de la famille Rockefeller, qui sera cinquante ans plus tard l'un des ardents promoteurs de la politique de détente, apparaît alors, avec l'Equitable Trust Company, comme l'un des plus engagés dans les opérations de crédit destinées au nouveau régime révolutionnaire instauré à Moscou. Il négocie le financement d'exportations américaines de coton et de machines-outils vers l'U.R.S.S. Quelques années plus tard, il se chargera du placement d'emprunts soviétiques aux Etats-Unis mêmes, ce qui lui vaudra de vives critiques de la part de certaines organisations patriotiques. D'après un rapport du Département d'Etat, « Kuhn Loeb and Co participe au financement du premier plan quinquennal après avoir servi de banque de dépôt au gouvernement bolchevique qui, entre 1918 et 1922, lui transférera plus de six cents millions de roubles-or ».

A l'origine de ces montages financiers, un homme énigmatique, fuyant la publicité, laissant la vedette à Ludwig Martens, bien qu'il soit en fait le véritable patron du bureau de liaison soviétique. Ce personnage de haute taille, au visage encadré d'une fine barbe, habillé de vêtements noirs ou bleu nuit toujours impeccablement coupés, Vladimir Lénine, qui le connaît depuis 1907, dit de lui : « Il est mon confident américain. » Officiellement, il porte le titre d'attaché commercial auprès de Martens. Il déploie une inlassable activité, rencontrant industriels et financiers, tentant de « greffer » intérêts capitalistes et ambitions révolutionnaires. C'est lui qui trouve, aménage et paie les locaux qui abritent le bureau de liaison soviétique dans le World Tower Building, au 110 Ouest, 40e Rue. C'est lui encore qui signe les chèques des employés : trente-cinq dollars en moyenne par semaine ; quatre cents dollars par mois pour Martens. L'argent ainsi employé est en partie le sien, le reste provient de fonds acheminés d'Union Soviétique par un système de courrier.

Ce personnage clé se nomme Julius Hammer. Il est né en Russie en 1873, un an avant que ses parents n'émigrent aux Etats-Unis. Les Hammer sont originaires d'Odessa, ville portuaire qui abritait une importante communauté juive dont les talents de musiciens et de négociants étaient réputés à travers l'Europe entière. Apprenti dans une pharmacie du Lower East Side, un des quartiers les plus déshérités de New York, Julius Hammer devint pharmacien, puis propriétaire d'une chaîne de magasins avant de contrôler, à travers sa compagnie, Allied Drug and Chemical, plusieurs fabriques de produits pharmaceutiques. Militant actif du Parti socialiste du Travail, il a rencontré Lénine en août 1907, à Stuttgart, au Congrès de l'Internationale socialiste. Entre les deux hommes, le courant passe et l'amitié qui se noue contribuera à faire prendre aux relations soviéto-américaines, dans les décennies à venir, un cours bien étrange.

En 1917, l'instauration du pouvoir bolchevique et la création du premier Etat socialiste au monde soulèvent l'enthousiasme de Hammer. Il est le seul à tourner le blocus imposé à la Russie par la France et l'Angleterre et, à travers ses multiples contacts avec des dirigeants communistes, il y transfère des médicaments et autres denrées, vendus ainsi illégalement... et à crédit. L'impératif moral se révèle d'ailleurs très vite lucratif : ce commerce enrichit la famille Hammer, qui emménage bientôt dans un luxueux appartement et possède plusieurs voitures.

Le 16 février 1917, l'aile gauche du Parti socialiste américain, réunie en congrès à New York, avait porté à sa tête Julius Hammer et John Reed, journaliste américain qui, devenu communiste, sera l'auteur de *Reds, les dix jours qui ébranlèrent le monde*. Cette aile gauche, la plus radicale du parti, défend l'idée d'une révolution immédiate aux Etats-Unis sur le modèle de celle réussie en U.R.S.S. par les bolcheviks. Bertram Wolfe, mort en 1982, qui fut avec Hammer un des fondateurs du Parti communiste américain, se souvient de son « compagnon Julius comme d'un homme riche, distingué, étrangement silencieux. Il participait activement, mais ne disait presque jamais rien. Il présidait de grands meetings, mais je ne l'ai jamais entendu prononcer un discours ». Lorsque la majorité des membres de l'aile gauche du parti manifeste le souhait que le bureau de liaison soviétique soit placé sous son contrôle direct, Martens refuse, tempête, déclarant « qu'il ne reçoit d'ordres que de Moscou ». Une seule personnalité soutient alors ouvertement son point de vue : Julius Hammer, dont la puissance réelle et les contacts avec les dirigeants de la révolution d'Octobre ne cessent d'intriguer nombre de militants... et les autorités américaines elles-mêmes.

Curieusement, jusqu'en 1920, il n'est cependant pas le moins du monde inquiété, alors que ses compagnons vivent dans une situation des plus précaires. Benjamin Gitlow, plus tard chef du Parti communiste et candidat à l'élection présidentielle, a évoqué cette période « où nous vivions dans un état de semi-légalité, toujours dans l'attente d'être attaqués ou arrêtés ». Hammer, lui, poursuit sur une vaste échelle ses envois à destination de Moscou de morphine, quinine, gaze, camphre et autres produits pharmaceutiques.

En septembre 1919, au cours de sa Convention réunie à Chicago, l'aile gauche du Parti socialiste accepte de fusionner avec le Parti communiste américain ; le quartier général du nouveau mouvement s'installe au 108 East, 12e Avenue, à New York, dans une maison louée par Julius Hammer.

Au printemps 1920, les événements se précipitent. Le ministre de la Justice estime que les charges accumulées contre Ludwig Martens permettent désormais de recommander son expulsion. Des hommes ont parlé, des réseaux ont été démantelés, les individus arrêtés sont pour la plupart des coursiers, agents de liaison, circulant entre la Russie et les Etats-Unis, acheminant des fonds et des directives. Sur l'un d'eux, on a même trouvé cent cinquante mille dollars ; sur presque tous, des preuves tangibles de la volonté de subversion soviétique aux Etats-Unis. Même John Reed, un des leaders du mouvement communiste, est arrêté à son retour de Moscou, alors qu'il transite par la Finlande. Dans ses bagages, les policiers découvrent six cents dollars, dix mille marks allemands, deux mille quatre cents couronnes suédoises, un microfilm et, surtout, cent deux diamants dont Reed reconnaît qu'ils sont destinés à Martens.

Chez ce brillant journaliste, fils d'une des familles les plus en vue de la côte Est, l'engagement en faveur de la révolution bolchevique est le résultat d'un mélange de romantisme et de simplisme qui peut prêter à toutes les manipulations. Il travaille en effet pour un journal à fort tirage, *Metropolitan*, qui appartient à Harry Whitney, un des dirigeants de la Guaranty Trust, l'établissement financier de J.P. Morgan très engagé dans les opérations à l'Est.

En mai 1918, la police confisque à nouveau à Reed, à son entrée sur le territoire américain, certains dossiers et papiers en sa possession. Désemparé, Reed, révèle Anthony Sutton, écrit le 4 juin à William Sands : « Pardonnez-moi de vous demander encore d'intervenir, mais je ne sais pas vers qui me tourner. » Or Sands est alors l'un des plus influents hommes d'affaires américains. Il préside l'A.I.C. (American International Corporation), créée avec des fonds de la Banque Morgan et de la National City Bank. Au conseil d'administration de cette société siègent William Sanders, un des directeurs de la Federal Reserve Bank de New York, Frank Vanderlip, président de la National City Bank, Percy Rockefeller, fils de John, et Otto Kuhn, de Kuhn Loeb and Co. Dès l'avènement du régime bolchevique, l'A.I.C. fait pression sur Washington pour obtenir une extension du commerce avec Moscou et, lorsque la démarche de Reed lui parvient, William Sands écrit à Franck Polk, conseiller du secrétaire d'Etat, une lettre étonnamment révélatrice :

5 juin 1918

Cher Mr Polk,

Je prends la liberté de vous transmettre un appel de John Reed qui souhaiterait rentrer en possession de papiers qu'il avait ramenés avec lui de Russie et qui lui ont été confisqués... Une telle persécution n'est guère souhaitable, étant dépourvue de toute nécessité. Il peut être pris en main et contrôlé beaucoup plus efficacement par d'autres moyens que le truchement de la police... Je crois qu'il ne serait pas sage d'offenser les leaders bolcheviques, à moins que ceci ne s'avère vraiment nécessaire... Pour ce qui est de John Reed, je crois que nous serions mieux inspirés d'utiliser ce genre de gens pour nos propres objectifs et pour la politique que nous souhaitons développer envers la Russie.

Sincèrement à vous,

William-Franklin Sands.

Les charges s'accumulent contre Martens. Le F.B.I. est en mesure de prouver que deux responsables du département étranger de la Guaranty Trust, Henry C. Emery et Charles Sabin, lui ont transféré des « fonds considérables ». Les dirigeants de cet établissement ont toujours plaidé en faveur d'une reconnaissance diplomatique du régime bolchevique, en partie parce qu'ils détiennent dans leurs coffres plus de cinq millions de roubles appartenant naguère au gouvernement impérial, et qu'ils souhaitent pouvoir entrer rapidement en négociation avec le nouveau pouvoir.

En février 1920, Ludwig Martens transmet un message au vice-ministre des Affaires étrangères soviétique, Maxime Litvinov, dans lequel il évoque « la terrifiante campagne » déclenchée contre lui, ajoutant que « les autorités américaines ont lancé à (ses) trousses tous leurs Sherlock Holmes ». Il disparaît. Arrêté quelques semaines plus tard, il demande à être placé sous la protection de la commission des Affaires étrangères du Sénat qui enquête sur ses activités. Sa demande est acceptée, notamment parce que les autorités soviétiques détiennent comme monnaie d'échange deux citoyens américains dans leurs prisons. Interrogé, Martens reconnaît ses menées révolutionnaires aux Etats-Unis : « L'objectif final, déclare-t-il, est la destruction du système capitaliste. »

Le 9 mars, sept cents policiers cernent le building du 120 Broadway où est alors installé le bureau de liaison soviétique ; une perquisition a lieu. Par une étrange coïncidence, dans ce vaste et luxueux immeuble sont installés les sièges ou les « antennes » de toutes les firmes alors favorables à une coopération étroite avec l'Union Soviétique : le bureau de liaison soviétique est au 17ᵉ étage, General Electric au 22ᵉ, la Guaranty Trust au 27ᵉ, la Standard Oil of New Jersey au 28ᵉ, l'American International Corporation de W. Sands, l'ami de John Reed, au 26ᵉ, Equitable au 19ᵉ, la Chase Bank au 23ᵉ ; la Federal Reserve Bank of New York elle-même et le très conservateur club des Banques sont respectivement installés aux 33ᵉ et 34ᵉ étages. Probablement est-ce là la première illustration de cette « osmose » si ardemment souhaitée par Julius Hammer, qui doit lui aussi affronter à l'époque de graves difficultés.

Le 26 juin 1920, toujours avec la même apparente impassibilité, il accueille le verdict d'un tribunal du Bronx devant lequel il a comparu : quinze années de prison. Une sordide affaire : près d'un an plus tôt, il aurait accepté de procéder à un avortement sur la femme d'un ancien membre de l'ambassade russe. A l'issue de l'intervention, qui se serait déroulée dans son cabinet sans l'aide d'aucune infirmière, la femme serait morte. Tout au long du procès, il fut impossible de prouver réellement la culpabilité de Julius Hammer, mais l'acharnement mis à le condamner rendait parfaitement plausible la note « urgente » dépêchée peu après par Lénine aux membres du Comité central : « On m'a informé hier que notre ami le millionnaire américain Hammer est en prison sous l'inculpation d'avortement illégal. En fait, il est clair que l'on se venge de ses opinions communistes. »

Alors même que John Reed mourait à Moscou — officiellement du typhus, mais les conditions exactes de sa disparition restent mystérieuses —, Julius Hammer était incarcéré à la prison de Sing Sing le 18 octobre 1920. De nombreux éditorialistes considérèrent ce jour comme des plus heureux ; pour le *New York Times,* l'« incarcération du docteur permet d'écarter l'argument selon lequel il existerait une loi pour les riches et une autre pour les pauvres, et que grâce à certains appuis le crime pourrait rester impuni ». La presse montra un intérêt morbide pour ce détenu qui, juste avant son emprisonnement, était allé avec vingt mille dollars en poche — ultime provocation — payer les mises en liberté sous caution de deux dirigeants communistes, Benjamin Gitlow et Jim Larkin, inculpés d'anarchie criminelle...

D'après Bertram Wolfe, « en prison, Hammer ne perdit jamais son air digne. Malgré son uniforme, il arrivait à paraître bien habillé ». Très vite, il prit de l'ascendant sur les autres détenus, publia un journal, créa une école à l'intérieur de Sing Sing. Mais l'on pouvait penser et escompter que ses sociétés, décapitées, allaient promptement péricliter, marquant le terme d'une période de relations privilégiées avec Moscou. Nul n'avait alors prêté suffisamment d'attention à un jeune homme de vingt-deux ans, « extrêmement séduisant et supérieurement confiant en lui », selon le portrait d'un de ses proches, et « pourvu d'un esprit aussi tranchant qu'une lame de rasoir ».

Le fils aîné de Julius Hammer, Armand, était alors étudiant à l'université de Columbia. Ces études, il ne les terminera jamais ; le titre de « docteur », il aimera néanmoins s'en parer toute sa vie.

A partir de cet instant, légende et réalité vont étroitement se confondre. Le prénom, d'abord : Julius aurait confié qu'il l'avait choisi en raison de l'emblème officiel du Parti socialiste du Travail : un ouvrier dont le bras *(arm)* tient un marteau *(ham)*. Armand Hammer réfute cette explication : « Pour ce prénom, mon père a songé au héros masculin de *la Dame aux camélias*, Armand, car il adorait le roman de Dumas. »

En 1920, parallèlement à ses études, il est déjà secrétaire général de la société Allied Drug and Chemical Company qui appartient à la famille. Il se rend fréquemment au parloir de Sing Sing pour discuter avec son père de la marche des affaires. Mais cette condamnation paternelle et l'emprisonnement qui l'a suivie laisseront chez Armand Hammer un souvenir profond. Aujourd'hui encore, le vieil homme déclare : « Lors du procès, j'ai eu la certitude que, si mon père avait eu de bons défenseurs, il aurait été impossible de le condamner. »

Le 22 janvier 1921, escorté par des agents du F.B.I., Ludwig Martens embarque, dans le port de New York, sur un navire à destination de l'U.R.S.S. Dès son arrivée à Moscou où l'accueille le chef de la diplomatie soviétique, Georgy Tchitchérine, il tient des propos apaisants : il déplore certes son expulsion, mais ajoute que « toute inquiétude au sujet de nos relations futures avec l'Amérique est dépourvue de fondement ». Peut-être n'ignore-t-il rien du long voyage qu'Armand Hammer se prépare alors à effectuer en Union Soviétique. Depuis plus d'un an, trente-cinq millions de personnes sont menacées de mourir de faim dans le bassin de la Volga. L'Armée rouge a confisqué les semences, les engrais ; les moyens de transport font tragiquement défaut. Au sein du Bureau politique, de violentes discussions opposent les partisans d'un appel à l'aide de l'Occident et ceux qui préfèrent que l'on cache la mort des paysans pour ne pas avoir à admettre un tel échec du communisme. Un compromis finit par être élaboré : le gouvernement ne demandera pas officiellement l'assistance des pays capitalistes, mais il appuiera un appel du célèbre écrivain communiste Maxime Gorki adressé directement au responsable du programme américain d'aide alimentaire, le futur président Herbert Hoover.

Armand Hammer prétend que c'est pour soulager ce drame qu'il se rendit alors en U.R.S.S. En fait, une rumeur qui se répand, semant quelque émoi dans les milieux politiques et financiers, explique plus vraisemblablement son départ. Julius et Armand Hammer auraient obtenu la première concession accordée par le gouvernement soviétique à une firme occidentale : il s'agit des mines d'amiante d'Alapaïevsk, dans le massif de l'Oural, sur les lieux mêmes où avaient été exécutés et ensevelis les Romanov. La nouvelle suscite une formidable excitation. Le département de la Justice, le *New York Times* et les autres grands organes de presse s'évertuent à percer le mystère, résumé dans une formule ironique par un éditorialiste : « Décrocher une concession en Russie alors que vous vous trouvez dans une cellule à Sing Sing, voilà un fameux exploit [3] ! »

IV

A l'intérieur du bâtiment du Kremlin où siège le Conseil des ministres, le bureau de Lénine est conservé intact, exactement dans l'état où le chef de la révolution soviétique le laissa après l'avoir occupé pour la dernière fois, le 19 octobre 1923. Il s'agit, selon l'historien Joseph Finder, d'une large pièce de forme ovale aux murs couverts de papier peint, aux teintes sombres et défraîchies. Au milieu, entouré d'un amoncellement de cartes et de caisses de livres, un petit bureau à demi dissimulé sous les feuilles d'un palmier en pot. En face du bureau, une table parée d'une nappe rouge aux franges dorées, surmontée d'un portrait de Karl Marx. Sur cette table sont conservés les cadeaux et souvenirs préférés que Lénine reçut des personnalités venues lui rendre visite. Le plus insolite est une statuette de bronze de trente centimètres représentant un singe accroupi sur les œuvres de Charles Darwin et contemplant un crâne humain.

La foule de visiteurs qui défile quotidiennement au musée central Lénine, place de la Révolution, où le même bureau a été reconstitué jusque dans les moindres détails, peut entendre évoquer par un des guides l'étrange histoire de ce bronze : « Vladimir Illich appréciait particulièrement ce cadeau : d'après lui, il exprimait ce qu'il adviendrait lorsque l'homme se serait détruit au terme d'une guerre ultime. Un singe s'emparerait alors d'un crâne humain et le regarderait, intrigué, en se demandant d'où il a bien pu provenir. » Le guide marque alors une courte pause pour examiner l'effet produit par ces mots sur l'assistance, puis il reprend : « C'est un cadeau du célèbre capitaliste américain Armand Hammer, quand il rendit visite à Lénine en 1921. Il lui dit : " Je suis capitaliste, mais je sais que nous autres capitalistes et vous communistes devrons œuvrer ensemble étroitement à préserver la paix. " »

Armand Hammer fit l'acquisition de cette statuette dans un petit magasin londonien en septembre 1921, alors qu'il était retenu en Angleterre par les services de sécurité. En route pour Moscou, il avait débarqué à Southampton quelques jours auparavant. Son passeport mentionnait qu'il effectuait « un voyage d'affaires et d'agrément ». Les autorités britanniques avaient manifesté un certain scepticisme quand il leur eut expliqué que ce déplacement avait en fait des buts humanitaires : aider à combattre le typhus et la famine qui ravageaient alors la Russie. Il transportait une ambulance d'une valeur de 15 000 dollars, bourrée de médicaments et d'équipements chirurgicaux pour une valeur totale de 60 000 dollars. « Un don », avait-il dit. En fouillant ses bagages, les Anglais avaient également découvert un film sur le départ de Ludwig Martens des Etats-Unis, que le jeune homme avait l'intention d'offrir à l'ancien responsable du Bureau de liaison.

Edgar Hoover, chef du F.B.I., avait transmis à Scotland Yard un rapport dans lequel il estimait que Hammer « transportait plusieurs messages destinés à Martens et ramènerait de Russie d'importants documents pour tous ceux qui, aux Etats-Unis, sont liés au mouvement soviétique ». Hoover avançait aussi, sans d'ailleurs pouvoir le prouver, que la société de la famille Hammer appartenait en fait pour moitié à Martens, pour l'autre au gouvernement soviétique...

L'extrême rigueur manifestée par Londres n'était guère surprenante. Six mois auparavant, le 16 mars 1921, le Premier ministre Lloyd George et le représentant soviétique Léonid Krassine avaient signé le premier accord commercial entre les deux pays. Cérémonie volontairement discrète, qui n'en constituait pas moins une victoire majeure pour Moscou. Le gouvernement soviétique était reconnu *de facto* par des pays vainqueurs de la guerre. Lénine voyait exaucer son vœu d'« avoir accès à la technologie britannique ». Une des clauses stipulait que les deux pays « s'engageaient solennellement à éviter toute action ou propagande hostile aux institutions de l'Empire britannique et à celles de la République soviétique de Russie ». Pourtant, peu après la signature de cet accord, le délégué soviétique à Londres, Lev Kamenev, avait été remplacé par un des principaux responsables de l'espionnage soviétique, le général Edward Pétrovitch Berzin. Cette nomination à un tel poste d'un haut spécialiste du renseignement fut la première d'une longue série. Les bureaux londoniens de l'antenne commerciale soviétique (« Arcos ») furent ouverts au 49 Moorgate, situé symboliquement à équidistance de la Banque d'Angleterre, « ce guichet de l'Empire », et de la Bourse, « centre du commerce mondial ».

Cette proximité des sanctuaires du capitalisme n'avait nullement émoussé la volonté de subversion des Soviétiques. Le 26 juin 1921, Santeri Nuorteva, responsable de l'agit-prop au sein de la IIIe Internationale, évaluait dans un rapport secret « à plus de cent soixante-treize les organisations communistes ou syndicales sous contrôle direct du Komintern, en Angleterre, en Ecosse ou en Irlande ». Il ajoutait que « huit cent quatre-vingt-dix agitateurs avaient créé à travers le pays de nombreux centres, notamment à Manchester et Cardiff ». D'après un rapport des services de contre-espionnage britanniques (classé B-P11 : nom de code d'un agent travaillant dans l'entourage de Litvinov, vice-ministre des Affaires étrangères soviétique), un million de dollars avaient été transférés aux révolutionnaires irlandais.

Le 1er juin 1921, *Ostinformation*, bulletin interne destiné aux cadres dirigeants du parti, évoqua un rapport au Comité central dans lequel « le camarade Staline soulignait que l'objectif qui doit guider l'action du Komintern est l'affaiblissement des pays capitalistes d'Europe de l'Ouest, à travers l'action de discrédit menée dans leurs colonies ». Staline désignait clairement la première cible : l'Inde, où les préparatifs de déstabilisation sont alors accélérés. Des fonds sont transférés au Parti communiste indien ; des gaz toxiques achetés en Allemagne doivent servir contre les troupes britanniques ; toute cette agitation doit déboucher sur un soulèvement général, puis sur une invasion du pays à travers la vallée de Hérat, en Afghanistan, route traditionnelle du commerce entre la Perse et l'Inde.

Ces sommes utilisées un peu partout dans le monde à la préparation de « vastes soulèvements révolutionnaires » sont en fait autant de fonds détournés d'une lutte efficace contre la misère, le sous-développement et la faim en Russie même...

A son arrivée à Berlin où il doit attendre son visa soviétique paraphé par Maxime Litvinov en personne, Armand Hammer a un geste curieux pour un « volontaire » parti lutter contre la famine : il achète une luxueuse Mercedes Benz et demande à son représentant européen, Boris Mishell, de passer en prendre livraison.

Quelques jours plus tard, quand le jeune Américain débarque enfin en gare de Moscou, son allure de dandy en costume de tweed coupé sur mesure chez l'un des meilleurs tailleurs anglais contraste avec la physionomie qu'offre la capitale : pénurie et tension y règnent. Accueilli par un représentant du ministère des Affaires étrangères, Hammer est d'abord conduit au département du Trésor où il échange ses dollars contre des bons d'alimentation, puis à son hôtel, le Savoy, à quelques rues du Kremlin.

« Jamais, dit-il, je n'ai vu un hôtel mériter si peu ce nom. Tout y était sordide. Cafards et rats sillonnaient la chambre. » Le surlendemain de son arrivée, il est reçu par le ministre de la Santé, Sémashko, qui le remercie pour l'ambulance et les fournitures. Peu après, Hammer accorde une interview à la *Gazette rouge*, probablement persuadé qu'elle ne serait jamais lue aux Etats-Unis : « J'apporte avec moi une lettre destinée à Vladimir Ilitch, écrite par mon père Julius Hammer, un vieux travailleur du parti aux Etats-Unis, qui connaît Lénine depuis 1907. »

Hammer ne pouvait arriver en Union Soviétique à un moment plus opportun. Lénine est justement en train de modifier de fond en comble les orientations économiques suivies jusqu'ici par le régime. Devant les délégués au Xe Congrès réuni à Moscou depuis le 17 mars, il avait enterré avec brio et habileté le « communisme de guerre », en vigueur jusque-là, au profit de la N.E.P. (« la Nouvelle Politique économique ») : « C'était une idée extravagante pour un communiste de croire qu'en trois ans l'on pourrait changer de façon radicale la structure économique de notre pays. Confessons nos péchés ; il y avait beaucoup de fabricants d'illusions parmi nous. Mais comment lancer une révolution socialiste dans notre pays sans fabricants d'illusions ? » Il avait annoncé qu'il faudrait renoncer à réquisitionner les surplus agricoles et que les cultivateurs paieraient désormais un impôt en nature. Ils pourraient dorénavant semer et moissonner en toute confiance, sans craindre les exactions. Mais Lénine allait plus loin : « Nous avons péché en poussant trop loin la nationalisation du commerce et de l'industrie. »

Le chef révolutionnaire malade, usé, et le jeune capitaliste américain ambitieux ne se sont pas encore rencontrés, mais toutes les conditions paraissent alors réunies pour que s'établisse entre eux un dialogue fructueux. Lénine, avec Maxime Gorki, rêve de la technologie comme d'une clé magique qui ouvrira les portes de l'avenir et permettra « de civiliser l'homme du commun, à demi-sauvage, stupide et borné ». « Les capitalistes savent produire des marchandises et vous ne savez pas, dira-t-il encore en 1922 devant le dernier Congrès du parti auquel il ait assisté. Les capitalistes détiennent un secret grâce auquel ils sont à même de faire progresser l'économie. Ce secret, ils ne le livreront pas sans contreparties, mais on peut miser sur leur cupidité. Attirons les capitalistes en Russie en leur promettant d'énormes profits. Nos gens, en les observant et en collaborant, apprendront peu à peu leurs méthodes, et bientôt la Russie rattrapera l'Occident. »

A un militant désemparé par ce « cours nouveau » et qui affirme : « Nous voulons bien supporter la famine durant une année encore, mais qu'on ne vende pas une parcelle de la Russie, notre mère », Lénine rétorque : « S'il le faut, nous concéderons aux capitalistes étrangers un profit de deux mille pour cent, car les conditions des ouvriers et des paysans doivent être améliorées, et cela par n'importe quels moyens. » Et, lorsqu'il détaille les privilèges dont ces capitalistes pourront bénéficier, il s'engage dans une voie que même le plus pro-occidental des ministres tsaristes de naguère n'aurait osé proposer : l'homme d'affaires étranger aura la possibilité d'ouvrir des magasins où ses propres employés auront l'obligation d'acheter ce dont ils ont besoin ; il recevra l'assurance que les syndicats n'interviendront pas dans la bonne marche de ses affaires, et il n'aura donc pas à redouter de grèves...

Pour clore le débat suscité à l'intérieur du parti par ces mesures, le chef du gouvernement soviétique utilise une formule qui sonne comme un lointain avertissement aux oreilles des dissidents récents, victimes d'internements en hôpitaux psychiatriques : « Tout communiste qui s'avise de faire part de ses scrupules idéologiques relève de la maison de fous ! »

Armand Hammer, cependant, parcourt le territoire soviétique à bord d'un train spécial jadis réservé aux personnalités de la Couronne et mis à sa disposition par les autorités. Il a retrouvé à Moscou un noyau d'amis qui constituent pour lui autant d'appuis au sein de l'appareil dirigeant. Tout d'abord Ludwig Martens, devenu membre du Præsidium du commissariat du peuple au Commerce avec l'étranger. C'est à lui qu'incombe la tâche de réorganiser l'industrie minière du pays. Y figure aussi Grigori Weinstein, expulsé des Etats-Unis en 1921 avec Martens ; ancien collaborateur de Julius Hammer, il dirige désormais le journal *Novy Mir,* ainsi que le département anglo-américain du commissariat aux Affaires étrangères.

Le personnage le plus important de ce groupe est Boris Reinstein. Né en Russie, émigré aux Etats-Unis en 1890, il y devint l'un des organisateurs du Parti socialiste et accompagna Julius Hammer à Stuttgart en 1907, pour sa première rencontre avec Lénine. En 1918, il avait été l'interlocuteur de cette « mission » d'hommes d'affaires américains venus sous couvert de la Croix Rouge. Depuis 1920, il est l'un des conseillers les plus écoutés de Lénine ; son influence est aussi grande au sein du gouvernement qu'à l'intérieur du Komintern[1].

C'est à l'initiative de Reinstein qu'est organisé le voyage du jeune Américain dans l'Oural. Celui-ci fait preuve, selon des rapports régulièrement envoyés à Moscou, d'une énergie surprenante, ne dormant que quelques heures par nuit, prenant des notes sur tout, progressant en russe au rythme de cent cinquante mots nouveaux par jour. A la fin d'août, le convoi est à Iékatérinbourg. Hammer s'étonne du grand nombre d'usines ne fonctionnant pas. On lui répond que c'est dû à la pénurie de blé, qui ne permet plus de rétribuer les travailleurs. Hammer passe alors son premier accord avec le gouvernement soviétique : il propose d'acquérir sept millions de tonnes de blé sur le marché des surplus américains, que les Soviétiques lui paieront en fourrures et en pierres précieuses.

Le 25 septembre, il arrive dans la ville d'Alapaïevsk. On lui propose d'exploiter un territoire de la taille de l'Etat américain de Rhode Island, où sont concentrés des gisements de platine et des mines d'amiante, celles-là mêmes qui tiennent encore emprisonnées les dépouilles des Romanov.

Etape après étape, Lénine est tenu informé du déroulement du voyage. « Nous devons conclure très vite avec Hammer, écrit-il à V.V. Kouibychev, membre du Præsidium du Conseil économique suprême, et parvenir à un accord sur une concession. Si Hammer ne voulait pas de la mine, peut-être pourrions-nous le persuader de signer le contrat sur le blé en échange d'une autre concession à laquelle nous donnerions un large retentissement à travers le monde. »

A son retour à Moscou, Hammer engage des négociations serrées. Il rencontre Léon Trotsky, commissaire à la Guerre, qu'il a déjà connu aux Etats-Unis. Il souhaite obtenir des garanties sur les mesures de sécurité qui seront prises autour de la mine. Les deux hommes dialoguent en allemand. Hammer évoquera plus tard cette rencontre comme « cordiale, bien que le visage de Trotsky soit resté froid. A la fin, il m'assura que, lorsque la révolution adviendrait en Amérique, les intérêts de ma famille seraient épargnés ».

Le 13 octobre, Reinstein informe Lénine que les négociations avec Hammer progressent de façon encourageante. Lénine est si optimiste que, le lendemain, il rédige une lettre destinée à tous les membres du Comité central :

> Le fils du millionnaire américain se prépare à donner aux travailleurs de l'Oural sept millions de tonnes de blé à des conditions très satisfaisantes, en prélevant pour sa commission des valeurs qu'il vendra en Amérique. Un rapport officiel sera très vite établi par Martens.
>
> Lénine.

Dès ce moment, Lénine paraît obsédé par l'idée que Hammer peut constituer la solution, la réponse à toutes les difficultés rencontrées jusqu'alors avec le monde des affaires... Le 15 octobre, dans une note à Martens, il suggère d'interroger l'« Américain » sur d'éventuels groupes financiers occidentaux disposés à investir. Et il ajoute cette phrase manuscrite en bas de page : « Demandez aussi à Hammer s'il serait intéressé par l'idée d'électrifier l'Oural. »

Aux yeux de Lénine, ce premier accord dépasse en importance le simple cadre économique. Il le considère comme l'élément d'une stratégie destinée à protéger la Russie soviétique contre des interventions étrangères : « Si les pays capitalistes voient qu'ils peuvent gagner de l'argent chez nous, ils vont rivaliser pour obtenir les meilleurs avantages ; ainsi le pouvoir soviétique sera en sécurité, alors que l'Ouest sera divisé. Accords et concessions avec les Américains sont donc d'une exceptionnelle importance pour nous », estime-t-il avant de conclure : « Nous avons presque tout à faire avec Hammer. »

Mais les discussions soudain piétinent. Hammer, malgré son jeune âge, est déjà un négociateur redoutable. Ses interlocuteurs ne se sentent pas investis de pouvoirs de décision suffisants pour accepter certaines de ses conditions. Reinstein pense qu'une rencontre entre Hammer et Lénine est le seul moyen de dénouer la situation. Elle a lieu le 22 octobre 1921.

En plus de soixante années, le milliardaire américain a dû raconter cette première entrevue des centaines de fois, peaufinant peu à peu la réalité pour la porter à un point de perfection analogue à celui de Malraux dans ses *Antimémoires*. Il se rappelle avoir été « surpris par la petite taille de Lénine, sa tête large au crâne bien proportionné. Son regard rayonnait d'une chaleur amicale tandis qu'il me serrait la main en m'indiquant un siège placé à côté de son bureau. Il se pencha, attentif : "Parlerons-nous anglais ou russe ?" » Hammer répondit qu'il préférait l'anglais, que Lénine « maîtrisait parfaitement ». D'après Hammer, « la discussion porta sur les sujets les plus divers : mon père, mon séjour, la reconnaissance diplomatique de la Russie soviétique par les Etats-Unis. Durant ces deux heures de conversation, je fus totalement subjugué par la personnalité de Lénine ».

Pas au point cependant d'oublier ses exigences, que le che du gouvernement soviétique allait accepter avec une déco certante facilité, sans la moindre objection : les employ américains de Hammer auraient le droit d'entrer et de sor du territoire soviétique à leur guise ; ils pourraient circu en toute liberté à travers le pays : des voitures, des tr s privés, des bureaux, des services de sécurité seraient mis n permanence à leur disposition ; ils pourraient utiliser à ut moment les stations gouvernementales de radio et de lé-graphe.

Pour combattre la bureaucratie et veiller à la bonne exécution de l'accord, Lénine annonça à Hammer, à la fi de l'entretien, qu'il venait de créer un « Comité spécial por les concessions », chargé d'aplanir toutes les difficultés qui pourraient surgir. A sa tête un homme à la voix calme et douce,

Félix Dzerjinski, héritier d'une famille de la petite noblesse polonaise — « un homme d'une parfaite loyauté », se rappelle Hammer. En fait le fondateur et chef de la police secrète ancêtre du K.G.B., la Tchéka, organisme qui allait traverser en 1924 une grave crise dont un long article de la *Gazette rouge* se ferait alors l'écho : « Notre Tchéka vit des temps difficiles... Elle n'a pratiquement plus rien à faire... »

En attendant, Lénine va faire de la N.E.P. une saisissante illustration de son principe tactique : « Nous donnons d'une main et reprenons de l'autre. » L'appel aux capitalistes étrangers s'accompagne d'une répression sans pitié contre tous les « vestiges du capitalisme » à l'intérieur même du territoire et dans la population. Etrangement, Lénine se révèle incapable de favoriser, voire d'accepter la réapparition d'une intelligentsia, fût-ce sous les traits de techniciens, d'ingénieurs, d'entrepreneurs de l'Etat socialiste. Ce qui n'empêche pas un homme d'affaires étranger comme Hammer de quitter son bureau en qualité d'hôte officiel de l'Etat soviétique, jouissant de prérogatives étendues.

Hammer abandonne l'hôtel sordide qui l'abritait pour la maison des « invités du gouvernement », installée dans ce qui avait été l'ancien palace d'un roi du sucre. Il y dispose d'une suite, de domestiques, d'une cuisinière, et « même, si je le voulais, de bouteilles de vieux vin français. Tout ceci par la magie du nom de Lénine ». On lui propose, pour installer ses ureaux, un bâtiment en marbre de quatre étages, autrefois ège d'une banque. Le loyer en est de trente dollars par mois. décide de ne louer que le premier étage, pour douze dollars.

Le 27 octobre 1921, le contrat portant sur les approvisionnements en blé est signé. Hammer télexe peu après à New Y k pour demander que les navires soient affrêtés dans les pl brefs délais. Les négociations sur les mines d'amiante se po suivent et Lénine continue d'inonder son entourage de rec mmandations et de mises en garde montrant à quel point il s faisait alors peu d'illusions sur l'état et le zèle de sa prop e bureaucratie : « Une attention spéciale doit être portée aux termes de l'accord, écrit-il à Martens. N'ayez aucune confiance dans l'exécution des ordres que vous donnez. Sans au moins un triple contrôle, nos hommes lâcheront tout et nous échouerons à obtenir des résultats corrects... » A son ministre du Commerce avec l'étranger, S.I. Radchenko, il écrit le même jour : « Je suis sûr que pas la moindre chose ne sera faite à moins d'une pression et d'une supervision constantes. Or, vous savez que ce contrat est d'une énorme importance, car il doit marquer nos débuts dans le commerce. »

Le 2 novembre 1921, le contrat sur les mines d'amiante est enfin signé, « avec tout le cérémonial d'un traité de paix », selon Hammer qui le paraphe en tant que vice-président de la compagnie appartenant à son père. Les signataires, du côté soviétique, sont Maxime Litvinov, vice-ministre des Affaires étrangères, et Piotr Bogdanov, président du Conseil économique suprême. Les Hammer détiennent le droit d'exploiter les mines pendant vingt ans et s'engagent à en doubler la production dans les cinq années à venir. Le gouvernement soviétique recevra un intéressement de 10 % calculé sur la production annuelle et payable au choix en minerai ou en devises fortes.

Armand Hammer transfère au nom de sa famille cinquante mille dollars en lingots d'or à la Banque d'Etat soviétique nouvellement créée. La famille en devient ainsi le premier déposant et Armand le premier étranger à y détenir un compte personnel. « Le directeur de l'établissement, Monsieur Zimmerman, me dit un jour en souriant : " Vous êtes le seul concessionnaire étranger en Russie : n'aimeriez-vous pas être le premier à ouvrir un compte ? " J'ai déposé l'équivalent de cinq mille dollars en or, et j'ai reçu en échange un livret portant le numéro un. »

L'accord ne se limite pas aux mines. Hammer devient alors l'intermédiaire du régime soviétique pour toutes les transactions avec les firmes occidentales.

Aux Etats-Unis, l'émotion soulevée est considérable. Le *New York Times* en fait son titre de première page ; le ministre de la Justice ouvre une enquête et perquisitionne au domicile de la famille Hammer.

Apparemment indifférent à tous ces remous, Hammer surveille au même moment le déchargement de la première cargaison de blé américain à être parvenue en Russie soviétique puis, quelques jours plus tard, le transbordement sur le même navire de sa rétribution en toiles de maîtres, fourrures, meubles de style et caviar — premier tribut payé à « ces débuts d'une extrême importance », selon Lénine [2].

V

Les responsables de la politique américaine persistaient dans leur refus de reconnaître le nouveau régime mis en place en Russie, pour la raison essentielle qu'ils espéraient bien qu'il ne durerait pas. « Presque tout le monde parmi nous — rappelle De Witt Clynton Poole, qui fut le responsable aux Affaires russes au Département d'Etat après la Première Guerre mondiale — estimait que le remède au bolchevisme était le retour à la prospérité et à l'ordre, et qu'il le ferait disparaître. »

Une fraction de l'administration américaine adhérait à cette opinion, et, au lieu de reconnaître les bolcheviks, le Département d'Etat créa une section des Affaires russes chargée de scruter le flux d'informations contradictoires qui parvenaient à franchir le fossé séparant l'Occident de la Russie nouvelle. Les principaux renseignements provenaient du poste d'observation installé par les Etats-Unis à Riga, port de la Baltique, à l'époque capitale de la République indépendante de Lettonie. Avec sa forte densité d'émigrés, la ville et ses alentours ressemblaient beaucoup plus à la Russie tsariste que toute autre région de l'Union Soviétique. Ce climat d'exil, où ils côtoyaient « des anticommunistes de haute culture », marqua profondément l'attitude et les conceptions des jeunes diplomates en poste. Ceux-ci étaient les produits d'un système de formation et de sélection mis en place par le Département d'Etat et imprégné de la « nostalgie du XIXe siècle russe ». Chaque année, de nouveaux hauts fonctionnaires en sortaient, avec leurs clichés de « Russes distingués de la vieille école, celle d'avant la révolution ».

Ces hommes, qui, à l'image de George Kennan, futur ambassadeur américain à Moscou, estimaient ne jamais devoir « considérer l'Union Soviétique comme un allié ou un associé potentiel », allaient, au fil des ans, occuper des postes clés dans la diplomatie américaine. Par leur approche dogmatique et leur méconnaissance propre du phénomène soviétique, ils contribuèrent à scléroser durant des décennies la politique étrangère de leur pays — situation dont un homme comme Armand Hammer, infiniment plus souple et pragmatique, allait tirer grandement parti.

Dès 1922 se joua le premier acte de l'affrontement entre ce corps diplomatique juvénile, partisan de l'ordre ancien, et le dandy et homme d'affaires tout aussi jeune, adepte d'une diplomatie directe avec les révolutionnaires. Tandis que Hammer voguait vers les Etats-Unis à bord de son navire chargé de fourrures, de caviar et de toiles de maîtres, Riga alertait Washington sur les termes de l'accord et « la nature des personnalités impliquées ». Le F.B.I. approfondit alors son enquête sur Julius Hammer : il aurait reçu des fonds importants envoyés par Trotsky, qui avaient transité par des banques européennes puis américaines, avant d'être confiés par lui à Martens ; en 1914, il aurait même, selon les services de sécurité, fourni de la dynamite à certains groupes terroristes.

Armand Hammer n'ignorait naturellement rien des remous suscités par son initiative et, dès son arrivée le 13 juin 1922 à New York, il s'employa avec une habileté consommée à calmer le jeu et dissiper les critiques les plus vives. Parfaitement à l'aise, sûr de lui mais sans arrogance excessive, il confia au *New York Times* : « Quand j'ai négocié avec les responsables du gouvernement soviétique, je leur ai dit que j'étais un homme d'affaires et que j'étais ici pour faire de l'argent, mais que je n'avais nulle intention de m'approprier leurs terres ; à quoi ils m'ont répondu : en effet, nous comprenons que vous ne veniez pas ici par bonté d'âme, mais, aussi longtemps que vous ne vous immiscerez pas dans notre politique, nous vous accorderons notre aide. »

Indiscutablement, il existait une formidable convoitise du monde des affaires américain face aux potentialités du marché soviétique, et Hammer employait les mots que ces responsables souhaitaient entendre. Au cours d'un somptueux dîner servi à l'hôtel Commodore à une assistance d'industriels et de financiers, il affirma : « Une part importante du commerce avec la Russie, auquel toutes les places financières rêvent depuis deux ans, va bénéficier aux intérêts américains. » Mais comment composer avec un régime qui « viole les règles internationales et dont le but avoué est la révolution mondiale » ? Là encore, Armand Hammer explique, modère, simplifie. Distillant habilement les confidences, il présente Lénine comme un « personnage désabusé, qui déjà ne croit plus à l'efficacité du communisme. Il m'a dit : " Nous avons moins besoin de médecins que d'hommes d'affaires étrangers. " » Ayant ainsi à la fois semé le trouble dans les convictions et aiguisé les convoitises, Hammer parvint à retourner à son avantage les effets désastreux de son périple et de ses transactions moscovites.

Il avait réussi un autre exploit : escamoter le rôle joué par son père, et donc les liens entre la société que celui-ci dirigeait et l'Internationale communiste. L'une de ses premières visites le conduisit au parloir de Sing Sing. Il décrivit à Julius son séjour russe, les résultats obtenus, les encouragements de Lénine. Tous deux convinrent qu'il fallait dissoudre leur firme, Allied Drug and Chemical, trop en vue et trop compromise. Quelques semaines plus tard, une nouvelle société fut créée. Il fallut plusieurs mois pour découvrir que son capital était détenu pour moitié par la famille Hammer, pour l'autre par le gouvernement de l'Union Soviétique.

Avec cette opiniâtreté méthodique et implacable dont il fera preuve tout au long de sa carrière, Hammer se sert de toutes les cartes dont il dispose. L'establishment a emprisonné son père : c'est ce même establishment qui appuiera sa libération. A toutes les personnalités qui savent qu'il est désormais l'intermédiaire obligé par lequel il convient de passer pour négocier avec Moscou, il demande d'appuyer une campagne en faveur de la réhabilitation de Julius Hammer. Les lettres affluent sur le bureau du gouverneur de New York, Alfred Smith, celui-là même qui avait recommandé la mise en état d'arrestation de l'homme d'affaires communiste.

A son frère cadet, Victor, qui rêve de faire du théâtre, Armand Hammer lance : « Viens plutôt collaborer avec moi à Moscou : là sont les plus grands acteurs. C'est avec eux que je négocie ! »

Mais, avant de repartir pour l'U.R.S.S., il se rend à Dearborn. Dans cette élégante banlieue de Detroit, capitale de l'automobile, vit l'homme qui, aux yeux de l'opinion, incarne le succès capitaliste poussé à son plus haut degré : Henry Ford. De ses usines de montage soumises à des cadences épouvantes, cinq millions de véhicules sortent chaque année et inondent le marché mondial. Les dirigeants soviétiques rêvent de collaborer avec Ford, mais ce dernier, qui déteste les communistes et n'aime guère les Juifs, voit dans la révolution d'Octobre un complot des deux.

Le magnat de l'automobile, malgré une dureté bien connue, est alors l'homme le plus populaire des Etats-Unis. Le magazine à grand tirage *Collier's* révèle au terme d'une enquête auprès de 300 000 de ses lecteurs que Ford triompherait largement si une élection l'opposait au président des Etats-Unis en exercice, Warren Harding. Cette popularité repose pour une bonne part sur une légende que Ford s'est lui-même forgée. Il apparaît comme un homme volontairement à l'écart, méprisant les honneurs, fuyant la foule, détestant les discours. Le mythe quasi saint-sulpicien de la réussite à l'américaine : un adolescent né dans une pauvre ferme se révèle un génie de la mécanique ; ayant l'esprit d'entreprise chevillé au corps, il devient le roi de l'automobile... Mais cette légende a son revers : ce journal, *Dearborn Independent,* conçu de toutes pièces par Ford et qui, chaque semaine, sous le titre « La vérité cachée », publie un éditorial antisémite d'une violence inouïe.

Malgré un double handicap — être juif lui-même et soupçonné de pactiser avec les bolcheviks —, Armand Hammer parvient à obtenir une invitation à déjeuner d'Henry Ford. Le lieu arrêté pour la rencontre, comble de l'ironie ou de la provocation, est justement le siège même du *Dearborn Independent* !

Ce rendez-vous, crucial pour sa propre crédibilité auprès des Soviétiques comme des milieux d'affaires américains, Armand Hammer l'a arraché grâce à l'entremise d'un personnage étonnant : Alexandre Gumberg. Né en Ukraine, celui-ci a quitté la Russie en 1902 pour s'installer aux Etats-Unis où il devint l'ami de Julius Hammer et de Boris Reinstein. Homme d'affaires habile, il est retourné en Russie lorsque a éclaté la révolution. Cynique et sarcastique, son allure et ses propos déroutent ou exaspèrent les idéalistes comme John Reed qui le mentionne dans son livre sous le pseudonyme de *Trousishka,* aimable sobriquet pour « petit faux-jeton ». En cette année 1922, Gumberg est de retour aux Etats-Unis, à la fois comme conseiller de la puissante Chase Bank, appartenant à la famille Rockefeller, et du célèbre cabinet d'avocats Simpson, Thatcher and Bartlett. Il est également en contact avec l'un des adjoints d'Henry Ford, Charles Sorensen. C'est ainsi qu'en avril 1922 Hammer, qui allait poursuivre plus de soixante années durant une fructueuse collaboration avec la dynastie et l'empire Ford, rencontre pour la première fois l'autocrate de l'industrie automobile.

Il s'emploie d'abord à dissiper ses réticences. Les hommes au pouvoir à Moscou ? Avant tout des pragmatiques, comme Ford lui-même, capables de s'écarter de leurs théories quand ils sont confrontés à l'épreuve des faits. « D'ailleurs, ajoute Hammer, les leaders soviétiques eux-mêmes vous considèrent comme un révolutionnaire, en raison des techniques industrielles que vous avez su développer. » L'enjeu ? « Le numéro un du capitalisme mondial pourrait-il rester à l'écart de ce défi gigantesque, à sa mesure : la reconstruction d'un pays comme la Russie, qui représente un sixième du globe ? »

A la fin du repas, la partie est gagnée, un premier accord conclu. Ford vendra trois cents tracteurs, et des experts soviétiques seront envoyés à Detroit pour être formés aux techniques de production de masse. Entre 1922 et 1927, ce sont vingt-sept mille tracteurs qui seront écoulés en U.R.S.S., où Henry Ford cesse d'être le symbole des « cadences infernales » de l'exploitation capitaliste pour devenir un véritable héros. L'organe du Parti communiste, la *Pravda,* souligne régulièrement par de longs articles les progrès de la « fordisation » en Russie, et un écrivain européen visitant le pays écrit : « Si Lénine est le dieu de la Russie, Ford est aujourd'hui son saint Pierre. » Dans la population, particulièrement chez les paysans, le nom du potentat de Detroit est aussi familier que vénéré. Décidément, la convergence est totale entre Henry Ford et Lénine qui proclame à l'époque : « L'essentiel est la production, la démocratie est une notion secondaire qui relève de la seule politique. »

A dater de cette rencontre de Dearborn, qui constitue un vif succès personnel pour Hammer, la passerelle restera toujours tendue entre l'entreprise capitaliste et l'Etat-patron communiste. Deux pouvoirs également centralisés, hiérarchisés, autoritaires, dont les élites ont en commun le goût du secret. Leurs décisions échappent au contrôle et à la connaissance de la plupart des individus. Ignorance qui, à l'Ouest, regroupe d'ailleurs dans un touchant ensemble démocratique les électeurs et leurs élus : tous les appels lancés par l'Est à la technologie occidentale pour aplanir les difficultés résultant des échecs du système se feront désormais presque toujours par-dessus la tête des hommes politiques au pouvoir.

Au même moment, le 9 avril 1922, le chef de la diplomatie soviétique arrivait en gare de Gênes. A la surprise générale, Georgy Tchitchérine portait un chapeau haut-de-forme et tenait dans un français châtié (langage traditionnel de la diplomatie) des propos rassurants par lesquels il s'efforçait de convaincre que la révolution prolétarienne ne précipiterait pas le monde dans l'apocalypse.

Un mois plus tôt, le Conseil de guerre allié, réuni à Versailles, avait fixé le montant des réparations allemandes à deux cent vingt-six milliards de marks-or, payables en quarante-deux ans. Le gouvernement de Berlin avait répondu qu'un pays comme l'Allemagne, même doté d'un potentiel industriel aussi puissant que le sien, était dans l'incapacité de payer une telle somme. Les troupes françaises occupèrent alors les ports du Rhin, Düsseldorf et Duisburg dans la Ruhr. Une semaine plus tard, les puissances alliées présentaient une nouvelle note : un milliard de marks-or, payables avant le 31 mars 1922, sinon la Ruhr serait totalement occupée.

En apparence, aucun rapport entre les deux événements. En réalité, tout était prêt pour que s'élabore une alliance entre la Russie soviétique et l'Allemagne de Weimar, deux nations « réprouvées », mises au ban de l'Europe.

Au début de 1922, le Premier ministre britannique avait proposé la réunion à Gênes des représentants de trente-quatre pays, afin d'évoquer les moyens de restaurer la santé financière et économique de l'Europe. La Russie fut invitée, et Lénine souhaitait exploiter au maximum cette première apparition sur la scène internationale en participant lui-même aux travaux de la conférence. Pourtant, les réticences américaines, ajoutées aux inquiétudes de Dzerjinski, chef de la police politique, qui craignait pour la vie de Lénine, conduisirent le leader bolchevique à renoncer à son projet.

Ce fut Tchitchérine qui quitta Moscou à la tête d'une importante délégation. Sur la route de Gênes, il s'arrête à Berlin. Il est reçu, en ce début d'avril 1922, par Walter Rathenau, ministre des Affaires étrangères et l'un des plus puissants industriels allemands. Rathenau se bat alors pied à pied pour tenter d'assouplir les échéances imposées au paiement des réparations de guerre. Négligeant les préliminaires, Tchitchérine l'informe que la Russie est prête à passer un accord avec l'Allemagne. Le protocole est rapidement conclu et prévoit « le rétablissement des relations diplomatiques, l'engagement du gouvernement allemand à soutenir ses entreprises privées dans leur volonté de commercer avec l'Est » ; enfin, « le renoncement à toute revendication financière envers l'autre partie ».

Chez ces deux nations placées au ban de la communauté internationale, l'une parce qu'elle a perdu la guerre, l'autre parce qu'elle a fait la révolution, se fait jour le sentiment d'avoir élaboré une alchimie favorable à chacun : l'alliance entre les ressources russes et le potentiel industriel allemand. Au-delà se profile chez certains dirigeants de Berlin une idée un peu plus inquiétante : cette collaboration accélérera d'autant la reconstruction de forces armées capables de venger l'humiliation de la défaite.

La Conférence de Gênes a laissé dans l'histoire diplomatique des débuts du XXe siècle le souvenir d'un quasi-désastre : en partie parce qu'elle fut très mal préparée, également parce que les préoccupations de chacun s'entrecroisèrent sans jamais se rejoindre dans le faisceau des intérêts communs. L'extraordinaire Babel diplomatique que symbolisa Gênes préfigurait l'irrémédiable impuissance des démocraties face à la montée des périls qui culmineraient avec le second conflit mondial.

Comble du dérisoire — qui semblait donner raison à Lénine lorsqu'il estimait que les rivalités commerciales allaient exacerber les antagonismes entre puissances capitalistes —, les négociations diplomatiques furent très vite reléguées à l'arrière-plan par l'affrontement entre compagnies pétrolières américaines et anglaises, les plus puissantes de la planète.

Là encore se profilait l'ombre de la Russie, décidément économiquement incontournable, puisque, à l'époque de la révolution, 15 % du pétrole mondial provenait de ses gisements. Les frères Nobel en possédaient naguère un tiers, le reste appartenant à la compagnie anglaise Shell. Désormais nationalisés, ils étaient devenus l'enjeu d'une impitoyable rivalité. La Standard Oil of New Jersey, première compagnie mondiale (appartenant à John Rockefeller), négociait depuis 1920 avec les Soviétiques le rachat des intérêts Nobel. Fin 1921, les Soviétiques avancèrent une proposition : les gisements seraient exploitables sous forme d'une concession de cinquante-cinq ans. Les pétroliers américains refusèrent, provoquant la rupture immédiate des négociations. Les Soviétiques se tournèrent alors vers le rival anglo-hollandais, Royal Dutch Shell.

Un cauchemar obsédait la Standard Oil : que ses marchés européens fussent inondés de pétrole à bas prix. Politique dont les Américains connaissaient bien tous les dangers puisque eux-mêmes l'avaient pratiquée avec succès contre Shell.

A Gênes, sous la pression des représentants des deux sociétés, le Département d'Etat américain et le Foreign Office tentèrent d'aboutir à un accord prévoyant que chaque compagnie s'engagerait à ne pas négocier séparément avec les Soviétiques.

En fait, Moscou avait réussi à perturber l'industrie pétrolière occidentale, appâtant tour à tour chacune des compagnies par des promesses, pour les monter ensuite l'une contre l'autre en faisant bon marché de toute réglementation et de toute idéologie. Les Soviétiques s'activaient à présent à produire eux-mêmes du pétrole et l'offraient à bas prix, accentuant ainsi la menace que tout le monde redoutait : un encombrement du marché, une anarchie échappant à tout contrôle.

Alors que les délégations se préparent à quitter Gênes, le baron von Maltzau, l'un des principaux négociateurs allemands, reçoit à une heure du matin un coup de téléphone d'Adolphe Ioffé, membre de la délégation russe, déclarant parler au nom du ministre Tchitchérine : si l'Allemagne le souhaite, la Russie est prête à signer un traité avec elle. A l'aube du 16 avril 1922, les délégations des deux pays gagnent la station balnéaire voisine de Rapallo et s'installent à l'hôtel Bristol.

Le traité de Rapallo ne constituait pas seulement une « alliance entre des bandits et des ruinés », comme le titra élégamment le quotidien londonien *Morning Post.* Il marquait un tournant dans l'après-guerre — ou la « pré-guerre » —, caractérisé par une consolidation du pouvoir communiste en Russie et un réarmement massif et secret de l'Allemagne.

Le traité de Versailles avait ramené l'armée allemande à

des effectifs inférieurs à ceux d'un pays de la taille de la Belgique. Or, tandis qu'une insurrection communiste couve à Berlin, à Munich et dans le nord du pays, un accord militaire resté longtemps secret prévoit que l'Allemagne s'engage à fournir en équipements et munitions cent quatre-vingts régiments d'infanterie de l'Armée rouge, et en pièces d'artillerie vingt divisions russes. Berlin réorganise également les flottes soviétiques de la Baltique et de la mer Noire et fournira cinq cents avions Junker « dans les plus brefs délais ». Des experts militaires allemands sont envoyés en Russie soviétique pour assurer un travail d'encadrement et de maintenance, tandis que dans la banlieue de Pétrograd, à Samara, sont construites de nouvelles usines à l'usage exclusif de l'armée allemande.

L'U.R.S.S. met à la disposition du gouvernement de Weimar son territoire et sa main-d'œuvre. Le chef d'état-major allemand, le général von Seekt, crée aux termes d'un accord avec Léonid Krassine, commissaire soviétique au Commerce extérieur, une organisation appelée *Sondergruppe*. C'est un véritable pouvoir parallèle qui est ainsi mis en place. Deux ministres allemands seulement en connaissent l'existence : le responsable des Finances, Joseph Worth, considéré dans de nombreux cercles comme un sympathisant bolchevique, et le chef de la diplomatie et industriel Walter Rathenau, lequel confiait peu auparavant : « En tant que membre du club des capitalistes, je peux dire que trois cents hommes étroitement liés les uns aux autres contrôlent la destinée économique de l'Occident. »

Autre maillon de cette chaîne de « solidarité » : une société commerciale privée, baptisée « Compagnie pour la promotion des entreprises industrielles ». Elle dispose d'un budget considérable — quatre cent soixante-quinze millions de deutschemarks — et de bureaux, l'un à Berlin, l'autre à Moscou (appelé Wilko-Z). La compagnie finance, dans la banlieue de Moscou, l'installation d'une usine capable de fabriquer annuellement plus de six cents avions Junker. A Pétrograd, ce sont trois cent mille pièces d'artillerie qui seront produites, tandis qu'à Samara — étonnante préfiguration des accords paritaires conclus durant la période de « détente » — une société russo-allemande développe sur une large échelle la production de gaz toxiques et de poisons.

Les pilotes allemands sont entraînés en Russie, tandis qu'entre 1924 et 1934 toute l'élite des services de renseignement et du haut commandement soviétiques aura effectué en Allemagne plusieurs stages d'études. Parmi ces stagiaires, le futur maréchal Joukov, héros de Stalingrad.

Dernière pièce du dispositif ainsi mis en place : Lohmann Entreprises. Vingt-huit sociétés, trente-deux chantiers navals. Une organisation tentaculaire qui ne peut se comparer qu'au géant allemand de la chimie, IG Farben. A l'abri de la base navale soviétique de Kronstadt, des sous-marins de deux cent cinquante tonnes sont fabriqués, qui seront utilisés par Berlin durant la Seconde Guerre mondiale. Le groupe Lohmann a également cédé aux Soviétiques les plans d'un autre sous-marin, l'IVS.

Les commissions d'enquête alliées qui sillonnent l'Allemagne rapportent toutes que le pays, en violation des accords signés, n'a pas désarmé. Mais personne ne mesure alors l'importance de la complicité soviétique. Il faudra attendre 1935 pour que certains rapports révèlent ce fait stupéfiant : l'Allemagne nazie construit dans les chantiers de la Russie communiste un sous-marin tous les huit jours [1] !

Le volume des réserves pétrolières allemandes paraît-il dérisoire ? D'importantes quantités de pétrole russe sont vendues à Berlin. L'homme qui se charge de l'opération et du montage financier est, une fois encore, celui qui a compris le premier que le pétrole et le commerce avec l'Est sont les deux données stratégiques décisives dans les futures relations internationales : Armand Hammer.

Depuis son retour en Russie, il est omniprésent. En mai 1922, il circule avec son frère dans les provinces du Sud, pour prendre commande de plusieurs centaines de camions et tracteurs Ford supplémentaires. Les premiers exemplaires sont débarqués à Novorossisk, port de la mer Noire. Hammer assiste au déchargement et l'étrange convoi dont il prend la tête s'ébranle en direction de Moscou. Une longue halte dans la ville de Rostov, au bord du Don, lui permet de faire la connaissance de deux futurs hauts dirigeants du régime soviétique, qui resteront pour lui des alliés : l'un est Clément Vorochilov, commandant de l'Armée rouge, plus tard membre du Bureau politique sous Staline ; l'autre est secrétaire du parti pour la province : c'est un homme de vingt-huit ans au visage ironique, qui battra tous les records de longévité politique en traversant, intact, purges et disgrâces : Anastase Mikoïan, qui restera jusqu'à sa mort en 1978 le plus fervent défenseur du commerce avec l'Ouest.

De ses mines, Hammer a fait de véritables enclaves. Les ouvriers, vêtus de surplus de l'armée américaine, bénéficient d'un matériel moderne, d'un hôpital, et même d'une école pour les enfants. Placé en « observation », Hammer donne toute satisfaction à Lénine et les problèmes qu'il rencontre sont immédiatement aplanis. Ainsi, dans la région d'Alapaïevsk, où sont situées ses concessions, le responsable aux chemins de fer lui réclame un pot de vin : Hammer avertit Félix Dzerjinski, chef de la police secrète, et l'homme est exécuté. Rencontre-t-il des difficultés avec un haut fonctionnaire à Pétrograd ? Il alerte par lettre Boris Reinstein. Quelques jours plus tard, Lénine écrit, furieux, à Zinoviev : « Aujourd'hui, Reinstein m'a montré une lettre d'Armand Hammer. Il se plaint de la grossièreté et de la mauvaise volonté de Begge qui l'a reçu. Je vais alerter le Comité central. C'est la limite ! En dépit des consignes que je t'ai adressées, ainsi qu'à ton adjoint, tes hommes font tout le contraire. »

Le 27 mai 1922, alors que son état de santé s'est sérieusement dégradé, Lénine fait parvenir à Joseph Staline, qui vient juste d'accéder au poste de secrétaire général du parti, un message portant la double mention « urgent » et « secret ». Il lui demande, ainsi qu'aux membres du Politburo, d'accorder « un soutien particulier à Armand Hammer. C'est une voie qui nous conduit au monde des affaires américain et il faut l'explorer dans toutes les directions. S'il y a des objections, téléphonez-les à mes secrétaires Fotieva ou Lépéchinskaïa, afin qu'une décision définitive soit prise par le Politburo avant que je ne parte, c'est-à-dire dans les prochains jours... »

Le 23 janvier 1923, Julius Hammer sort de Sing Sing. Le gouverneur de New York, Alfred Smith, cédant aux pressions, a signé sa libération sur parole. Il est cependant déchu de la nationalité américaine et doit quitter les Etats-Unis.

Pourtant, dès sa sortie de prison, il gagne Detroit, rencontre Henry Ford et entreprend d'aplanir le différend qui semble sur le point d'éclater entre le constructeur américain et les Soviétiques. Ces derniers envisagent de réduire et même d'interdire les importations de voitures et de tracteurs afin de contraindre le fabricant à implanter une usine en U.R.S.S. même. Ford reste persuadé qu'il s'agit là de représailles contre ses positions antibolcheviques. Julius Hammer le rassure et lui promet d'intervenir personnellement auprès des dirigeants communistes.

Puis il quitte clandestinement New York et, avec cette précision chronométrique qui est un de ses traits de caractère, il arrive à Moscou le jour du 1er mai. Il revient dans sa Russie natale pour la première fois de sa vie.

Une de ses premières visites est pour Léon Trotsky. Le ministre de la Guerre accepte de lever la mesure de suspension censée devoir frapper les importations de véhicules Ford. Julius Hammer écrit immédiatement à Henry Ford pour lui annoncer la bonne nouvelle. Dans cette lettre de trois pages, il revient cependant sur le projet de construire une usine Ford à Moscou, « idée grandiose qui faciliterait la reconstruction non seulement de la Russie, mais de toute l'Europe, et permettrait de substituer au climat actuel de méfiance et de guerre la poursuite paisible d'objectifs industriels et agricoles ».

La firme de la famille Hammer est alors le seul établissement chargé des problèmes d'import-export pour l'Union Soviétique. Deux des directeurs sont des Russes et la présidence de la société, curieusement, n'échoit pas à Julius, mais à Armand. Trente-sept grandes compagnies américaines sont leurs clients. A Washington, le ministère du Commerce commence à les considérer officieusement comme des interlocuteurs.

Une évolution importante se dessine en effet aux Etats-Unis. Les partisans d'une coopération avec l'U.R.S.S. marquent des points. Le financier Bernard Baruch, qui règne à l'époque sur Wall Street et deviendra le plus extraordinaire « faiseur de présidents » de l'histoire américaine, affirme péremptoirement que « les Russes sont en droit de choisir le régime qu'ils souhaitent ». Aucune protestation officielle n'accueille ces propos et Baruch ajoute : « Si un jour le capitalisme est restauré dans ce pays, ce sera par le biais d'une coopération économique étroite avec l'Occident. »

Des phrases qui n'ont pas vieilli d'une syllabe et que l'on retrouvera cinquante ans plus tard dans la bouche des promoteurs de la « détente »...

A la fin de 1923, tout paraît prêt pour que soit scellé sans objection majeure le mariage entre « besoins communistes et ambitions capitalistes ». Cette entente est naturellement le résultat d'un compromis : les Soviétiques ont accepté de substituer la N.E.P. au « communisme de guerre » et les leaders occidentaux du monde des affaires admettent le maintien du communisme en Russie comme une réalité désormais incontournable — mieux, comme la garantie d'une stabilité souhaitable.

Dans les derniers mois de 1923, le ministre soviétique du Commerce, Léonid Krassine, a confié à Julius et Armand Hammer la direction de la Hayu Bank dont ils sont — traitement étonnant en pays communiste — les actionnaires majoritaires. Objectif officiel : favoriser, par des contacts avec des établissements financiers occidentaux, une politique d'octroi de crédits.

Les activités de l'établissement, comme toutes les opérations des Hammer, sont entourées d'un halo de profond mystère. De nombreux rapports, transmis en Angleterre et aux Etats-Unis, affirment que cette banque sert aux transferts de fonds en faveur des activités du Komintern. Une présomption importante corroborant cette thèse sera fournie en 1927 par Scotland Yard. A la suite d'une descente effectuée au siège de l'établissement commercial soviétique Arcos, la police britannique saisit toutes les archives. Leur dépouillement minutieux, réalisé en collaboration avec les services de contre-espionnage américains, n'est pas rendu public, mais, peu après, Julius Hammer se voit refuser l'entrée en Grande-Bretagne. Motif : « agent politique organisant et contrôlant les transferts de fonds à destination des organisations subversives américaines et anglaises ». Benjamin Gitlow, ancien dirigeant du P.C. américain, confirme l'existence de cette filière et le rôle de Hammer ; son témoignage est conforté par des responsables de la C.I.A. qui eurent accès aux archives.

Au-delà de toute intention subversive, l'intérêt des bolcheviks pour les finances capitalistes remonte en fait au début de leur avènement. Dès 1920, ils créent à Londres la Moscow Narodny Bank, installée aujourd'hui aux 24-32 King William Street, établissement prospère et puissant qui demeure la propriété exclusive de l'U.R.S.S. En 1921, ils ouvrent à Paris, aux 79-81 boulevard Haussmann, la Banque commerciale pour l'Europe du Nord, surnommée en raison de son code télégraphique l'Eurobank, qui fut à l'origine du marché de l'eurodollar. A l'heure actuelle, l'Eurobank, propriété de la Banque d'Etat d'U.R.S.S. et de la Banque soviétique pour le Commerce extérieur, est le plus important établissement bancaire étranger installé à Paris : deux fois et demie la taille de son challenger américain, la Bank of America.

Le 14 juin 1933, Louis MacFadden, président du House Banking Committee, déclarera devant ses collègues du Congrès : « De 1924 à nos jours, le gouvernement soviétique a reçu des fonds en provenance du Trésor américain, et ce par l'intermédiaire du Federal Reserve Board (Banque centrale américaine). La Banque fédérale a coopéré dans cette opération avec la Chase Bank, la Guaranty Trust Company et d'autres grands établissements new-yorkais. Si vous ouvriez les livres de l'Amtorg, office commercial du gouvernement soviétique à New York, du Gostorg, le bureau central de l'organisation commerciale communiste, ou encore de la Banque centrale d'U.R.S.S., vous verriez l'importance des sommes prélevées sur le Trésor américain au bénéfice de la Russie. Ces opérations ont été menées au profit de la Banque d'Etat soviétique par ses correspondants, la Chase Bank et Kuhn Loeb and Co. »

Cette politique de crédits à un régime s'ouvrant à l'industrialisation n'est pas dépourvue d'à-propos. Premières victimes du rapprochement en cours : l'idéologie et ceux qui, dans l'âpre rivalité des affaires, songent encore à s'y référer...

Jay Lovestone, Benjamin Gitlow et Bertram Wolfe arrivèrent à Moscou en novembre 1923 : ces trois dirigeants du P.C. américain, venus participer à une réunion de l'Internationale, se réjouissaient de retrouver leur ami Julius Hammer qu'ils n'avaient pas revu depuis son départ des Etats-Unis. Ils lui transmirent un message auquel Hammer répondit par une invitation à dîner. A vingt heures quinze, au jour fixé, une luxueuse limousine avec chauffeur s'arrêta devant l'hôtel modeste et inconfortable où ils étaient hébergés. Agréablement installés à l'arrière du véhicule, intrigués, ils traversèrent Moscou sur lequel s'étendait un épais brouillard nocturne. La limousine ralentit aux abords d'un quartier résidentiel, s'engagea dans une longue allée où stationnaient plusieurs policiers flanqués de chiens, puis stoppa devant une résidence qui avait l'aspect et les dimensions d'un petit palais. Des bruits de voix et les accords d'un orchestre provenaient de salons aux fenêtres brillamment éclairées par de superbes lustres de cristal. Un maître d'hôtel les accueillit et les guida à travers un dédale de pièces décorées de toiles de maîtres, de porcelaines rares et d'icônes. Ils gravirent un immense escalier de marbre qu'un personnel pléthorique et affairé, les bras chargés de mets raffinés, ne cessait de gravir et de descendre. Actrices ravissantes, ballerines du Bolchoï, puissants dignitaires du Kremlin et personnalités étrangères de passage se pressaient autour de luxueux buffets dressés dans une vaisselle d'argent.

En découvrant la résidence de Julius et Armand Hammer que le tout-Moscou n'appelait jamais autrement que la « Maison Brune », les trois hommes se souviennent d'être « restés sans voix ». Pour eux, l'expérience que connaissait la Russie se déroulait sur fond de crise, de restrictions alimentaires, de pénurie de logements. Toutes choses propres à renforcer la solidarité active avec une révolution fragile, menacée de l'extérieur. Mais ce brusque passage, au cours d'une nuit glaciale, de l'autre côté du miroir, cet apparat et ce goût des dirigeants soviétiques présents pour le luxe les décontenancèrent.

Ils retrouvèrent Julius Hammer, toujours aussi énigmatique dans sa somptueuse solitude, et apprirent que cette demeure située au 14 Samotechnaïa, près du Théâtre d'Art, constituait en fait le cœur de la vie mondaine et politique moscovite. Les hôtes de marque visitant l'Union Soviétique étaient ravis d'y retrouver un « havre de confort et de luxe à l'occidentale ». L'écrivain H.G. Wells, les acteurs Douglas Fairbanks et Mary Pickford comptèrent parmi ses invités. La résidence permettait aussi de nouer des conversations sinon secrètes, du moins suffisamment discrètes pour n'embarrasser aucun des protagonistes. Les principaux dirigeants soviétiques, à l'exception de Lénine, trop malade, se rendaient régulièrement à la « Maison Brune », le plus souvent en empruntant une porte dérobée, sur l'une des ailes de la résidence : celle-ci donnait dans un couloir et débouchait, après qu'un mur de marbre décoré d'un tableau eut pivoté, sur un petit salon jouxtant la salle à manger.

Comme l'écrivait Eugen Lyons, correspondant à Moscou de l'agence Associated Press, « les Hammer mêlaient dans leurs activités le plaisir d'en tirer profit et celui d'aider la Russie ». Le poète américain Cummings a confié ses impressions à la suite du séjour qu'il fit dans cette résidence : « Mon dieu, quel luxe ! Mais, chez les Hammer, tout, y compris l'origine de leurs richesses, reste mystérieux. » En regardant évoluer Julius, il a l'impression d'un « sanglier dangereux », bien qu'au cours des dîners il répondît avec une inlassable patience à ses invités étrangers qui critiquaient les excès ou les insuffisances de la révolution : « Le temps, le temps, tout cela prend du temps... »

Le 21 janvier 1924, Lénine mourut quelques heures après avoir été frappé par une nouvelle attaque cardiaque. Le régime, rappelle l'historien Kosta Papaïoannou, présentait déjà deux tares caractéristiques du futur stalinisme : le culte de la personnalité et le dogmatisme. Après sa mort, la veuve de Lénine fut la seule à se rappeler que la tombe de Marx consistait en une simple pierre, que l'urne contenant les cendres d'Engels avait été jetée à la mer : « N'élevez pas de palais, de monuments au nom de Lénine, n'organisez pas de cérémonies pompeuses à sa mémoire !... » La réponse fut l'érection d'un monument rappelant les mausolées des empereurs mongols, tandis qu'on baptisait du nom de Lénine une bonne dizaine de villes, d'innombrables rues, institutions, usines, parcs, et qu'on reproduisait son icône à des millions d'exemplaires. Et dans la lutte pour la succession et le pouvoir suprême, qui déjà s'amplifiait, prenant un tour dramatique, les citations de Lénine commencèrent à tenir lieu de seuls arguments.

Hammer et son père assistèrent aux funérailles. Armand se souvient, en observant les dirigeants qui venaient se recueillir sur la dépouille, de l'étrange impression produite sur lui par un homme d'apparence modeste, mais au regard acéré : Staline. Pour décrire le choc que fut pour lui la disparition de Lénine, Hammer s'est laissé aller à une comparaison assez étonnante entre le leader bolchevique et le Christ : « Comme lui, il laissait venir à lui les petits enfants et ceux qui le rejoignirent furent heureux. » Cet accablement se doublait probablement d'inquiétude devant la perte de son principal soutien. Trotsky était en difficulté. L'accès à Staline se révéla moins aisé, au nom même du principe tactique que celui-ci se devait d'appliquer : « Les amis de Lénine sont mes ennemis. » L'homme d'affaires américain prit conscience de sa vulnérabilité. Au milieu de 1924, les Hammer furent dessaisis de la responsabilité du commerce avec l'étranger. Une société d'Etat, l'Amtorg, contrôlerait désormais ce secteur.

Pourtant, l'enterrement officiel de la Nouvelle Politique économique allait paradoxalement coïncider avec un formidable essor du commerce soviéto-américain. Les exportations américaines vers la Russie passèrent de 4,5 millions de dollars en 1923 à 114 millions de dollars en 1929, les Etats-Unis précédant alors l'Allemagne comme premier partenaire de Moscou.

Chiffres dont la formidable expansion ne pouvait se comparer, aux Etats-Unis mêmes, qu'à celle du chômage. Sur mille habitants capables de travailler, 61 étaient privés d'emploi en France, 110 au Japon, 186 en Grande-Bretagne, 207 aux Etats-Unis. Ce lent glissement vers la Grande Crise, le chef du bureau américain de l'Amtorg, Piotr A. Bogdanov, l'évoquait sans désemparer dans ses interventions publiques, rappelant que, si « les Etats-Unis souhaitaient le concours des marchés soviétiques pour sortir de la dépression, cela devrait s'accompagner d'une reconnaissance diplomatique ».

Cent vingt-cinq firmes parmi les plus puissantes des Etats-Unis s'étaient mises sur les rangs pour commercer avec l'Est et la Chase Bank venait de consentir à Moscou un prêt de deux millions de dollars. De passage à Paris, James Mooney, vice-président de General Motors, numéro un mondial de l'automobile, confirmait la nouvelle tendance à la coopération : « La stabilité du régime communiste, ses besoins en produits américains sont des raisons qui justifient pleinement que nous reconnaissions officiellement la Russie soviétique. »

Recevant peu après au Kremlin une délégation de dirigeants de compagnies céréalières, Staline leur demande abruptement : « Pourquoi le commerce entre nos deux pays ne peut-il se développer sur une base plus solide ? » L'un de ses interlocuteurs américains, Thomas Campbell, lui répond que c'est « largement par crainte que la propagande et l'agitation communistes ne se développent encore davantage à travers une coopération économique plus étroite ». Staline éclate alors de rire et rétorque que « d'autres pays, avec les mêmes craintes, tirent, eux, de puissants bénéfices des opportunités commerciales offertes par la Russie ». Il cite en exemple la Grande-Bretagne, mais ajoute : « C'est vers l'assistance américaine que nous préférerions nous tourner pour développer notre nouvelle offensive industrielle. »

Encore une fois, le baromètre le plus précis de l'état des relations soviéto-américaines reste cependant Henry Ford. En 1926, la mission qu'il avait envoyée en Russie pour étudier les possibilités d'implantation d'une usine lui remit un rapport soulignant les risques d'interférences politiques et de nationalisation. Ford paraît alors convaincu de ne rien faire ; pourtant, en l'espace de moins de trois ans, il va changer radicalement d'opinion.

Quatre présidents des Etats-Unis et quatre secrétaires d'Etat n'ont cessé, plus de douze années durant, de présenter l'instauration du communisme en U.R.S.S. comme une menace pour la démocratie américaine et sa survie. Ford, lui, estime que, « désormais, la Russie commence à se reconstruire. Je crois qu'il est de notre devoir d'aider tout peuple disposé à se mettre au travail. Je suis depuis longtemps convaincu que nous n'édifierons jamais un ordre économique mondial équilibré tant que certaines nations ne pourront se suffire à elles-mêmes ». Une analyse qui recoupe celle de l'influent journal *Financial Chronicle* dont l'éditorial de première page déclare : « Le gouvernement bolchevique a reconnu ses graves erreurs financières et industrielles et, grâce à nous, il les corrige. »

En 1929, la Ford Motor Company signe un contrat avec l'Amtorg. Ford accepte de construire et d'équiper en Russie une usine capable de produire plus de cent mille véhicules par an. En échange, l'Amtorg achètera soixante-douze mille véhicules sur quatre ans et s'engage, pour toutes réparations, à utiliser exclusivement les pièces fournies par Ford. Inventions, méthodes de fabrication, organisation technique sont mises à la disposition des Soviétiques dont un grand nombre d'ingénieurs seront formés à Detroit.

Empêtré dans le troisième livre de son *Capital,* Marx, dont on ne peut nier la rigueur d'observation, admet que l'« entreprise par actions américaine est le moyen le meilleur et le plus intéressant pour transformer la propriété privée en propriété sociale ».

Unité de temps : l'illusion du sens de l'Histoire ; unité de lieu : la révolution mondiale ; unité d'action : « Prolétaires de tous les pays, unissez-vous. » Le marxisme appliqué au nom du socialisme ressemble à ces mauvaises tragédies qui se veulent audacieuses mais que leurs auteurs, effrayés par leur propre audace, n'osent écrire jusqu'au bout. L'usine Gorki, implantée par Henry Ford dans la banlieue de Moscou, sera prolongée, quarante-trois ans plus tard, par le complexe géant de Kama River, construit par son propre petit-fils. La plus grande usine de camions existant au monde, dont les véhicules tout terrain sont envoyés aujourd'hui... en Afghanistan.

L'Amtorg, en dehors des négociations commerciales, paraissait spécialisée dans l'espionnage économique. On avait notamment intercepté deux de ses membres en possession de plans secrets touchant la défense du canal de Panama et la production industrielle de matériel militaire américain. Alors qu'on s'interrogeait gravement, à Washington, sur le point de savoir « si, en échange de la reconnaissance diplomatique, les Soviétiques cesseraient leurs activités de subversion », à Moscou, les Hammer s'interrogeaient avec la même perplexité sur le point de savoir s'ils n'allaient pas, eux, devoir cesser toute activité.

Les organismes d'Etat mis peu à peu en place par la nouvelle équipe dirigeante leur laissaient une marge d'action de plus en plus réduite. Pourtant, si le capitaliste, selon la formule de Fernand Braudel, est « avant tout un aventurier capable d'anticiper et de penser aux dimensions du monde », Armand Hammer en est alors la parfaite incarnation. Il lui suffira d'une banale observation pour rétablir une position devenue fragile : la Russie soviétique importe tous les stylos et crayons dont elle a besoin à un coût exorbitant : entre deux et trois francs pièce. « Une situation absurde, illogique pour un régime qui a fait de l'éducation des masses une de ses priorités », déclare Armand Hammer à Léonid Krassine, ministre du Commerce extérieur. Il suggère qu'on lui confie une concession en ce domaine et promet des résultats rapides.

Les Russes acceptent et lui proposent d'installer une usine dans une ancienne fabrique de savon, aux abords de Moscou. Mais reste le plus difficile : tourner le monopole de fabrication détenu depuis plusieurs générations par le groupe allemand Faber.

Armand Hammer se rend en Angleterre, à Birmingham, où sont produits les stylos du groupe, puis à Nuremberg, siège de la dynastie. Après plusieurs semaines de négociations, il rentre à Moscou en compagnie des principaux ingénieurs anglais et allemands de Faber. Les secrets de la firme allemande et sa suprématie ne sont déjà plus qu'une légende.

Encadrés par ces transfuges qui disposent de salaires et de conditions de vie enviables, plus de sept cents employés travaillent dans l'usine, payés aux pièces. Parmi eux, un grand nombre de professeurs, de généraux, d'anciens industriels, de femmes de l'aristocratie. Tous ces représentants de l'ancien régime travaillent humblement sur leurs machines, coupant, peignant, empaquetant. Leur but : gommer leur individualité, détruire tout vestige de leur passé non bolchevique. Une seule ambition les anime : conserver à tout prix ce travail, tenir pour survivre...

Ce premier transfert de technologie dans les relations Est-Ouest est un triomphe. Cinquante et un millions de crayons et dix millions de stylos sont produits en 1925. Un an plus tard, le chiffre dépasse les soixante-douze millions de crayons et les quatre-vingt-quinze millions de stylos. La firme vend en Chine, en Turquie, en Allemagne, en Angleterre, et devient le premier exportateur soviétique. Les bénéfices sont partagés 50-50 entre Hammer et l'Etat soviétique : plus de cinq cent mille dollars par an pour chacun.

De cette expérience, l'homme d'affaires américain retire un

principe qu'il se plaît encore à énoncer aujourd'hui : « Si vous ne possédez ni les talents ni la technologie nécessaires pour faire le travail souhaité, vous pouvez généralement les acheter. »

Cette méthode, utilisée avec succès à l'encontre du fabricant allemand Faber, il l'appliquera avec la même brutalité et la même efficacité, trente ans plus tard, quand il fera irruption sur le marché pétrolier, disloquant à lui seul le monopole détenu depuis les années 20 par les grandes multinationales du pétrole, surnommées les « Sept Sœurs ».

En attendant, en 1927, *hammer* est devenu un mot courant parmi la population soviétique ; les plus âgés se rappellent aujourd'hui encore qu'ils entraient jadis dans un magasin et demandaient : « Deux *hammer,* s'il vous plaît. » Léonide Brejnev confiera à un chef d'Etat étranger médusé : « J'ai appris à écrire comme tous les gens de ma génération, avec des crayons *hammer.* »

Pourtant, Julius et Armand ne peuvent continuer de traverser, comme si de rien n'était, les luttes de pouvoir qui se livrent au sein de la direction soviétique et qui revêtent alors une tournure de plus en plus tragique [2].

VI

Joseph Staline, dès la fin des années 20, était passé maître dans un exercice spécifiquement communiste : « l'expropriation de l'Histoire ». Il avait fait sien le précepte de Napoléon : « L'esprit dans lequel doit être écrite l'Histoire, voilà ce dont il faut s'assurer avant tout. L'important est de diriger monarchiquement l'énergie des souvenirs. » Tandis que s'affrontaient ses rivaux, tous ses efforts tendaient à renforcer patiemment la seule fonction qui lui permît de détenir le pouvoir absolu : le poste de secrétaire général. A travers le contrôle ainsi exercé sur le parti, il nomme, déplace et limoge les dirigeants locaux, étend son emprise, tisse une formidable toile d'araignée où bientôt vont se prendre, se débattre et succomber Trotsky, Zinoviev, Kamenev puis Boukharine.

Médiocre théoricien, Staline va chercher appui auprès d'un Lénine défunt pour gagner la légitimité qui lui fait défaut. C'est en disciple fidèle, avec une déférente modestie, qu'il se plaît à citer le père de la révolution d'Octobre, y compris dans cette phrase qui résume sinistrement toute la stratégie stalinienne : « L'important n'est pas de battre l'ennemi, mais de l'achever. »

Lors du dixième anniversaire de la révolution, le 7 novembre 1927, les membres de l'« opposition de gauche » descendirent dans la rue et défilèrent par petits groupes, arborant des banderoles réclamant la publication du « testament » de

Lénine et la restauration de l'unité au sein du parti. Zinoviev prit la tête des manifestations à Léningrad ; Trotsky parcourut Moscou, essayant de mobiliser les ouvriers. La police omniprésente neutralisa ces tentatives.

Ces opposants, dirigeants bolcheviques de la première heure, ne semblaient pas encore avoir compris que leur pays avait radicalement changé. La Russie ne vivait plus dans l'état préinsurrectionnel de l'époque du gouvernement provisoire de Kérenski, mais déjà sous le système stalinien.

Un vieux compagnon formula sur Trotsky un jugement qui résume les causes de son échec : « Orateur de talent, brillant styliste, polémiste habile, homme d'une haute culture et d'une intelligence hors pair, il présentait une seule faille : un défaut total de sens des réalités. » Le 15 novembre 1927, le fondateur de l'Armée rouge, déjà éliminé du Comité central, fut exclu du parti. Zinoviev subit le même sort ; leurs partisans — plus de deux mille cinq cents — furent limogés. L'acte 1 de la révolution venait de prendre fin.

En janvier 1928, Léon Trotsky fut déporté à Alma Ata en Sibérie. Même éloigné des centres de pouvoir, il pouvait encore cristalliser ou incarner une opposition efficace. Le Bureau politique vota alors son expulsion d'U.R.S.S. Il fut arrêté à l'aube du 22 janvier 1929 et conduit à la frontière turque. Staline avait engagé d'intenses négociations avec le gouvernement d'Ankara pour obtenir que son adversaire fût exilé sur la petite île turque de Prinkipo, espérant qu'ainsi isolé du monde il finirait « tué par le silence et l'indifférence ». Douze ans seulement après son retour triomphal en Russie, Trotsky la quittait pour toujours, proscrit, condamné à errer à travers le monde jusqu'à son assassinat en 1940.

Au moment même où se déroulaient ces événements dramatiques, la société Hammer rendait publics des bénéfices-record : plus de quatre millions de dollars pour l'année écoulée, et une production désormais diversifiée, assurée par plus de six usines implantées à travers le territoire soviétique. Résultat florissant qui tranchait aux yeux des Hammer à la fois avec la mauvaise santé politique de la plupart de leurs amis et soutiens en U.R.S.S. même, mais aussi avec la fort déplorable santé économique de leur patrie d'adoption : les Etats-Unis.

C'est encore une fois en octobre — le 24 — que se déclencha la crise qui, cette fois, allait ébranler les fondements de l'Occident capitaliste. En ce jour de 1929, la Bourse de New York fut secouée par une panique confinant à l'hystérie. La foule, alarmée par les mauvaises nouvelles, convergea sur Wall Street et se massa dans le bâtiment du Stock-Exchange, surnommé le « temple aux six colonnes ». Ce « Jeudi noir » précipita l'Occident dans la dépression. Entre cette date et l'élection de Franklin Delano Roosevelt, le 6 novembre 1932, cinq mille cinq cent quatre banques, représentant en avoirs plus de quatre milliards et demi de dollars, seront mises en faillite à travers les Etats-Unis.

Dans le même temps, dans cette Amérique en proie à la crise et aux drames, Armand Hammer va édifier une confortable fortune de vingt-six millions de dollars. Il semble avoir rapidement compris qu'il est malgré tout plus facile de continuer à prospérer dans un Occident en déconfiture que dans une Union Soviétique qui semble pour l'heure abandonner tout pragmatisme économique pour verser dans la terreur et les purges.

Depuis peu, la famille Hammer fait d'ailleurs l'objet d'étranges attaques dans la presse soviétique. Climat on ne peut plus pesant, que les officiels tentent de détendre en se montrant rassurants. Armand Hammer se rappelle un dîner à la « Maison Brune » avec A.V. Lounatcharsky, ministre de l'Education : « J'ai eu connaissance de ces critiques, n'y accordez aucune importance » — et d'ajouter, débonnaire : « Vous savez, certains camarades souffrent périodiquement de ne plus avoir de capitalistes locaux à aligner au bout de leurs fusils, alors ils vous prennent pour cible. »

En réalité, tout est infiniment plus mystérieux et le traitement réservé aux Hammer ne peut être dissocié de la lutte pour le pouvoir qui se livre au Kremlin. Combattus par certaines fractions, ils restent proches de la direction suprême, comme le prouve l'épisode suivant :

Résolu à liquider toutes les résistances à sa politique, Staline s'était attaché à « normaliser » l'aile la plus influente du Parti communiste américain, opposée à sa propre personne. Une lettre, destinée à rester totalement secrète, est envoyée le 11 mai 1929 par Staline aux responsables communistes des Etats-Unis. Elle prend la forme d'un ultimatum. Le 15 mai, deux dirigeants du P.C. américain, Jay Lovestone et Benjamin Gitlow, rencontrent Julius Hammer à la « Maison Brune ». Leur hôte évoque immédiatement la lettre de Staline. Stupéfaits, ses deux anciens compagnons le questionnent : comment a-t-il pu prendre connaissance d'une correspondance aussi confidentielle ? Julius répond laconiquement : « C'est Armand qui m'en a parlé. » L'enquête serrée à laquelle se livrèrent ensuite Lovestone et Gitlow leur démontra que seuls quelques très proches collaborateurs de Staline, tel Molotov, connaissaient l'existence du message. Armand Hammer appartenait-il à ce cercle étroit ? Questionné sur Staline, son visage se ferme et la réponse fuse, sèche et tranchante : « Je n'ai jamais rencontré cet homme. C'était un paranoïaque. Avec la mort de Lénine, j'avais perdu mon ami. »

A la fin de 1929, le père et le fils cèdent leurs usines au gouvernement qui les rebaptise aussitôt du nom de « Sacco et Vanzetti », les deux anarchistes américains condamnés peu auparavant à la chaise électrique. L'affaire est négociée à des conditions financières des plus favorables pour les Hammer et, faveur insigne qui eût été refusée à tout capitaliste étranger « ordinaire », ils obtiennent l'autorisation d'utiliser les millions de roubles ainsi mis à leur disposition pour se porter acquéreurs du trésor des tsars. La couronne impériale, les principaux bijoux de l'impératrice, dessinés par le joaillier Peter Karl Fabergé, les meubles les plus rares, toutes les toiles de maîtres, qui constituaient depuis plusieurs décennies la collection des Romanov, passent entre les mains d'Armand Hammer. Pour un prix dérisoire. Mieux : par le biais d'un accord passé avec Anastase Mikoïan, Hammer se charge de faire du marché de l'art une des principales sources de rentrées en devises fortes de l'Union Soviétique. En plus des pièces qu'il vient d'acheter et qui sont devenues sa propriété, il percevra une commission de 10 % sur tous les objets d'art que les Soviétiques lui demanderont de vendre.

Depuis 1928, il possède une galerie à New York, sur la 52e Rue Est, à deux pas de Central Park. Son frère Victor effectue alors de fréquents séjours en U.R.S.S. d'où il ramène notamment le mobilier, les tapis et décorations du Palais d'hiver. Ses premières ventes, Hammer les effectue à travers un pool de marchands d'art new-yorkais dirigé par Bernard Berenson. Celui-ci propose l'achat de quarante toiles de maîtres pour cinq millions de dollars. Hammer transmet l'offre aux Soviétiques. La réponse lui parvient immédiatement, offensée et méprisante : « Nous prennent-ils pour des imbéciles ? Nous savons combien de telles pièces seraient vendues à Londres et à Paris. » Hammer intervient, explique que le marché de l'art, comme le reste de l'économie occidentale, est fortement déprimé. Mikoïan, lassé, finit par accepter en confiant : « Nous n'avons pas le choix : nous avons trop besoin d'argent pour acheter des équipements et subvenir aux besoins du monde communiste. »

Hammer continue d'être sous surveillance du F.B.I., en partie parce que les agents fédéraux restent convaincus qu'il exerce toujours des activités prosoviétiques, surtout parce que l'on soupçonne sa femme, une comédienne russe épousée en 1927 à Moscou, Olga von Root, d'être un agent important de l'O.G.P.U., le service d'espionnage soviétique. Cette quasi-certitude, partagée par les Anglais et les Américains, ne semble nullement affecter les Hammer qui mènent à New York une vie brillante : ils sont de toutes les soirées les plus élégantes et leur galerie devient l'un des lieux de ralliement de la haute société de la côte Est.

Tandis que quinze millions de chômeurs s'alignent en rangs serrés et résignés devant les guichets de la soupe populaire, le *New Yorker* brosse un portrait ému d'Armand Hammer, « cet homme massif et impressionnant, rentrant exténué au petit matin au volant de sa Rolls Royce ». Comble du surréalisme, l'article porte comme titre : « L'innocent » !

« La crise a tué les ventes », lui avait confié un homme d'affaires lorsqu'il était rentré de Moscou. Armand Hammer, au contraire, va habilement réfuter ce constat en exploitant les caractéristiques mêmes de cette crise pour réaliser un profit maximum.

Parallèlement à sa galerie, il utilise le support des grands magasins pour exposer et vendre les objets d'art russes. A travers de vastes expositions, icônes, bijoux, peintures sont livrés à la curiosité d'un public ébloui. A Saint Louis, à Chicago, Los Angeles, Cleveland, Hammer vend les pièces de moindre valeur, conservant les plus belles pour les grands magasins Saks, installés à New York sur la Cinquième Avenue et dont le propriétaire, Gimbel, est devenu un de ses amis. Les bénéfices de la première journée de vente dépassent le million de dollars. Dans un grand déploiement de superlatifs pour caractériser les objets exposés, tout est garanti d'une authenticité absolue : ce diadème fut le bijou favori de l'impératrice ; ce bracelet, celui dont sa fille aînée ne se séparait jamais ; ce grand lit à baldaquin, rien moins que le lit nuptial de l'empereur ; cette épée, celle du grand-duc Michel...

Hammer ouvre des bureaux en Europe, notamment à Paris, à Cannes et à Monte-Carlo où il rachète les pièces de valeur dont toute l'aristocratie tsariste exilée doit peu à peu se défaire pour vivre. Il continue ainsi d'alimenter un commerce dont il dit aujourd'hui encore qu'il était « plus que fructueux ».

La rafle puis la dispersion de tous ces trésors, bradés avec mépris par les Soviétiques, vendus avec super profit par Hammer, n'est pas sans choquer. Un des plus brillants historiens de l'art, Robert C. Williams, a étudié les liens entre art russe et argent américain. Il a expertisé un grand nombre de tableaux vendus par Hammer et découvert sur presque tous des labels et numéros attestant qu'ils figuraient jusqu'alors dans les principaux musées russes. Questionné, Hammer répond avec un large sourire : « Ce sont des pièces achetées en soldes et pour lesquelles j'ai acquitté une taxe à l'exportation de 15 %. »

En 1985, la collection Hammer est évaluée à plus de cinquante milliards de centimes et comprend notamment plusieurs Rembrandt, des Van Gogh, des Cézanne, des Renoir parmi les plus précieux et les plus beaux. Elle a été exposée dans toutes les grandes capitales et le milliardaire n'hésite pas à révéler qu'elle constitue un élément de sa stratégie : « Dans ces pays, elle m'a permis de faire des affaires, facilité des négociations. Je rencontre les chefs d'Etat, signe des protocoles d'accord, ensuite j'envoie des collaborateurs mettre au point les détails... » En 1978, il offre un Goya au musée de l'Ermitage à Léningrad et, la même année, organise à Mexico une gigantesque exposition d'art aztèque dont il possède des pièces rarissimes. Plusieurs semaines durant, personnalités officielles et petit peuple se pressent à l'entrée du musée où sont regroupés les trésors de cette collection.

L'art est-il pour lui plaisir ou défi ? Difficile de trancher. A coup sûr une passion durable, où s'entremêlent calculs commerciaux et volonté de dominer totalement un marché. Ainsi, en 1981, à Londres, chez Christie's, la plus célèbre salle des ventes. Lorsque le commissaire-priseur abattit son marteau, le représentant de l'Etat italien, installé au premier rang, resta désemparé. Il avait reçu pour consigne brève et stricte de ramener à tout prix — et à n'importe quel prix — le trésor du patrimoine italien qui était en vente. Mais, lorsque les enchères atteignirent 5,5 millions de dollars (plus de cinq milliards de francs), il sut qu'il lui était devenu impossible de suivre. Chacun ici connaissait l'homme qui venait de se porter acquéreur, et pour qui il travaillait. Quelques minutes plus tard, à Los Angeles, Hammer apprenait la bonne nouvelle : il était désormais propriétaire du fameux Codex Leicester de Léonard de Vinci, qu'il rebaptisa peu après Codex Hammer. Interrogé sur la résistance que lui avait opposée au cours des enchères l'Etat italien, il répliqua : « Personne ne m'a jamais distancé, pas même un gouvernement. »

Pourtant, moins d'un an plus tard, magnanime, il envoya un avion spécial transportant le fameux Codex à Florence, où il resta exposé plusieurs semaines. Il est vrai qu'il ne s'agissait là que d'une étape dans un vaste tour du monde qui allait conduire l'œuvre à Londres, Paris, Berlin et Moscou...

Au début des années 30, la collection, pour moins importante qu'elle fût, lui avait déjà permis, outre sa réputation de vendeur, d'entrer en relation avec un certain nombre de personnalités influentes, tel William Randolph Hearst, le magnat de la presse conservatrice et anticommuniste. Celui qui allait servir de modèle à Orson Welles pour son personnage de Citizen Kane traversait alors de graves difficultés financières. Pour éviter la banqueroute de son groupe de presse, il souhaitait vendre les œuvres d'art qu'il avait amassées. Il proposa à Hammer de s'en charger et ce fut probablement une bonne idée, car en moins de six mois les sommes ainsi obtenues permirent de renflouer chaînes de journaux et radios — dont certains constatèrent qu'elles affichaient désormais une orientation beaucoup moins antisoviétique.

Un autre personnage essentiel fut Eleanor Roosevelt. Celle qui allait devenir, moins d'un an plus tard, la plus populaire des femmes de présidents américains et qui devait exercer une influence politique non négligeable, fréquentait régulièrement la galerie d'Armand Hammer. Celui-ci avait appris, d'après les expériences de son père, qu'il était impératif d'avoir des amis puissants. En 1932, Hammer soutint avec enthousiasme la candidature de Franklin Roosevelt et contribua au financement de sa campagne électorale. Tradition à laquelle il n'a jamais failli puisqu'en plus d'un demi-siècle, en dépit de toutes les péripéties politiques, il n'est pas un président qui n'ait été élu sans sa contribution.

Peu après l'élection triomphale de Roosevelt, il câbla au nouveau président : « La presse souligne votre désir de reconnaître le gouvernement russe. Ayant commercé en Russie en tant que citoyen américain, je soutiendrais avec détermination une telle initiative de votre part. » Roosevelt était un homme parfaitement sûr de lui, de son pouvoir et de son charme. A peine élu, il se trouva confronté à une situation économique désastreuse et à une réalité diplomatique à ses yeux aberrante. Il estimait qu'il n'existait plus désormais de justifications à l'absence de relations normales entre les Etats-Unis et l'U.R.S.S. Le dirigeant démocrate manifestait une confiance proche de l'arrogance dans ses capacités à conduire les affaires internationales, mais, dans sa volonté de « mettre fin à une politique irréaliste », il allait faire preuve d'une naïveté confinant tout autant à l'irréalisme[1].

Etrangement, le président américain et ses principaux conseillers considéraient que les Etats-Unis avaient plus à gagner que l'Union Soviétique à une reconnaissance diplomatique. Le Bureau soviétique d'information installé à Washington, l'agence commerciale basée à New York et, infiltré en divers secteurs de l'activité américaine, le Parti communiste constituaient pour Moscou autant de moyens de collecter des informations de valeur sur les Etats-Unis. Washington pensait qu'une simple présence diplomatique à Moscou contrebalancerait l'absence de réseaux aussi importants et efficaces.

Roosevelt croyait de surcroît aux contacts directs entre chefs d'Etat. Décidé à s'adresser ouvertement et personnellement au gouvernement soviétique, il ne voyait pas de raisons qu'une telle initiative fût entravée ou retardée par des conversations préliminaires. Un de ses principaux collaborateurs, Bullitt, prit contact avec Boris Skvirsky, directeur du Bureau d'information soviétique à Washington et ami de Hammer ; peu après, une invitation datée du 10 octobre 1933 et signée du président Roosevelt fut transmise à Moscou « à l'intention de Mikhaïl Kalinine, président du Soviet suprême de l'U.R.S.S. »

Le 26 octobre, l'envoyé spécial du gouvernement soviétique, Maxime Litvinov, ministre des Affaires étrangères, quittait Moscou. Cet homme « ferme mais calme, mesuré et de bon sens », selon les descriptions qu'en firent plusieurs témoins, traversa par train spécial la Pologne et l'Allemagne avant d'arriver en France où il prit un paquebot à destination des Etats-Unis. A Berlin, il confia aux journalistes présents qu'un « accord pourrait être signé en moins d'une demi-heure si les choses dépendaient uniquement de l'U.R.S.S. » En réalité, les négociations allaient durer autant qu'un championnat d'échecs et prendre l'allure d'une partie de poker sensiblement déséquilibrée, l'un des deux protagonistes étant un joueur professionnel.

Le paquebot *Berengaria* accosta à New York le 7 novembre 1933, jour du seizième anniversaire de la révolution bolchevique. Date qui ne suscitait pas seulement l'enthousiasme des communistes puisque, au moment même où Litvinov débarquait, Thomas Watson, président et fondateur du géant IBM, confiait « son espoir en l'établissement de relations amicales avec Moscou, qui mettraient enfin un terme à toute critique contre la forme de gouvernement adoptée par la Russie ». Le lendemain, à son arrivée en gare de Washington, Litvinov put néanmoins constater qu'il y avait sur place plus de policiers que de curieux.

A dix-sept heures trente, il pénétrait à la Maison Blanche pour son premier entretien avec Roosevelt. Le président américain le reçut dans le salon bleu, précisant dans un grand éclat de rire que « le salon rouge aurait certainement été plus approprié », ce qui n'éveilla qu'un pâle sourire chez son invité.

Les deux premières journées de pourparlers se conclurent par une partie nulle. Aux garanties réclamées par les Américains en matière de propagande et d'espionnage communistes aux Etats-Unis, ou encore à propos de la dette soviétique, Litvinov répondit par de vagues assurances. Son optimisme nullement entamé, Roosevelt, le troisième jour, accueillit son interlocuteur de la manière la plus affable. Il insista sur son « désir de briser la glace et de parvenir à un règlement », et suggéra au ministre soviétique « que nous poursuivions nos discussions dans la soirée, en privé, afin que nous puissions, si nécessaire, nous insulter l'un l'autre en toute tranquillité ».

Il est une tendance constante chez les dirigeants des pays

démocratiques : consentir à certaines concessions pour faire évoluer les négociations avec l'espoir qu'un tel geste de bonne volonté suscitera la réciproque de la part de leur interlocuteur. Il est peu probable que les Soviétiques aient jamais pris très au sérieux un homme politique occidental. Ils connaissent la brièveté de son espérance de vie professionnelle, l'instabilité du « jeu » politique où il évolue. Ils peuvent, pour des raisons formelles, dialoguer avec des « politiciens bourgeois », mais la signature d'accords ou de traités ne constitue pour eux qu'une concession tactique et diplomatique limitée à un système de gouvernement ne détenant qu'une faible parcelle de pouvoir. Les seuls vrais interlocuteurs que reconnaissent les dirigeants communistes ont toujours été les grands patrons de l'industrie capitaliste, dont la stabilité et la pérennité présentent toute garantie pour la conclusion d'accords fructueux.

Roosevelt n'avait probablement pas compris que son duo avec Litvinov, qu'il imaginait empreint de virtuosité, était en réalité une implacable partie de bras de fer livrée par le représentant d'un système totalitaire. Ainsi le montant de la dette soviétique, depuis 1917, dépassait 763 millions de dollars, dûs aussi bien à l'Etat qu'à des firmes et à des particuliers américains. Litvinov refusait de s'engager au-delà de 50 millions de dollars remboursables en plus de vingt années. Pour débloquer les discussions, les Américains finirent par maquiller quelque peu la réalité historique et admirent que la plupart des prêts et investissements avaient été consentis au gouvernement provisoire de Kérenski : les Soviétiques pouvaient donc ne pas se sentir liés.

Une fois obtenue la reconnaissance diplomatique, Litvinov promit de poursuivre les pourparlers en vue d'aboutir à un remboursement d'« environ cent millions de dollars ». Mais aucun engagement écrit et contraignant n'accompagna ces propos.

Le 16 novembre 1933 à une heure quatorze du matin, les documents scellant le rétablissement des relations entre les Etats-Unis et l'U.R.S.S. furent enfin paraphés dans le salon de musique de la Maison Blanche au terme de huit jours de négociations. Une des clauses, largement débattue, prévoyait que chacune des parties s'engageait à ne pas s'immiscer dans les affaires intérieures de l'autre. Les mots sous lesquels le ministre des Affaires étrangères soviétique apposa sa signature spécifiaient que « l'U.R.S.S. interdisait à toute organisation dépendant d'elle de se livrer à des actes menaçant la sécurité, la paix et l'ordre aux Etats-Unis, notamment par la propagande, l'espionnage, la subversion et l'intervention armée ». Premiers visés : le Komintern et le P.C. américain.

Pourtant, moins de vingt-quatre heures après avoir signé ce traité, Litvinov, ironique et débonnaire, déclarait devant le National Press Club de Washington : « Le Parti communiste américain n'a rien à voir avec le Parti communiste russe et le Parti communiste russe n'a rien à voir avec le Parti communiste américain. » Deux jours plus tard, il précisait à d'autres journalistes : « Le Komintern n'est pas mentionné dans le document signé. Vous ne devez pas y chercher davantage qu'il ne contient [2]. »

Le climat, déjà assombri par ces propos, eût tourné à la franche consternation si l'opinion américaine avait eu vent des révélations faites quelques années plus tard par Benjamin Gitlow. L'ancien secrétaire général du P.C. et agent du Komintern précisera que Litvinov, au cours de son séjour américain, avait présidé à New York une réunion secrète des membres de la direction du P.C. américain et des agents de l'O.G.P.U., le service d'espionnage soviétique. Litvinov « rassura les camarades communistes en leur disant qu'ils n'avaient rien à craindre : "Cet accord est passé entre des gouvernements et ne concerne pas le Komintern. Après tout, camarades, vous devez savoir qu'il nous faut jouer de cette fiction de l'indépendance entre le gouvernement soviétique et le Komintern. Ne redoutez pas cet accord, c'est un chiffon de papier qui sera bien vite oublié dans la réalité des rapports soviéto-américains." »

Franklin Roosevelt nomma comme premier ambassadeur à Moscou William Bullitt, le conseiller qui l'avait assisté lors des négociations menées avec Litvinov. Le choix de cet homme sans grande personnalité, dilettante et héritier d'une riche famille de Philadelphie, paraissait sans surprise. Jusqu'au jour où plusieurs observateurs mirent en lumière un point intéressant : Bullitt était marié à Louise Bryant, la compagne du leader communiste John Reed, elle-même sympathisante notoire du régime soviétique.

Le 2 février 1934, témoignage évident de bonne volonté envers Moscou et les milieux d'affaires, Washington décida la création de l'Export-Import Bank. Cet établissement avait le pouvoir d'accorder des crédits et d'emprunter pour financer spécialement le commerce avec l'Est.

Néanmoins, le problème de la dette soviétique n'était toujours pas réglé, l'U.R.S.S. réclamant de nouveaux reports sans conditions. La même mauvaise volonté se retrouvait à propos des questions d'espionnage. Le lancement du second plan d'industrialisation lourde s'était accompagné de consignes précises de Staline aux agents du Komintern : le temps manquait pour développer des programmes de recherche, priorité devait être accordée à la collecte de secrets industriels. Une fois encore, les Etats-Unis devenaient la cible privilégiée.

Ces activités dépendaient de l'organisation *Apparat B*, contrôlée aux Etats-Unis par Jacob Golos dont la couverture était la direction d'une agence de voyages, World Tourists, installée au 41 Union Square, à proximité de Greenwich Village. Par le canal de cette société, Golos et ses services assuraient des transferts de fonds en provenance de Moscou ou recueillaient d'importantes sommes destinées à l'Europe et au Mexique. Ses autres activités consistaient à collecter le maximum d'informations confidentielles sur les grandes firmes américaines travaillant à l'exportation. Lorsque les premiers rapports décrivant l'ampleur de ces activités parvinrent sur les bureaux du Département d'Etat et de la Maison Blanche, les responsables américains, qui semblaient croire en toute bonne foi à la validité des promesses signées, en furent profondément choqués.

A Moscou, Bullitt, pourtant favorable à l'expérience soviétique et qui avait appris avec enthousiasme sa nomination d'ambassadeur, allait de déceptions en humiliations. En violation des accords, les communistes américains continuaient de siéger au sein des instances du Komintern et à prôner dans livres et articles la subversion armée aux Etats-Unis. Quand il en fit la remarque à Litvinov, Bullitt s'attira une réplique cinglante : « Aucune nation ne doit commencer à nous parler des activités du Komintern, à moins qu'elle ne désire entretenir avec nous les plus mauvaises relations possibles. »

Quelques mois plus tard, au printemps de 1935, les Américains apprirent qu'une session extraordinaire du Plénum du Komintern se tiendrait à Moscou au mois d'août, avec pour ordre du jour : la situation américaine et les moyens d'action. Chargé d'émettre une protestation, l'ambassadeur américain fut une nouvelle fois reçu par Litvinov, dont le registre fut cette fois la dérision : « Ah bon, il y a un meeting ? Décidément, vous en savez plus que moi sur le Komintern ! L'autre jour, je discutais avec Staline et je lui ai justement demandé s'il y aurait bientôt une réunion. Il m'a répondu : " Je n'en ai pas la moindre idée. Mais, si vous l'appreniez, soyez assez gentil pour m'en faire part. " Ainsi, grâce à vous, Monsieur Bullitt, je vais pouvoir informer notre secrétaire général. »

Les dirigeants américains envisagèrent alors d'expulser plusieurs diplomates soviétiques, de fermer des bureaux qui servaient de couverture à des activités d'espionnage, voire de rompre les relations diplomatiques. Peine perdue : ils étaient totalement piégés, comme l'expliqua un rapport secret transmis au secrétaire d'Etat, Cordell Hull, par George Kennan, le plus célèbre soviétologue américain :

> La situation aux Etats-Unis et en Europe est telle qu'il n'est rien de plus facile, pour Moscou, que de neutraliser nos gouvernements et de les tourner en négociant directement avec nos firmes, nos hommes d'affaires. Les bureaux commerciaux, les diplomates, les journalistes et communistes locaux constituent autant d'agents qui, sous diverses couvertures, travaillent aux mêmes objectifs.

Dans le même temps, les dirigeants soviétiques ont pris diverses mesures destinées à entraver les activités des membres du corps diplomatique en poste à Moscou. Ils l'ont fait en parfaite connaissance de cause, sachant que ces brimades n'auraient aucun impact sur le déroulement de leurs pourparlers économiques avec les firmes occidentales.

Tout cela coïncidait parfaitement avec les consignes données par Staline. Le Guide, persuadé qu'à terme Hitler s'attaquerait à la Russie, déclarait qu'il « fallait à tout prix rechercher l'alliance avec l'industrie capitaliste afin de renforcer le potentiel militaire de l'U.R.S.S. » En 1932, Roosevelt avait affirmé que les Etats-Unis avaient davantage à gagner que l'U.R.S.S. à une reconnaissance diplomatique. Trois ans plus tard, Kennan estimait que Washington avait désormais davantage à perdre que Moscou à une rupture des relations entre les deux pays. Ces deux constats marquaient l'issue de la longue partie d'échecs engagée entre Roosevelt et Litvinov : l'Amérique était mat.

Lorsque l'accord soviéto-américain avait été signé, les négociateurs avaient chaleureusement trinqué à la bière. Pour les Américains, il s'agissait non seulement de fêter le terme d'une négociation que l'on croyait réussie, mais aussi la levée de la prohibition. L'Amérique enfin libérée de cet interdit s'abandonna aux délices d'une consommation effrénée d'alcool. Pourtant, on s'aperçut très vite que le pays n'avait pas les moyens de ce plaisir retrouvé. Une chose toute simple faisait cruellement défaut : des tonneaux. Encore une fois, Armand Hammer fut le premier à le remarquer. Bien que déjà fort prospère avec sa galerie d'art, il créa une société, Hammer Cooperage Corporation of Milltown, basée dans le New Jersey. En coopération avec l'Amtorg, le bureau commercial soviétique, il importa d'U.R.S.S. les lattes de bois blanc nécessaires à la fabrication de tonneaux. En moins d'un an, sa compagnie était devenue le leader incontesté sur ce marché.

Désireux peut-être de savoir si le capitalisme était... soluble dans l'alcool, Hammer passa de la bière au whisky et fit alors une observation qui allait lui permettre de bâtir une nouvelle fortune. Il apprit auprès d'un chimiste que le whisky pouvait être allongé avec de l'alcool de pomme de terre sans altération notable du goût. Il acheta une petite distillerie dans le New Hampshire, des champs de pommes de terre dans le Maine et fabriqua un « mélange » composé à 20 % de whisky et à 80 % d'alcool de pomme de terre. Il présenta le produit sous le label « alcool de légumes », afin de ne pas choquer les acheteurs, et ajouta une pincée de jus de carotte pour ne pas être en défaut avec la loi. Très vite, le succès obtenu lui permit d'acquérir plusieurs distilleries d'alcool de maïs dans le Kentucky et, bientôt, la première marque de bourbon du pays, J.W. Dant, qu'il rebaptisa aussitôt « Joyau de la Couronne des bourbons du Kentucky » : principe de vente à base de superlatifs qui lui avait déjà bien réussi pour écouler les trésors des tsars.

Tous les après-midi, Hammer quittait son bureau, situé dans l'Empire State Building, et la Rolls Royce qui l'attendait au pied du gratte-ciel le conduisait jusqu'à un ponton privé de l'East River où était ancré son yacht de quarante-deux mètres. Traversant New York, le navire le ramenait jusqu'à l'île de l'Ombre, l'immense domaine du New Jersey où il se livrait à la dernière de ses lucratives passions : l'élevage. Il s'intéressait alors aux taureaux *aberdeen*, extrêmement rares, et vendait des reproducteurs. Une de ses bêtes primées, « Prince Eric », est le seul témoin de cette époque que Hammer ait en photographie derrière son bureau... au milieu des chefs d'Etat ! Ce souvenir le divertit encore : « Quand je regardais au microscope une goutte de sperme de cet animal, je voyais danser des chèques de cinq mille dollars. » Albert Gore, gouverneur de l'Etat du Tennessee, lui aussi éleveur, rencontra un jour Hammer sous une tente, lors d'une vente de bétail, avant de devenir l'un de ses salariés : « Le docteur est le plus grand pionnier de l'élevage », dit-il avec déférence.

Hammer traversa ainsi de façon aimable, active et profitable les cataclysmes majeurs qui bouleversaient son époque : la crise mondiale, la terreur stalinienne et la Seconde Guerre. Devant ces cortèges d'horreurs et de malheurs, il manifestait une étonnante absence d'indignation, voire d'émotion. Au demeurant, il semblait surtout désireux de prendre des distances avec son propre passé, et il n'exprima pas une seule fois la moindre désapprobation ou angoisse à la nouvelle de la disparition d'anciens amis happés à Moscou dans la tourmente des procès et des purges.

De même tendait-il à effacer l'image de son père, son rôle et son importance dans tous les épisodes marquants de cette première partie du siècle, s'adjugeant toujours la prééminence. Utile un temps, ce père était probablement devenu gênant, parce que trop « marqué ». Le monde changeait, il fallait y adapter ses comportements, adopter des stratégies nouvelles. Hammer, peut-être sans le savoir, appliquait le principe léninien : « Faut-il prévoir l'avenir ? Certes, mais l'essentiel est d'abord de contrôler le passé [2]. »

VII

En juin 1944, après plusieurs rencontres au Kremlin, l'envoyé spécial du gouvernement américain, Averell Harriman, membre richissime et influent du Parti démocrate, estimait dans un rapport destiné à Roosevelt : « Staline reconnaît qu'environ les deux tiers des plus grandes entreprises soviétiques ont été construites avec l'aide des Etats-Unis ou grâce à leur assistance technique. » Dans le calme de ses appartements, l'ancien séminariste géorgien, défenseur du socialisme dans un seul pays, lui avait confié : « Il nous faudrait allier la conscience révolutionnaire à l'efficacité de vos capitalistes. »

Fils d'E.H. Harriman, bâtisseur de la gigantesque Union Pacific, un de ces grands « barons » de l'industrie à l'image de John Rockefeller ou de Jay Gould, résolus et implacables, Averell Harriman était né avec une compagnie de chemins de fer dans son berceau. Il avait fait ses études dans les plus élégants établissements scolaires et universitaires américains et lorsqu'il voyageait, même enfant, il se déplaçait seul en train spécial. Ce passé ne suffisait cependant pas à lui faire oublier la remarque mordante faite quelques années auparavant par Teddy Roosevelt, disant de son père qu'il « figurait parmi les plus riches malfaiteurs de son pays ».

Interviewé en 1920 alors qu'il n'avait que vingt-neuf ans, Harriman déclarait : « Il est indéfendable, pour un homme qui dispose de capitaux, de ne pas s'appliquer avec diligence à les utiliser d'une façon profitable au pays, comme il est indéfendable pour un travailleur de ne pas travailler. » Il étendit l'empire Harriman au domaine maritime et devint bientôt l'un des plus grands armateurs américains. Mais il aimait le risque et l'aventure et, fasciné par l'exemple d'Armand Hammer, un peu plus jeune que lui, il chercha dans les années 20 à s'implanter en Union Soviétique. Il était resté marqué par une réunion de banquiers de Wall Street et de propriétaires de compagnies ferroviaires au cours de laquelle son propre père, résumant l'opinion générale, avait déclaré : « Le gigantesque marché russe doit être transformé en marché captif et en colonie technologique, laquelle devra être exclusivement exploitée par une poignée de puissants financiers américains et par les sociétés placées sous leur contrôle. »

En 1924, contre quatre millions de dollars, il tenta sans succès d'obtenir l'exploitation d'une concession de manganèse en Géorgie. Mais ces premiers contacts lui firent croire — et donnèrent à penser à Washington — qu'il était devenu un fin spécialiste des problèmes communistes. Comme il appartenait de surcroît à l'establishment démocrate, toutes les conditions paraissaient réunies pour qu'il devînt l'envoyé spécial du président puis, en 1944, son ambassadeur à Moscou.

A sa demande, il avait minutieusement expliqué à Joseph Staline la véritable structure du pouvoir aux Etats-Unis, si différente de celle figurant sur le papier, confirmant ainsi au dictateur soviétique que son opinion sur ceux qui détenaient le pouvoir en Amérique, par opposition à ceux qui croyaient le détenir, était on ne peut plus exacte.

Harriman apparaissait lui aussi comme un parfait « spécimen d'héritier » que l'on allait voir resurgir avec une influence accrue durant la période de « détente » : des hommes à la tête d'empires industriels et financiers qu'ils n'avaient pas eux-mêmes créés et auxquels manquaient l'étoffe, la rudesse, le machiavélisme nécessaires pour éviter d'être manipulés par les Soviétiques. Des êtres le plus souvent aimables, dépourvus néanmoins de cette inflexibilité nécessaire qui caractérisait si fort, par contraste, un « aventurier » comme Hammer.

Rien n'illustre mieux, au demeurant, ces différences de tempérament que les trajectoires des deux hommes : alors qu'à quatre-vingt-sept ans Hammer continue de contrôler son empire avec une énergie intacte, Harriman, de trois ans plus âgé, est un vieillard somnolent, retiré depuis près de dix ans de toute vie active dans sa luxueuse résidence de Washington.

En septembre 1945, 90 % des hommes d'affaires américains interrogés par le magazine *Fortune* répondirent favorablement à l'idée d'un développement du commerce avec l'U.R.S.S. Ces responsables se présentaient comme des « citoyens lucides, désireux de sortir l'Union Soviétique de son isolement économique afin d'apaiser les tensions ». Harry Truman avait alors succédé depuis cinq mois à Roosevelt, mort le 12 avril 1945 peu après avoir rédigé un dernier télégramme à Churchill où il déclarait : « Je veux minimiser les difficultés avec les Soviétiques. » Le 13 avril, vingt-quatre heures à peine après cette disparition, Hammer avait envoyé au nouveau président un télégramme de soutien, « en ces moments difficiles où vous devez assumer l'inhumain fardeau de diriger un grand pays et une grande cause ».

Rééditant le procédé qui lui avait si bien réussi dans les années 20, Hammer proposa alors de contribuer pour un million de tonnes de blé au programme des Nations Unies contre la famine en Europe, et notamment en U.R.S.S. Il fut reçu par l'ancien président Herbert Hoover, responsable américain du programme, dans sa suite du Waldorf Astoria. Rien de bien concret ne résulta de cet entretien et Hammer partit alors pour un « long voyage en Europe » au cours duquel on perdit sa trace... lorsqu'il eut franchi la frontière soviétique. Il revint étrangement discret sur ce séjour, mais maints experts, pour qui le cas Hammer restait encore une énigme, pensèrent qu'il était simplement passé en U.R.S.S. pour renouer avec ses contacts.

Dans le climat de tension grandissante entre Moscou et

Washington, alors même que la guerre venait à peine de s'achever, les Américains crurent en l'arme des pressions économiques. Il s'agissait, par ce biais, d'amener les Soviétiques à un strict respect des accords de Yalta. Le 11 mai 1945, Truman mit fin par décret à l'« aide prêt-bail » accordée à Moscou — « seul moyen d'action, dit-il, dont nous disposions envers les communistes ». L'ordre fut interprété de façon si draconienne que même les cargos naviguant déjà en haute mer, chargés de matériel à destination de l'U.R.S.S., firent demi-tour.

Le problème des réparations de guerre, évaluées à plus de vingt milliards de dollars, devait fournir un autre moyen. Les responsables américains s'accordaient à penser qu'il fallait préserver ou redresser, en Allemagne et au Japon, les industries non militaires : l'économie mondiale en avait un besoin vital. Pour éviter que « Staline n'installe en Europe de l'Ouest des gouvernements incluant des communistes », on infléchit la conception de ces réparations, de sorte que les problèmes de l'Europe occidentale, notamment de l'Allemagne, eussent priorité sur ceux de l'Union Soviétique.

La commission des réparations se réunit pour la première fois à Moscou au cours de l'été 1945, et la délégation américaine eut tôt fait de constater à quel point les Russes manquaient de curiosité et même de rigueur lorsqu'il s'agissait d'établir des chiffres sérieux. Mais ce qui rendait la situation encore plus difficile, c'est que Russes et Américains ne parlaient pas du tout des mêmes choses. Les représentants de Washington souhaitaient que l'on discutât équipements et matières premières : tant de locomotives, tant d'acier. Les Russes ne voulaient parler qu'en dollars. Un jour, Isidor Lubin, numéro deux de la délégation américaine — en fait, son véritable responsable —, entraîna un vieil économiste de la délégation russe sur les bords de la Moscova :

« Expliquez-moi, vous qui êtes un économiste, à quoi ça rime de parler en milliards de dollars ? Milliards de dollars à quel cours, celui d'avant-guerre ou d'aujourd'hui ? On peut fixer n'importe quel prix pour n'importe quelle marchandise. Nous pouvons décréter que cette locomotive vaut dix millions de dollars et on arrivera ainsi aux vingt milliards de dollars de réparations en manipulant les prix.

« Ce qui vous intéresse — poursuivit Lubin —, c'est de reconstruire l'Union Soviétique. Nous voulons vous y aider. De quoi avez-vous besoin ? Que pouvez-vous prendre à l'Allemagne qui vous aidera dans cette tâche sans la placer dans une situation telle que nous devrions lui prêter assistance pendant une, voire deux générations ?

Le Russe considéra Lubin en souriant :

« Vous savez, dit-il en montrant le Kremlin, les gens qui sont là-dedans sont exactement comme vous autres Américains : des capitalistes ! »

Zbigniew Brzezinski, ancien chef du Conseil national de Sécurité sous Jimmy Carter et directeur de la puissante Commission trilatérale, cheveux en brosse, regard vif, confirme cette filiation : « Le développement économique soviétique entre 1917 et 1930 a essentiellement reposé sur l'aide technologique des Etats-Unis. Au moins 95 % des infrastructures industrielles de l'U.R.S.S. ont bénéficié de leur assistance » — avant d'ajouter dans un éclat de rire : « Effectuer des investissements dans des pays destinés à devenir des ennemis politiques a toujours été une des caractéristiques du monde capitaliste. »

A l'aube de la guerre froide, l'Amérique usa de moyens de pression économiques pour peser sur l'ensemble de la politique de l'U.R.S.S. En 1946, une demande de prêt soviétique pour un montant d'un milliard de dollars est superbement ignorée. Dès lors, l'administration américaine se livre à une véritable guérilla économique et en fait le dispositif principal de sa politique d'endiguement du communisme. L'Export Control Act de 1949 interdit tout transfert à l'Est de matériel militaire ou stratégique, à moins que l'exportateur ne dispose d'une licence spéciale délivrée par le ministère du Commerce. Au plus glacial de la guerre froide, ce sont plus de mille produits qui sont ainsi proscrits : quasiment tout ce que les Soviétiques souhaiteraient importer. « Tout revêt désormais une valeur stratégique, confie désabusé le financier

Bernard Baruch, à l'exception peut-être du chewing-gum ! »

Washington croit qu'un tel boycott favorisera un changement de la politique soviétique ou suscitera du moins un affaiblissement du pouvoir en place à Moscou. En réalité, il n'aboutit qu'à renforcer et légitimer les vues de Staline sur l'économie mondiale, divisée selon lui en « deux camps antagonistes ».

Ces mesures éprouvèrent-elles sérieusement l'U.R.S.S. ? Même si plusieurs aspects de la question prêtent encore à controverse, il est aujourd'hui possible d'affirmer que ces années de boycott furent aussi celles où l'Union Soviétique connut son rythme de croissance le plus élevé. Moscou utilisa à fond les ressources offertes par son nouvel empire, contraignant les pays d'Europe de l'Est à acheter ses matières premières à des prix artificiellement gonflés. En Bulgarie et en Tchécoslovaquie, plusieurs responsables du commerce furent d'ailleurs exécutés sous l'accusation de « nationalisme » et d'« antisoviétisme », parce qu'ils s'opposaient aux conditions dictées par Moscou.

Plusieurs experts des questions soviétiques, tel Marshall Goldman, estiment que l'absence de « crédits en devises fortes et d'équipements pour importer ou produire des biens de consommation » amorça puis accentua la priorité conférée au développement de l'industrie militaire, en particulier, à l'époque, à la construction de réacteurs et d'avions.

Le commerce est un baromètre des comportements politiques : au début des années 50, il était au plus bas. En cinq ans, l'Europe s'était scindée en deux blocs, tandis qu'éclatait la guerre de Corée. L'affrontement soviéto-américain semblait revêtir de telles proportions que l'on pouvait croire à l'imminence d'un troisième conflit mondial.

Dès 1950, toute une structure politico-culturelle est en place dans le but de justifier la guerre froide et la stratégie anticommuniste des Etats-Unis. Outre-Atlantique se développe un climat de psychose propice à tous les opportunismes. Robert Kennedy accomplit ses premiers pas en politique au sein d'une des commissions du célèbre chasseur de sorcières « rouges » Joseph McCarthy. Richard Nixon demande et obtient la tête d'Alger Hiss, ancien sympathisant communiste, devenu haut fonctionnaire du Département d'Etat. A cette époque, les futurs « pro-détentistes », Rockefeller et Ford, utilisent toute la puissance de leurs fondations et les moyens d'information dont ils disposent pour pénétrer les consciences américaines de la gravité du danger que font courir au monde libre les visées de Staline.

Tout un système de valeurs basé sur le refus du totalitarisme est ainsi développé avec le concours d'écrivains célèbres, de journalistes influents, d'universitaires de renom. La Harvard Business School, temple du conservatisme universitaire américain et référence intellectuelle du « Big Business », symbolise à merveille cette intransigeance doctrinale aux couleurs de l'autodéfense. Ses responsables sont bien loin de cette mue sereine qui les conduira, au milieu des années 70, à développer des écoles de management dans les pays socialistes et à assurer la formation de cadres marxistes...

Tandis que le secrétaire à la Défense, James Forestal, effectue du balcon de sa chambre d'hôpital un saut de quatre-vingts mètres dans le vide en hurlant « les Russes arrivent ! », Alfred Krupp von Bohlen retrouve son fauteuil directorial après un bref séjour sur les bancs du tribunal de Nuremberg et dans les cellules de la prison de Spandau... Ce hobereau à l'allure compassée, dont l'empire industriel a été symboliquement démantelé à la fin de la Seconde Guerre mondiale, redevient un précieux auxiliaire pour les gouvernements alliés.

L'homme qui l'a gracié est John Mac Cloy, haut commissaire américain en Allemagne. C'est l'une des très rares personnalités, à la jonction de la politique et du monde des affaires, à détenir le pouvoir d'imposer des décisions majeures. Sa carrière exceptionnelle, qui lui vaut le surnom de « pape de l'establishment », le verra à la tête de la puissante Fondation Ford, puis à la présidence de la Banque mondiale. C'est grâce à Mac Cloy, alors son avocat, que le numéro un de la sidérurgie américaine, US Steel, avait continué à réaliser d'importants profits en Allemagne durant la guerre, en conservant des usines dans la Ruhr, alors que le même Mac Cloy siégeait, lui, au sein de l'administration de Washington comme secrétaire adjoint à la Défense...

Krupp sort de prison le 3 février 1951 avec, comme argent de poche, 36 milliards de francs accordés à titre de dédommagement ! On compte sur le dynamisme de sa firme pour dresser une nouvelle muraille de combinats et de hauts fourneaux garantissant l'indépendance et la sécurité de la République fédérale face aux visées de ses voisins communistes. Alfred Krupp retrouve une société exsangue, qui emploie à peine douze mille salariés. Neuf ans plus tard, la firme utilise les services de cent dix mille personnes et réalise un chiffre d'affaires supérieur à 520 milliards de francs. Par le biais d'une holding familiale, Alfred Krupp parvient même à reprendre le contrôle de ses aciéries qu'il s'était pourtant engagé à abandonner à l'administration des Alliés.

La firme d'Essen peut bientôt s'enorgueillir d'un autre succès : en 1953, elle est la première entreprise européenne à s'implanter dans les pays communistes. Performance insolite, mais qui n'inquiète apparemment plus. Pourtant, ce titre de pionnier est d'autant plus méritoire que Krupp l'a obtenu à l'arraché en distançant de justesse un concurrent sérieux, le professeur Valetta, ancien conseiller personnel de Mussolini et directeur-gérant de la Fiat !

L'ancienne fabrique d'armement du fascisme italien n'a connu de son côté aucune des difficultés qui s'attachent parfois au retour à l'économie de paix. Ses chaînes sont passées sans heurts de la production d'automitrailleuses à la fabrication de réfrigérateurs et d'automobiles à bon marché. Valetta, véritable Richelieu, veille sur les intérêts de la firme transalpine et parachève l'éducation du futur propriétaire et héritier en titre, Giovanni Agnelli. A cette époque, le futur numéro un de l'économie italienne n'est alors qu'un jeune play-boy qui ne ressemble que de fort loin à l'homme puissant et influent qui, en 1974, lors de la conclusion du « compromis historique » en Italie, se montrera le plus ferme partisan d'Enrico

Berlinguer et de la participation du P.C. aux responsabilités du pouvoir.

Ainsi, lorsque, au terme d'une véritable course contre la montre, Willy Brandt consacrera en 1970 l'aboutissement de son Ostpolitik, agenouillé devant un monument polonais dressé à la mémoire des victimes des crimes nazis, il arrivera en dernière position, largement distancé depuis plus de quinze ans déjà par ses propres firmes : Krupp, Hoechst, celles-là mêmes qui avaient installé jadis les fours crématoires et utilisé la main-d'œuvre concentrationnaire...

La passerelle sera ainsi toujours restée tendue entre l'entreprise capitaliste et l'Etat-patron communiste. Pour les grandes firmes occidentales, qu'elles aient été au service du nazisme ou des valeurs démocratiques, l'évolution naturelle passe immuablement par leur implantation indifférenciée dans ce vaste ensemble géographique où, de Berlin à Vladivostok, un moment coincés entre deux goulags, cohabitent 400 millions d'habitants.

Ce marché potentiel, les firmes européennes, plus proches et plus sensibilisées, y pénétrèrent les premières. Mais tous les appels lancés par l'Est à la technologie occidentale en vue d'aplanir les difficultés résultant des ratés du système se feront toujours par-dessus la tête des hommes au pouvoir, fussent-ils d'aussi haute stature que De Gaulle. Lorsqu'en 1946 le chef de la France libre nationalise Renault, il croit à la vertu des décrets et entend faire de la Régie le symbole d'un contrôle attentif et efficace exercé par l'Etat sur une entreprise publique. Quand il se rend en 1963 en Union Soviétique pour jeter les bases d'une coopération économique entre les deux pays, il brandit au beau milieu de son séjour un projet évoquant l'implantation de Renault sur les bords de la Volga. L'assistance hoche la tête avec déception : la firme française est installée ici depuis plus de neuf ans...

Khrouchtchev résuma parfaitement la situation, avec sa brutale franchise, en 1958, alors qu'il recevait une délégation d'hommes politiques et d'industriels italiens. Quittant brusquement les deux ministres avec qui il devisait, il s'approcha, l'index pointé, vers Giovanni Agnelli qu'entouraient quelques collègues : « C'est à vous que je veux parler. Dans dix ans, ces clowns auront disparu mais vous, vous serez toujours là. Vous êtes le vrai pouvoir, le seul avec lequel je souhaite réellement négocier. »

Moins de deux ans plus tard, alors que la plupart des pays occidentaux se cantonnent encore dans une prudente expectative vis-à-vis du monde communiste, le gouvernement de Rome accorde à l'U.R.S.S. un crédit de cent millions de dollars, chiffre exceptionnellement élevé selon les normes italiennes. Cinq ans plus tard, l'Italie finance la gigantesque usine Fiat de Togliattigrad : sept cent mille voitures produites, trois cent soixante-trois millions de dollars de crédits, un remboursement échelonné sur quatorze ans qui va faire de l'Italie un des plus importants créanciers de l'Union Soviétique. Dans le même temps, la Chase Manhattan Bank et la First National City Bank, dont les dirigeants sont deux proches d'Agnelli, accordent respectivement 790 millions et 637 millions de dollars de prêts à l'Etat italien...

En 1919, Lénine et Wilson tombaient séparément d'accord pour conclure que capitalisme et socialisme ne pouvaient cohabiter dans le même monde. Quelques années plus tard, la planète était ramenée aux dimensions d'un bocal dans lequel, selon la formule de Robert Oppenheimer, père de la bombe A, Etats-Unis et U.R.S.S. s'affrontaient comme deux scorpions. Entre les deux superpuissances, à l'origine révolutionnaires, à leur manière messianiques dans leur conception du monde, s'effectuaient d'étranges transferts de fantasmes. Le plus fameux éditorialiste américain, Walter Lippman, évoquait avec sérieux, dans les années 50, le jour où les enfants soviétiques chanteraient « Dieu bénisse l'Amérique » ; Khrouchtchev, lui, prophétisait à Kennedy que « ses petits-enfants vivraient sous le communisme ». Etrange mélange de haine et de fascination envers un « partenaire-adversaire » défini de part et d'autre comme un fléau : au communisme, dénoncé ici comme un « virus, un dérèglement social, une maladie du corps politique », répondait là-bas le diagnostic porté sur le capitalisme, « source de contamination, véritable cancer »...

Du côté américain, la guerre froide avait pris l'aspect d'une guerre sainte, moins dirigée contre un pays que contre une idéologie. L'un et l'autre étaient d'ailleurs perçus à Washington avec un déroutant simplisme. Harry Truman ne confiait-il pas, bougon : « Moi, j'aime bien ce vieux Joe Staline ; malheureusement, il est totalement prisonnier de son Bureau politique... » Phrase qui, à la lumière des révélations ultérieures sur le règne absolu de Staline, ne manque pas de laisser rêveur...

Schématisme que l'on retrouvait de manière tout aussi frappante dans les confidences de certains dirigeants soviétiques. Ainsi Khrouchtchev, invité par Eisenhower à Camp David, résidence d'été des présidents américains, à une heure de Washington, rapporte : « Je me méfiais... Je ne voulais pas m'y rendre avant de savoir exactement ce que c'était... Je questionnai notre ministère des Affaires étrangères qui n'en savait pas davantage sur ce lieu... Je me rappelai qu'aux premiers temps de la Révolution, une délégation soviétique avait été invitée dans un endroit appelé les "îles du Prince", où tous les chiens errants étaient expédiés pour y crever. Je me demandais si l'invitation à Camp David ne cachait pas le même genre de mauvaise surprise...[1] »

VIII

En 1959, Nikita Khrouchtchev n'en parcourut pas moins les Etats-Unis. Une visite officielle tumultueuse et prolongée, la première d'un dirigeant suprême de l'U.R.S.S. depuis la révolution d'Octobre. Il voit les champs de maïs du Middle West, les industries de pointe en Californie, les studios de Hollywood, et partout, de façon tonitruante, il réaffirme « la supériorité du système économique socialiste qui, en moins de quinze années, aura largement dépassé les Etats-Unis ». Propos qui ont mal vieilli au fil des années, alors que le régime soviétique semble avoir définitivement largué les amarres qui le rattachaient encore tant soit peu au système industriel moderne.

A son retour à Moscou, Khrouchtchev rendit néanmoins hommage au président Eisenhower, « un homme qui, comme nous, aspire à liquider la guerre froide ».

En septembre 1960, le secrétaire général du P.C.U.S. est de retour à New York. Mais la situation, entre-temps, s'est dramatiquement détériorée.

Une réunion au sommet, prévue à Paris pour le 15 mai, devait permettre aux chefs d'Etat des quatre puissances anciennement alliées d'évoquer les tensions internationales. Le 5 mai, un missile sol-air soviétique abattit au-dessus de l'Oural un avion-espion américain U-2. Khrouchtchev demanda à Eisenhower de reconnaître les faits. Probablement aussi pour donner des gages aux éléments les plus durs du Bureau politique, il annula la visite que le président américain devait faire en Union Soviétique et s'envola pour Paris, non pour participer au « sommet », mais pour recueillir des « excuses solennelles » du chef de l'exécutif américain. De Gaulle tenta une médiation qui échoua. Il semble qu'on soit alors revenu dix années en arrière, aux pires moments de la tension internationale, lorsque, selon un observateur, « on ne se demandait pas s'il y aurait une troisième guerre mondiale, mais quand elle éclaterait ».

Si Khrouchtchev débarque aux Etats-Unis en septembre 1960, c'est uniquement pour participer à l'assemblée générale de l'O.N.U. qui promet d'être houleuse. Il refuse tout contact avec les officiels américains, mais, peu après son arrivée, à la surprise générale, il se rend dans un élégant appartement de Hyde Park appartenant à Eleanor Roosevelt. Il y rencontre longuement Armand Hammer. Une entrevue dont rien ne filtre, excepté quelques anecdotes sans importance, telle cette réplique du secrétaire général quand la veuve de Roosevelt propose un toast à l'amitié entre les deux pays : « Ici, tout le monde me qualifie de dictateur, mais vous avez vu comme j'ai bien peu de pouvoir. J'ai dit à ma femme de ne pas boire d'alcool et je la vois en train de vider l'une après l'autre des coupes de champagne. »

Hammer avait alors diversifié ses activités en rachetant notamment une puissante chaîne de radio et de télévision, Mutual Broadcasting System, qui le mettait désormais en concurrence directe avec les géants de la communication RCA et CBS. Il entretenait avec Eleanor Roosevelt d'étranges rapports, faits de sollicitude attentive et d'opportunisme dénué de scrupules. En 1952, elle avait effectué un long périple en Europe et confié à son fils Eliott, aux capacités des plus limitées, les pleins pouvoirs juridiques pour négocier ou régler tout problème en son absence. Son retour avait été un déchirement : à peine débarquée, elle apprit qu'Eliott avait vendu aux Hammer, pour la somme ridicule de sept mille dollars, la grande demeure familiale située à Campobello, au milieu d'une île. Elle avait cherché à revenir sur cet accord, mais il avait bel et bien été signé et elle dut se résigner à cette perte, pour elle immense. C'est dans cette résidence, sur la frontière canadienne, qu'elle et Franklin Roosevelt avaient jadis passé leur lune de miel. C'est encore à Campobello que le président avait ressenti les premières atteintes de la poliomyélite. C'est également en ce lieu isolé qu'elle s'était réfugiée à la mort de son époux.

Hammer, qui en 1962 devait céder Campobello aux gouvernements américain et canadien en contrepartie d'une exemption fiscale, ne fut pourtant jamais écarté du cercle des proches amis de l'ex-première dame des Etats-Unis. Celle-ci, peu avant sa mort, qui survint justement au retour d'une visite à Campobello, porta cependant ce jugement désabusé : « Cet homme ne s'intéresse décidément qu'au pouvoir et à ceux qui l'exercent. »

La rencontre entre Khrouchtchev et Hammer eut un écho d'autant plus fort qu'elle survenait en pleine période de transition politique. Kennedy allait succéder à Eisenhower et les hommes qui prenaient possession du pouvoir avaient l'impression d'être l'incarnation d'une nouvelle élite américaine : on avait fait appel aux meilleurs hommes du pays pour s'atteler au rêve d'un réveil américain, en insufflant au pays et au reste du monde un esprit neuf, vigoureux, dynamique. Dans un de ses tout premiers discours, Kennedy affirma : « Ce qui est en jeu, ce n'est pas simplement la direction de notre parti, ni même celle de notre pays, c'est notre droit à la direction morale de cette planète. »

Jour après jour, la presse américaine évoquait la nomination de tel ou tel nouveau collaborateur, encore plus brillant que celui de la veille. On ne comptait pas une seule, mais plusieurs équipes de ces « vedettes » gravitant autour du jeune président. Extraordinaire rencontre entre des hommes neufs, ambitieux et durs, et les défis nouveaux de leur époque. Bien des gens à Washington mentionnaient par contraste le traitement réservé à Lyndon Johnson lors de la première réunion du cabinet : vice-président, traité avec un mélange de condescendance et de mépris par l'entourage de Kennedy, il avait été prévenu par téléphone au tout dernier instant ; on avait commencé la réunion sans lui et, lorsqu'il était arrivé, on l'avait relégué, lui, second personnage de l'Etat, dans un coin reculé de la pièce, parmi les collaborateurs subalternes.

Comme le rappelle son conseiller spécial Arthur Schlesinger, Kennedy, dans le domaine des Affaires étrangères, voulait une politique activiste, tendant à montrer sa force « face à un ennemi que nous considérions comme dépourvu de scrupules, aux réactions imprévisibles. Un ennemi jamais en repos, toujours prêt à frapper ».

Dans cet océan de certitudes et de détermination que semblait être devenu Washington, Hammer tentait tant bien que mal de surnager, en quête d'un îlot. Il ne connaissait personne dans l'entourage de Kennedy, bien qu'en « démocrate de cœur » il y fût allé de sa contribution financière à la campagne... Il lui semblait néanmoins que, par-delà les déclarations de fermeté, les relations Est-Ouest connaîtraient bientôt un *turning point*, un tournant qu'il fallait « négocier » en tête du peloton. Fini l'époque où l'on pouvait commercer en franc-tireur avec l'U.R.S.S. ! Désormais, l'accord du gouvernement était impératif ; l'élément d'un jeu aux subtiles ambiguïtés, qui vous légitimait tout en engageant les pouvoirs publics. La démarche de Hammer recoupait d'ailleurs déjà les préoccupations de certains membres influents de l'administration Kennedy qui considéraient que tout changement important dans le système soviétique passerait par une injection massive de crédits et de biens occidentaux, seuls facteurs capables de provoquer, à terme, le séisme sociopolitique qui ramènerait l'U.R.S.S. dans la voie des nations « raisonnables ».

En janvier 1961, Hammer signala à Alber Gore, gouverneur du Tennessee, qu'il se préparait à un long voyage qui le conduirait dans huit pays européens, dont l'U.R.S.S. Gore pourrait-il en parler au ministre du Commerce Luther Hodges, afin que le gouvernement accepte de cautionner et d'officialiser un tel périple ? La réponse fut une approbation vague et tardive, mais suffisante pour servir les intérêts de Hammer qui, vingt ans plus tard, paraît donner un léger coup de pouce à l'Histoire quand il évoque cet épisode : « Ce fut mon amitié avec le président Kennedy qui me fournit l'occasion de retourner à Moscou. Trois mois après son investiture, il m'appela pour me demander d'envisager les moyens d'instaurer de meilleures relations commerciales avec l'U.R.S.S. » En fait, il semble bien que Kennedy ne reçut Hammer qu'une seule fois, le 15 septembre 1961, pendant quinze minutes, après que le représentant de Californie Jimmy Roosevelt eut fortement insisté. Les deux hommes ne devaient plus se revoir.

Mais il est tout à fait exact que, le jour même de son arrivée à Moscou, Hammer eut une longue réunion avec plusieurs ministres soviétiques, dont celui du Commerce extérieur. Le lendemain, Anastase Mikoïan envoya une limousine pour conduire l'homme d'affaires au ministère des Affaires étrangères. Ils discutèrent quelque peu du passé, longuement de l'avenir et aussi du présent, notamment du règlement de la dette soviétique aux Etats-Unis. Mikoïan confia à Hammer que Moscou avait passé plusieurs contrats importants avec la Suède et l'Italie pour l'achat d'acier, les Etats-Unis se refusant toujours à autoriser de telles ventes.

Le 17 février, deux jours après cette rencontre, Hammer reçoit un message lui précisant que Khrouchtchev souhaite le voir au Kremlin. Il y est introduit à 18 h 30. La conversation dure plus de deux heures et demie. Depuis le refus de Nikita Khrouchtchev, un an plus tôt, de recevoir Eisenhower, Hammer est la première personnalité américaine à rencontrer le dirigeant soviétique.

Pendant que l'administration américaine glissait déjà dans le piège vietnamien sans même se rendre compte de l'engrenage fatal qui allait l'entraîner, Moscou venait de rompre avec la Chine, et le schisme au sein du monde communiste s'étalait au grand jour. La diplomatie devenait un étrange abîme d'incommunicabilité dont Hammer avait compris les défaillances aussi bien que les opportunités.

Il écoute attentivement Khrouchtchev exposer ses doléances et ses espoirs quant à l'évolution des relations de l'U.R.S.S.

avec l'Amérique. Le chef du Kremlin qui, quelques années auparavant, avait défini la coexistence pacifique comme « le mariage entre une vieille femme riche et un homme jeune » semble avoir désormais corrigé à la baisse certaines des prétentions du jeune homme. A charge pour lui de le faire savoir à Washington, il évoque pêle-mêle devant l'Américain les progrès de l'U.R.S.S., « qui produit un gaz si pur, une fois raffiné, qu'on pourrait en boire », sa « production d'acier, qui dépasse celle de l'Amérique », et « l'intérêt que vous auriez à commercer avec nous pour conserver vos usines et vos travailleurs en activité ». Jusqu'à cet avertissement final : « Certains, aux Etats-Unis, pensent qu'en refusant de commercer avec nous ils nous écraseront. Dites-leur bien qu'ils se trompent. »

Toute la conversation se déroule en russe, sans interprète, donc sans témoins ; à l'issue de la rencontre, les deux hommes sont rejoints par Anatoli Dobrynine, alors chef de la division américaine au ministère des Affaires étrangères, qui sera nommé peu après ambassadeur à Washington. Khrouchtchev remet une photo dédicacée « au tout premier concessionnaire, qui parla avec Lénine » privilège que ne connut jamais, se plaît à souligner l'Américain, le numéro un soviétique. Il reçut également un stylo plaqué or orné d'une étoile rouge en rubis.

Hammer confia alors aux Soviétiques qu'il souhaitait visiter son ancienne fabrique de crayons. Le soir même, une voiture le conduisait à l'usine Sacco et Vanzetti. De cet épisode, l'Américain fait une description qui a le charme d'un tableau de Chagall : « La neige était tombée, épaisse, recouvrant les toits et la route d'accès ; c'était le plus romantique des spectacles. » Il put constater que l'usine fonctionnait avec le même équipement qu'il avait importé d'Allemagne, plus de trente ans auparavant, et, en circulant parmi les ateliers, il retrouva plusieurs vieux ouvriers qui travaillaient déjà de son temps : « Ils étaient ravis ; c'était exactement comme le retour de l'enfant prodigue. »

L'ambassade américaine à Moscou, qui avait d'abord accueilli cette visite avec indifférence, se mit à entrer en effervescence, multipliant télex et rapports à destination de Washington. Quelque chose semblait sur le point de changer dans les relations soviéto-américaines, cette entrevue l'attestait ; mais, plus grave encore aux yeux de ces plénipotentiaires, chargés d'affaires et conseillers en tout genre, cette évolution paraissait se développer hors des canaux de la diplomatie traditionnelle.

Lors de son voyage de retour, Hammer fit une escale plutôt insolite dans un pays désertique administré par une monarchie vacillante : la Libye. Nul n'aurait pu alors prendre la mesure des événements qui se préparaient : l'or noir enfoui sous ces sables allait faire de Hammer un des « grands » du pétrole et l'un des hommes les plus riches de la planète ; quelques années plus tard, ses affrontements avec Kadhafi allaient précipiter le monde occidental dans la crise de 1973.

Mais l'administration Kennedy restait toujours aussi peu amène à son égard. Hammer envoya un message au président à la suite de son séjour à Moscou, pour « discuter des moyens d'élever le niveau de vie des populations à travers le monde, ce qui est la meilleure des réponses à ce système oppressif et menaçant la paix qu'est le communisme ». Sa démarche resta sans réponse. Khrouchtchev ne parut nullement lui en vouloir pour sa définition du communisme : en 1962, Hammer put effectuer à trois reprises le voyage de Moscou, développant ainsi une véritable diplomatie parallèle.

Lorsque, le 22 novembre 1963, les balles d'un tueur arrêtent à Dallas le cours de la carrière présidentielle de John Kennedy, Hammer n'attend pas plus d'une semaine pour dépêcher une lettre au nouveau président, Lyndon Johnson, l'assurant qu'en « ces temps incertains vous pouvez compter sur mon soutien ». Le 14 janvier 1964, il est à la Maison Blanche pour commémorer la signature d'une convention entre les Etats-Unis et le Canada, faisant de la résidence de Campobello un monument dédié au souvenir de Roosevelt. Il évoque alors l'opportunité d'une entrevue avec le président. Jack Valenti, l'assistant spécial, lui répond que l'« agenda est plein et qu'un tel projet ne peut être envisagé dans l'immédiat ».

Persuadé que la meilleure voie d'accès au bureau ovale de la Maison Blanche passe par la capitale soviétique, Hammer effectue alors, en juin 1964, une visite à Moscou où il est reçu avec tout le faste réservé à un chef d'Etat. Le message est sans la moindre ambiguïté : les Soviétiques considèrent Hammer non seulement comme leur « capitaliste préféré », mais également comme un élément incontournable des relations Est-Ouest. Le 12 juin, il dîne au cœur du Kremlin, dans le palais Saint-Georges, avec Nikita Khrouchtchev et le leader est-allemand Walter Ulbricht, et il met à profit cette soirée pour revoir avec nostalgie et à-propos le bureau de Lénine et contempler le singe en bronze offert par lui quarante-trois ans plus tôt [1]...

Dès son retour à Washington, il se remet à faire le siège de la Maison Blanche. La requête est transmise à George Bundy, le conseiller spécial pour la politique étrangère. Celui-ci donne pour consigne : « Faites recevoir Hammer par un collaborateur ; mais le président ne doit pas le voir. » Plusieurs explications à ce refus : Johnson faisait ses premiers pas de chef de l'exécutif et devait se familiariser à la fois avec les rouages du pouvoir et la complexité des relations internationales, son point faible. La liste des ambassadeurs attendant d'être reçus en audience s'allongeait de jour en jour. Les visiteurs qui se voyaient accorder ce qu'ils pensaient être une importante entrevue particulière découvraient d'ailleurs souvent que Johnson avait également invité un membre de la presse ou quelque ami de passage à Washington... Ainsi, lorsque le prince Bernhardt des Pays-Bas, personnage important de l'establishment financier international, se présenta pour une audience en tête-à-tête, il se retrouva au beau milieu d'un groupe de touristes visitant la Maison Blanche et auxquels Johnson avait dit : « Venez, venez donc, vous allez vous faire photographier avec un vrai prince !... »

Plus sérieusement, le problème vietnamien constituait déjà une hypothèque dramatique. Alors que les difficultés du régime de Saïgon ne faisaient que se confirmer, Johnson demanda au secrétaire à la Défense, Robert McNamara, d'envisager l'éventualité de bombardements afin d'exercer une pression plus forte sur Hanoï. Le tournant décisif fut l'affaire du golfe du Tonkin en mars 1964, où Lyndon Johnson mit la nation américaine, le Congrès et la presse devant le fait accompli. Il paraissait absolument maître de l'information, puisqu'il avait choisi de frapper en un lieu où il n'était pas question d'aller enquêter, et en créant un incident qui avait tout l'air d'être une riposte américaine à des provocations nord-vietnamiennes. La vérité devait se révéler plus tard à l'opposé de la version simpliste présentée alors par la Maison Blanche : des attaques non provoquées de bâtiments américains par les Nord-Vietnamiens. Le président tenait ainsi le prétexte voulu pour faire adopter par le Congrès une résolution lui donnant carte blanche. Un homme perçut ce qui était en train de se passer : le sénateur Wayne Morse, bien connu pour son indépendance d'esprit et son intégrité. Il fut le seul, sur plus de cinq cents membres du Congrès, à se prononcer contre la résolution et déclara : « Je crois que l'Histoire retiendra que nous avons commis une grande erreur en tournant la Constitution des Etats-Unis ; par cette résolution, nous donnons en effet au président le pouvoir de faire la guerre en l'absence de toute déclaration de guerre... »

Le drame vietnamien et les multiples problèmes de politique intérieure — notamment les conflits raciaux — auraient ainsi suffi à expliquer que la requête de Hammer ne pût être satisfaite et qu'un rapprochement économique avec Moscou, soutien du Nord-Vietnam, ne figurât pas à l'ordre du jour. Mais il y avait davantage. Un homme contrôlait alors la politique étrangère américaine : ayant succédé à la tête du Conseil national de Sécurité à George Bundy, Walt Whitman Rostow était un pur produit des milieux universitaires américains. Fils d'un immigrant juif russe, le choix de ses prénoms exprimait l'amour émerveillé et sans mélange que portait à l'Amérique toute une génération de nouveaux réfugiés. Rostow, le regard cerclé de fines lunettes, veste de tweed d'un professeur de Harvard, avait des opinions définitives sur tout : le sous-développement, sur lequel il avait écrit, aussi bien que le Vietnam, qu'il n'avait jamais visité. Kennedy, qui l'avait recruté en 1960, disait souvent, ne plaisantant qu'à demi : « Pourquoi critique-t-on la mollesse de Rostow ? C'est le partisan le plus acharné de la guerre froide que j'aie pu trouver. » Rostow, qui avait passé la Deuxième Guerre mondiale dans les services de renseignement, avait été en 1945 un des fondateurs de l'O.S.S., organisme qui allait vite donner naissance à la C.I.A. Il gardait de cette époque un goût assez vif du secret et une connaissance approfondie de certains dossiers délicats. Durant toutes les années des administrations Kennedy puis Johnson, Rostow s'opposa à l'influence de Hammer. Aux deux présidents, il soumit un rapport sur l'homme d'affaires, ses activités et son passé, sur lesquels il semblait disposer de nombreux éléments. Nul doute que son avis ait eu temporairement des effets dissuasifs.

Installé aujourd'hui à Houston (Texas) où il dirige la Bibliothèque L. Johnson, Rostow se montre toujours aussi peu loquace sur les preuves qu'il avait pu alors rassembler. Son rapport reste classé « confidentiel » et lui-même se borne à rappeler : « Ce mémoire était fait pour dissuader le président des Etats-Unis d'entretenir des relations avec Armand Hammer. »

Pourtant, en cette même année 1964, une vaste enquête réalisée auprès des industriels et banquiers de tout le pays révèle qu'une immense majorité approuve le bien-fondé d'une collaboration économique avec l'Est. Mais cette majorité tient à rester anonyme : les trois quarts des personnes interrogées refusent que leur nom soit divulgué, de crainte probablement de paraître mettre en cause la ligne diplomatique de l'heure.

Un seul homme, pourtant guère doté d'un tempérament original et audacieux, pouvait se permettre de braver les interdits politiques : David Rockefeller, président de la Chase Manhattan Bank. En 1961, John Kennedy avait cherché à en faire son secrétaire au Trésor, mais il s'agissait là d'une proposition dérisoire pour un homme dont un journal avait déclaré, dans une formule fameuse, « que la présidence des Etats-Unis ne serait pour lui qu'un pis-aller ».

La fortune de la dynastie Rockefeller est alors répartie au sein de plus de deux cents sociétés. Ce chiffre comprend notamment six des dix premières entreprises industrielles américaines, six des dix plus grandes banques, cinq des dix plus importantes compagnies d'assurance, et trois des plus importantes sociétés dans les quatre autres branches d'activité énumérées par la revue *Fortune*. Le total des actifs de cette vingtaine de goliaths de l'économie et des finances s'élève à 460 milliards de dollars. La Fondation Rockefeller, elle, a été créée en 1913 dans le but essentiel de perpétuer le contrôle de la famille sur son empire pétrolier, démembré deux ans auparavant en sept sociétés distinctes après un arrêt prononcé par la Cour suprême en vertu des règlements anti-trust. Aujourd'hui, la Fondation est le plus important actionnaire d'Exxon, dont elle détient 4 300 000 actions ; elle possède aussi deux millions d'actions de la Standard Oil of California, trois cent mille actions de Mobil Oil et trois cent mille parts de la Continental Oil. D'autres fondations de moindre importance appartenant aux Rockefeller détiennent encore trois millions d'actions d'Exxon, trois cent mille actions de Mobil Oil et quatre cent cinquante mille de la Standard Oil of Ohio. Les actifs de ces compagnies, dont les Rockefeller sont actionnaires majoritaires, se montent à plus de 50 milliards de dollars.

Au surplus, la Fondation exerce une influence déterminante dans les affaires politiques et la société américaine, contrôlant et infléchissant par ses immenses réseaux l'évolution des mœurs, des idées, des institutions. C'est en fait une véritable administration parallèle, dont les moyens de pression et les possibilités d'influence sur l'opinion sont immenses.

Parmi les bénéficiaires de la générosité des Rockefeller, il convient de mentionner les Nations Unies, dont le siège new-yorkais fut construit sur un terrain offert par la famille, et l'Organisation des Etats américains. Les hommes mis en place à titre d'experts, les sommes versées, les programmes de travail élaborés conjointement entre les services de ces organisations internationales et la Fondation garantissent aux Rockefeller une influence importante au sein de ces institutions.

La mise la moins rentable reste peut-être le Parti républicain lui-même, « aussi dépendant financièrement de la famille Rockefeller, selon l'historien Theodore White, que la Fondation du même nom ». La famille en éponge chaque année les déficits.

David Rockefeller, l'allure compassée, pouvait alors répondre d'un ton égal : « Les gens croiront ce qu'ils croiront ; s'ils croient que je suis puissant, eh bien, ce ne sera pas tout à fait en vain. » Il disposait en 1964 des meilleurs atouts. D'après un de ses collègues banquiers, « il portait le meilleur nom du monde et dirigeait ce qu'il faut bien considérer comme la banque la plus prestigieuse de tout le pays ». David était respecté des chefs d'Etat du monde entier, et cet homme dépourvu d'imagination et de largesse de vues était à même d'exercer une influence sur la façon dont se modelait le destin des nations du globe.

En juillet 1964, il s'envole pour Moscou. Quoique reçu avec moins de faste que Hammer, il a un long entretien avec Khrouchtchev. A sa sortie du Kremlin, il déclare : « Ces entretiens ont été les plus serrés que j'aie jamais eus. Mais nous nous connaissions bien. Cela fait très longtemps que nous avons l'habitude de travailler ensemble et nous allons encore développer cette collaboration. » Au cours de leurs échanges, les deux hommes s'étaient laissés aller à une évocation nostalgique. David Rockefeller avait rappelé au dirigeant soviétique que tout développement du commerce entre les deux pays passait préalablement par le remboursement d'une partie des dettes dues aux Etats-Unis. Khrouchtchev était alors devenu solennel : « Vous savez bien que mon pays est une société qui ne fait jamais faillite ! — C'est vrai, avait approuvé le banquier de son ton mesuré, vous avez toujours été très corrects dans vos transactions avec la Chase Manhattan Bank. »

Dès 1927, Exxon avait en effet construit une immense raffinerie en U.R.S.S. Peu après, la compagnie et sa filiale Vacuum Oil avaient passé un accord avec Moscou portant sur la commercialisation du pétrole soviétique dans les pays européens. A cette fin, un prêt de 75 millions de dollars avait été accordé par la Chase Bank au gouvernement soviétique.

Rien d'étonnant à ce que Khrouchtchev eût choisi comme interlocuteur un homme qui symbolisait à ses yeux l'essence même du capitalisme et donc, d'un point de vue marxiste, la réalité du pouvoir. Neva Rockefeller, fille de David, qui assistait à l'entretien, le confirme : « Il s'était instauré entre les deux hommes une espèce de camaraderie. Khrouchtchev considérait qu'il représentait les intérêts du peuple russe et estimait que David Rockefeller incarnait tout autant ceux de l'Amérique. »

Dans une monumentale étude, Ferdinand Lundberg souligne que certains noms, symboles de la réussite capitaliste, revêtent une dimension mythique pour les dirigeants communistes. A ce hit-parade, Rockefeller arrive largement en tête parmi les homologues préférés des gens du Kremlin.

Peu après avoir regagné les Etats-Unis, David fut reçu par Johnson. En cette année électorale, les principaux conseillers du président souhaitaient qu'il soignât ses relations avec le banquier afin de rallier les suffrages et le soutien du monde des affaires. Johnson exprima le désir que le président de la Chase Bank devînt son messager auprès de Khrouchtchev, « capable de dissiper toutes les équivoques ». Mais cet aspect diplomatique semblait apparemment secondaire aux yeux mêmes de Rockefeller.

En octobre de la même année, Monsieur « K » fut limogé. Moins d'une semaine plus tard, David Rockefeller n'en déclarait pas moins à Paris, devant un groupe d'hommes d'affaires : « Le commerce est le moyen de vérifier si les Russes mettent désormais leurs actes en conformité avec leurs déclarations. »

A la mi-novembre, quatre-vingt-deux hommes d'affaires débarquent à Moscou pour une visite de trois jours. Ils sont reçus par Andréi Gromyko et Anastase Mikoïan. Un organisme au nom étrange est alors créé par les Soviétiques : le Comité d'Etat pour la science et la technologie, qui va devenir l'instrument du Kremlin dans toutes ses négociations avec les hommes d'affaires occidentaux. Parmi ses responsables, un Géorgien de quarante-cinq ans, fine moustache et portant beau : German Vishyany. Cet amateur de produits Gucci et de costumes Saint-Laurent possède deux caractéristiques : il est le gendre du premier ministre Kossyguine et l'un des adjoints au chef du K.G.B.

Avec la disparition de Khrouchtchev, le monde des affaires a perdu un interlocuteur, mais gagné un allié. L'ère Brejnev, qui s'ouvre, va en effet leur offrir de magnifiques perspectives. Armand Hammer va en particulier trouver là son « meilleur ami russe depuis Lénine[2] ».

IX

Le samedi 17 mars 1957, Arthur Groman, avocat installé à Los Angeles, reçoit un appel urgent : un de ses principaux clients lui demande de venir le rejoindre au bar du Beverly Wilshire Hotel. Groman suspend ses projets de week-end et, une fois arrivé dans les jardins du palace, au cœur de Hollywood, il cherche en vain une place sur le parking. Une soirée était organisée par la Twentieth Century Fox et le producteur Darryl Zanuck accueillait dans le lobby une foule d'invités, metteurs en scène, hommes d'affaires, vedettes. Groman, déjà passablement en retard, se fraie avec peine un passage à travers l'assistance et finit par reconnaître son client, installé dans l'un des recoins les plus sombres du bar, en conversation avec un homme âgé, chaussé de bottes de cow-boy et coiffé d'un chapeau Stetson.

Le client fait de rapides présentations et prie aussitôt Groman d'aller à la réception de l'hôtel quérir deux feuilles de papier. Lisant la surprise dans son regard, il dit : « Je voudrais que vous prépariez un projet de contrat. » Comme l'avocat semble de plus en plus perplexe, l'homme précise : « Je vais acheter une compagnie pétrolière. »

Arthur Groman, décontenancé mais d'un ton toujours égal, demande : « Ah oui, laquelle ? » La réponse l'abasourdit : « Occidental Petroleum. »

Occidental était une compagnie fameuse dans l'univers des

pétroliers : depuis 1934, cette minuscule firme n'avait jamais été en mesure de verser le moindre dollar de dividende à ses actionnaires. Alors que le marché se caractérisait par une croissance rapide de la taille des firmes et de leurs profits, elle faisait figure d'exemple négatif : une espèce de rameau inabouti, avorté, dans l'évolution de cette branche en pleine expansion.

Groman douta du bon sens de son client qui entendait racheter pour 40 000 dollars une compagnie au bord de la faillite, dont les actifs se limitaient à quelques forages d'une taille dérisoire, à deux bureaux tout aussi exigus, et à trois employés. Docile, il rédigea néanmoins une promesse de vente qui fut alors contresignée par le vieux cow-boy, jusqu'alors administrateur de la société et qui parut particulièrement soulagé d'une telle issue.

Les trois hommes se quittèrent rapidement et traversèrent le hall, toujours bruissant de conversations et de rires. Groman suivit timidement son client jusqu'à sa limousine et, prenant son courage à deux mains, l'apostropha alors qu'il s'engouffrait à l'arrière du véhicule : « Je pense que vous avez longuement réfléchi avant de prendre votre décision. Mais ne craignez-vous pas, Docteur, de faire une bien mauvaise affaire ? » L'homme le fixa alors avec un étrange sourire avant de répondre de sa voix insolite, rauque et nette à la fois : « J'espère bien ; je l'ai précisément achetée pour perdre de l'argent. »

Hammer vivait depuis plus d'un an en Californie. Il avait traversé une période difficile, marquée par une série de problèmes personnels, notamment son divorce avec sa seconde femme, Angela. Celle-ci avait alors engagé une polémique dont l'éclat avait amplement dépassé le cadre de leur intimité, déclarant notamment : « Mon mari possède un cerveau froid et calculateur. C'est un maître de la guerre psychologique. Ses années passées en Russie, dans un climat de purges et d'exécutions, l'ont laissé totalement insensible. Cela se reflète aussi dans les méthodes implacables et cruelles dont il use envers les gens. Dans nos conversations, il ne m'a jamais caché qu'il écraserait ceux qui chercheraient à se mettre en travers de son chemin. » Elle lui réclama dix millions de dollars, précisant : « Mon mari est un homme qui dispose d'une immense fortune personnelle. » Pour parfaire sa vengeance, elle partit avec l'objet auquel Hammer tenait probablement le plus au monde : une vieille lettre jaunie, rédigée de la main même de Lénine et adressée « au camarade Hammer », le seul témoignage écrit de ses liens passés avec le défunt leader de la révolution. Lorsque son ex-femme mourut en 1965, Hammer engagea plusieurs avocats et détectives pour tenter de retrouver ce document. Sans succès. Probablement avait-il été détruit.

En 1955, il rencontre une femme extrêmement riche, Frances Barrett Tolman, une ancienne cliente de sa galerie new-yorkaise. Ils se marièrent en juillet 1956 et partirent s'installer non loin de Hollywood. Hammer songeait alors à prendre sa retraite, à « mener une existence aussi calme que le Pacifique au coucher du soleil », et à trouver des placements sûrs pour la fortune qu'il venait de réaliser grâce à la vente de son élevage et de ses distilleries. Il apprit qu'il était possible d'investir dans l'industrie pétrolière en bénéficiant d'avantages fiscaux. S'il arrêta très vite son choix sur Occidental, il refusa d'abord de l'acheter, fût-ce au prix dérisoire de 18 cents l'action. Il commença par consentir un prêt de 120 000 dollars pour de nouveaux forages. Il jugea le test suffisamment concluant pour se décider, ce samedi 17 mars, à téléphoner à son avocat et à hâter les choses.

A compter de ce jour, Hammer travailla à développer cette affaire en déployant une énergie qui ne se relâchera jamais. Groman est le premier à en faire l'expérience. Le lendemain de leur rencontre au Wilshire Hotel, Hammer lui téléphone : « Arthur, voudriez-vous effectuer une petite promenade avec moi ? » L'invitation a le ton d'une injonction et, peu après, les deux hommes roulent vers le sud de Los Angeles, en direction d'une banlieue, Halfway, où est situé le principal forage d'Occidental. A un moment donné, Hammer s'arrête devant un drugstore, s'y engouffre sans mot dire, et en ressort muni d'un appareil photo à bon marché : « Je vais prendre quelques clichés : je n'ai encore jamais vu de champ de pétrole. »

Ils arrivent bientôt devant une étroite bande de terre coincée entre deux dépôts où trois petits derricks extraient avec peine quelque 100 barils par jour. A la stupéfaction de Groman, qui trouve la réalité encore plus consternante que ce qu'il redoutait, Hammer paraît ravi et prend cliché sur cliché. Nul témoin n'aurait pu alors deviner que l'homme d'affaires, par-delà ce présent dérisoire, se représentait déjà un proche avenir aussi stupéfiant que mouvementé.

La Première Guerre mondiale avait rendu les gouvernements occidentaux douloureusement conscients de l'importance du pétrole pour leur survie. « Le pétrole est aussi nécessaire que le sang », avait déclaré Clemenceau, et Foch d'affirmer : « Il nous faut du pétrole ou nous perdrons la guerre. » Lord Curzon, dans une formule souvent reprise par les pétroliers eux-mêmes, devait renchérir : « Les Alliés voguèrent vers la victoire sur une vague de pétrole. » Les Allemands en manquaient désespérément. Les Britanniques disposaient en revanche des gisements perses, grâce à la British Petroleum. Mais la plus grande source d'approvisionnement restait encore l'Amérique, qui fournissait aux Alliés 80 % de leur consommation totale.

Au fil des années, l'extraordinaire essor de l'économie occidentale accoutuma à l'idée que le pétrole à bas prix était quelque chose d'aussi naturel que la gratuité de l'air ou de l'eau. Nul n'aurait pu alors soupçonner la formidable dépendance de nos sociétés dévoreuses d'énergie. La majeure partie des approvisionnements s'effectuaient à partir d'une zone où les coûts d'extraction étaient si peu élevés que cette matière première méritait bien son appellation d'« or noir ».

Les gigantesques profits réalisés alors par les grandes compagnies masquaient le fait que celles-ci prospéraient dans des zones qui étaient de véritables poudrières : le Proche-Orient et le golfe Persique. Le 29 avril 1951, le docteur Mossadegh, porté au pouvoir à Téhéran, prend la tête d'un gouvernement de Front national et fait voter à l'unanimité la nationalisation de l'Anglo-Iranian Oil Company. Tous les champs pétrolifères reviennent désormais à l'Iran et cette décision met fin à une domination britannique sans partage de près d'un demi-siècle. Le renversement de Mossadegh en 1953, par les effets conjugués d'un blocus et de l'action de la C.I.A., ne saurait dissimuler, comme le reconnaît le président de la B.P., Sir Francis Drake, « que la marée du nationalisme commence à monter et qu'on ne pourra l'endiguer que l'espace de quelques années encore ». Un dirigeant égyptien résume alors par une métaphore la perception arabe de la situation : « L'impérialisme est une vache au très long corps ; sa tête se trouve au Moyen-Orient, où elle se nourrit ; ses pis en Amérique, où on la trait de son pétrole. »

Ce climat d'hostilité envers l'Occident s'exacerbe en 1956 lors de la désastreuse expédition franco-britannique sur Suez. Le Premier ministre anglais, Anthony Eden, a appuyé à fond cette intervention, arguant de la protection des intérêts britanniques dont le pétrole est de loin le principal : il représente alors les deux tiers du trafic du canal. L'action des parachutistes britanniques et français renforce, à travers les pays arabes, la conviction déjà largement répandue que les peuples de cette partie du monde sont exploités par les grands trusts pétroliers et que nombre de gouvernements locaux ne sont que leurs laquais. L'expédition de Suez, qui se déroule alors même que Hammer prépare son entrée dans le club fermé des grands du pétrole, a aussi pour effet de rendre les compagnies plus conscientes de l'ascendant qu'elles doivent prendre sur leurs propres gouvernements. Deux ans après l'affaire, la Shell poursuit ses activités en Egypte sous le signe de l'amitié, alors que les relations entre Le Caire et Londres sont toujours suspendues.

Les années 1957-60 sont marquées par une croissance vertigineuse de la consommation d'énergie aux Etats-Unis, qui a presque triplé en une seule décennie. Rythme de la production industrielle et hausse du niveau de vie engendrent un accroissement sans précédent des besoins. Plus de 130 millions de véhicules sont désormais immatriculés en Amérique, caractérisés par une augmentation de puissance moyenne de 300 % en dix ans.

A Los Angeles, Hammer est seul, dépourvu d'expérience, et les professionnels n'auraient pas parié un dollar sur ses chances de succès. Il se met en quête d'un homme dont le profil doit satisfaire à des conditions telles qu'il en devient un animal quasi mythique : il est en effet censé faire preuve d'assez d'audace pour accepter de s'engager dans une lutte sans merci avec les grands du pétrole ; posséder une expérience sans faille du travail pétrolier, doublée d'un instinct qui lui permette de forer juste, au bon endroit, sans perte de temps ni coûts supplémentaires. Ce personnage rarissime existe : il s'appelle Eugen Reid ; en quarante années de métier, il a foré plus de 10 000 puits.

Hammer le contacte alors que les travaux de forage au Texas et en Californie sont en chute libre. Gorgées de pétrole à bon marché, extrait à des coûts dérisoires au Proche-Orient, les compagnies refusent désormais de s'engager dans des investissements élevés de prospection et de forage pour un pétrole américain dont le prix dépasse celui du marché mondial. Contre 160 000 actions d'Occidental, Reid rejoint Hammer.

Les locaux de la société, installés sur Beverly Boulevard, à l'ouest de Hollywood, sont si exigus que, lorsque Hammer préside une réunion de direction dans son bureau, certains participants doivent s'installer jusque dans le couloir...

Reid développe avec un certain succès les activités d'exploration, mais Occidental reste une petite affaire et l'image de Hammer semble peu à peu virer au gris, la teinte caractéristique des *loosers* (perdants).

Le premier tournant, en 1961, est marqué par la découverte de gaz à Lathrop, à l'est de San Francisco, près de la vallée de San Joachim. L'emplacement avait été abandonné par la Standard Oil of California et Texaco, mais Reid connaissait un géologue attaché à l'une de ces compagnies, furieux que les recherches fussent abandonnées et toujours convaincu que la nappe existait bel et bien. Occidental s'installa à

900 mètres des forages délaissés par Texaco et creusa à une profondeur supérieure de 1 200 mètres à celle de ses concurrents. Le gaz était là, et il s'agissait même du plus important gisement jamais découvert en Californie.

Désormais, Occidental est devenue crédible ; il ne s'agit plus seulement du caprice d'un homme âgé soucieux de trouver des commodités fiscales, mais d'une firme pourvue d'un confortable *cash-flow*. Une généreuse politique de distribution d'actions transforme une douzaine de cadres de la firme en millionnaires : « Traitez bien les gens, dit Hammer, et ils travailleront comme si leur vie en dépendait. » La justesse de sa méthode a tôt fait d'être démontrée : avec un mélange d'enthousiasme et de rapacité, ses collaborateurs agissent en véritables commandos, s'abattant sur les gisements abandonnés ou négligés, secouant la torpeur qui berçait jusqu'alors la prospection pétrolière.

En 1962, un jeune géologue d'Occidental espionne ainsi depuis plusieurs semaines les opérations de forage de la Shell dans une zone proche de Sacramento, au nord de la Californie. Un vendredi soir, alors que toutes les équipes ont déjà quitté leur travail, il voit une flamme jaillir sur le site, révélant la présence de gaz. Il court téléphoner à Hammer et tous deux réveillent le responsable local du cadastre qui, après une laborieuse négociation, accepte de leur livrer les noms des propriétaires de toutes les terres entourant le gisement. Du samedi matin au dimanche soir, Hammer les rencontre un à un et rachète leur terrain, neutralisant la Shell et ses concurrents qui avaient nonchalamment laissé passer le week-end avant d'agir.

Hammer, qui aime aussi passionnément le pouvoir qu'il déteste les confidences, ne s'ouvre jamais de ses projets ou de ses décisions, hormis à un seul homme : Maury Leibowitz, titulaire d'une chaire de psychologie à l'université de Californie du Sud. Leibowitz n'a jamais appartenu à l'état-major d'Occidental et se refuse à toute activité qui le mettrait en avant, mais il est probablement le seul individu capable de susciter quelque épanchement de la part de

Hammer. Pour lui, « le docteur a une impressionnante capacité à assimiler tous les faits, à en percevoir toutes les nuances intellectuelles et émotionnelles, sur lesquelles il fondera son jugement. Il lit toutes les notes, dissèque les données, les myriades de détails qui les composent, et, quand vient le moment de prendre une décision importante, tout cela lui permet de faire la différence entre un succès et un échec ». Aux yeux de Leibowitz, soudain lyrique, Hammer est « doué d'une perception suraiguë que bien peu de gens possèdent. Il vit constamment avec la chance, il la courtise, elle le séduit, quelquefois même il lui fait l'amour. Bref, ils ont ensemble une relation tout ce qu'il y a de satisfaisant... »

Négligeant parfois l'immédiat, sachant agir à contre-courant, il parie sur les besoins à venir, les pénuries prévisibles. Il rachète la plus grosse société de production et de traitement du soufre, Jefferson Lake ; un partenaire financier, banquier à Wall Street, lui téléphone aussitôt, consterné : « C'est un accord absurde. Le soufre ne vaut rien à l'heure actuelle. » Hammer lui réplique qu'il s'agit d'un « marché cyclique, aux potentialités énormes ». Deux ans plus tard, les cours crèvent tous les plafonds. Mais Hammer ne témoigne pas d'un sentiment aigu de la nostalgie ; dans la corbeille de rachat se trouvait aussi une mine d'amiante qu'il revend pour un dollar : « Aucun avenir dans ce secteur », décrète-t-il.

Il achète une société de phosphates en Californie, des dépôts pour les stocker, et les revend quelques années plus tard au chah d'Iran. Le gaz naturel qu'il extrait permet de fabriquer de l'ammoniac. En 1963, il se porte acquéreur d'une firme de fertilisants, puis d'une seconde. En 1964, il possède le premier groupe mondial dans ce secteur. Vis-à-vis des réalités objectives du marché, personne ne discerne alors le bien-fondé d'un tel investissement. Mais, depuis sa première rencontre à Moscou avec Khrouchtchev, Hammer sait que les besoins soviétiques en ammoniac vont prendre une ampleur insoupçonnée. En 1966, Occidental réalise des ventes annuelles pour un montant de 650 millions de dollars, contre moins de 120 000 dollars lors de son rachat en 1956. C'est alors essentiellement une compagnie de fertilisants ; gaz et pétrole ne représentent qu'un peu plus de 10 % de son chiffre d'affaires.

Mais vendre aux Soviétiques implique que les banques américaines leur octroient des crédits. Or l'affaire de la Baie des Cochons, en 1962, durcit encore l'attitude de l'administration Kennedy à l'égard de Moscou. Occidental se tourne vers les banques britanniques pour négocier les lignes de crédit nécessaires. La chute de Khrouchtchev gèle bientôt les transactions.

C'est alors que Hammer va suivre le conseil que lui a prodigué l'un de ses amis, petit homme au visage triste, détenteur d'une des plus grosses fortunes de la planète, Paul Getty : « Pour être quelqu'un dans le monde du pétrole, il faut avoir un pied au Moyen-Orient. »

Au cœur de Manhattan, un building gris et effilé de quatre-vingts étages porte le sigle discret d'Exxon, première compagnie mondiale avec 42 milliards de dollars de chiffre d'affaires. Au 25e étage est installé le cerveau électronique de la firme où s'inscrivent les mouvements de ses gigantesques cargaisons : une batterie d'écrans de télévision, reliés à deux ordinateurs géants et à d'autres terminaux situés à Houston, Londres et Tokyo, forme le système Logics. On y enregistre la progression des 500 navires Exxon qui partent de 115 ports de chargement vers 270 destinations et emportent dans leurs soutes 160 variétés différentes de produits pétroliers Exxon que se partagent 65 pays.

Sur l'autre rive de l'Atlantique, à Londres, au bord de la Tamise, l'emblème d'une puissance comparable : le siège du groupe anglo-hollandais Royal Dutch Shell. La majorité du personnel se trouve regroupée dans les quartiers généraux de Londres et de La Haye. Pourtant, la firme réalise la plus grande partie de son chiffre aux Etats-Unis. En 1965, le président du numéro deux du pétrole, Sir David Barran, estimait que, « plus que toute autre, notre compagnie est internationale, au point que rien ne peut arriver dans une quelconque partie du monde sans que nos intérêts en soient affectés ».

Sept compagnies de taille et d'organisation à peu près analogues détiennent alors un contrôle absolu du marché pétrolier. Surnommées « les Sept Sœurs », ou encore les « Majors », elles ont acquis force et prospérité en dépassant le stade de l'économie de marché et le phénomène de la concurrence.

Ce cartel qui a tissé à travers le monde un dense réseau d'arrangements secrets, fixant les prix et les niveaux de production, manifeste néanmoins, au début des années 60, des signes de vulnérabilité. Ce qui est alors en cause ? La capacité des hommes placés à la tête de ces firmes d'assurer une direction efficace. Gestionnaires sortis du rang, ayant patiemment gravi tous les échelons de la hiérarchie, ils adoptent une attitude de plus en plus défensive, terrifiés à l'idée qu'une initiative hardie, émanant d'une société ou d'un pays quelconque, puisse se répercuter sur les autres. Dès 1953, un rapport secret transmis au Département d'Etat soulignait que « le désir de *statu quo* des compagnies pétrolières révèle des signes de sénescence ; elles ne montrent plus l'attitude combative des anciens dirigeants qui s'arrogèrent des concessions dès les premiers âges de cette industrie. Peut-être faut-il craindre pour elles la fin ignominieuse des espèces inadaptables, comme celle du dinosaure, enlisé dans la boue quand vint à changer le climat du globe [1] ».

L'audace est alors du côté des producteurs indépendants qui, en prenant pied au Moyen-Orient, ouvrent de nombreuses brèches dans le dispositif mis en place par les « Sept Sœurs ». Ces nouveaux venus deviennent les alliés objectifs des pays producteurs en contribuant à tourner les diktats des grandes compagnies sur les prix et les niveaux de production.

Le pays où se déroule l'affrontement décisif est la Libye. Dès son accession à l'indépendance en 1951, Tripoli décide que son pétrole ne sera pas monopolisé par les Majors. « Nous étions pressés de découvrir du pétrole, explique l'ancien ministre des Hydrocarbures, Fouad Kabazi. Voilà pourquoi, au commencement, nous avons préféré les indépendants : parce qu'ils avaient très peu d'intérêts pétroliers dans l'hémisphère occidental en dehors de la Libye. »

Le pétrole libyen fournit à ces indépendants l'occasion de s'implanter en Europe et d'entrer en compétition avec les « Sœurs » sur leurs propres réseaux commerciaux. En 1957, la surproduction commençait déjà à peser sur les prix ; au début des années 60, le pétrole libyen ne fait qu'accentuer cette pression. Peu coûteux à produire, il est en outre de haute qualité, peu chargé en soufre, et se trouve à proximité des marchés européens. Les indépendants peuvent se permettre de le vendre meilleur marché que les grandes compagnies, tout en réalisant de substantiels bénéfices. Ils s'activent d'autant plus fébrilement à écouler leur pétrole du Moyen-Orient en Europe et au Japon que l'accès de l'Amérique commence à leur être interdit.

Le vieux roi Idriss de Libye avait déclaré : « J'ouvre les portes de mon royaume à tous, afin que les grandes compagnies ne soient pas en mesure de dominer ce pays comme elles l'ont fait si longtemps dans la région du Golfe. » Mais Idriss déteste le pétrole et, presque chaque matin, marchant sur la plage en compagnie de sa jeune épouse, il pose un regard consterné sur le sable noirci par le liquide échappé des tankers qui chargent à quelques kilomètres plus au nord, dans le port de Tobrouk. Pourtant, un homme vient un jour et gagne sa sympathie. Cet Américain déjà âgé, au ton décidé, promet de transformer en oasis le lieu désertique — Kufra — où est né le souverain et où se trouve toujours le tombeau de son père vénéré.

La naïveté du vieil homme de la dynastie Senoussi n'a d'égale que la corruption qui règne alors autour de lui parmi sa cour. Les sommes énormes qui passent des caisses des compagnies pétrolières dans les poches des ministres et courtisans semblent relever d'une procédure quasi « ordinaire ». « Si quelqu'un pense que nous nous écartions des méthodes habituellement en vigueur dans l'industrie pétrolière, souligne le responsable d'une de ces compagnies, il se berce d'illusions ! » Pour de nombreux opérateurs agissant alors en Libye, cette vénalité était endémique : « Les pressions s'exerçaient de partout. Si, par exemple, le beau-frère de votre associé local était fonctionnaire des douanes et que vous aviez besoin de certains équipements, il n'y avait qu'un seul moyen pour accélérer les choses... »

En février 1968, Occidental reçoit deux des concessions les plus convoitées ; pour la première, qui porte le numéro 102, elle l'emporte sur six autres compagnies ; pour la seconde, le numéro 103, seize compagnies étaient en compétition. « Si je l'ai emporté, prétend Hammer, c'est parce que j'étais le plus réceptif à l'amour-propre libyen. Ainsi, j'ai présenté mon offre sur un parchemin en peau de mouton entouré d'un ruban aux couleurs rouge, vert et noir du drapeau libyen... » L'extrême « sensibilité » de Hammer à l'amour-propre libyen a-t-elle pris d'autres formes ? Plusieurs anciens responsables d'Occidental, mêlés aux négociations, ont indiqué que des transferts de fonds auraient été effectués sur des comptes numérotés dans des banques suisses au bénéfice de membres influents de l'entourage du roi Idriss. Leur montant aurait atteint, selon eux, les 8 millions de dollars. Le principal bénéficiaire en aurait été Omar Shalhi, ministre de la Cour, dont la réputation d'affairisme était bien connue dans les milieux pétroliers. Il se serait vu garantir 2,7 % sur tous les profits réalisés, mais Hammer, quant à lui, a toujours nié ces pratiques, qualifiant de telles rumeurs de « ragots de bar ».

Pour préparer son implantation en territoire libyen, Hammer s'est choisi dès 1964 un poste avancé en Europe, à Londres : ce n'est autre que son appartement à l'Hôtel Claridge. Là, il rencontre des officiels arabes, des investisseurs occidentaux, des intermédiaires et, parmi ceux-ci, certains individus extrêmement troubles. Il semble qu'il ait ainsi été en contact avec le général Rovin, qui avait alors ses petites et grandes entrées à Tripoli. Rovin était un ancien nazi, et Hammer n'a jamais nié lui avoir versé 200 000 dollars, ajoutant toutefois qu'il rompit avec lui dès qu'il eut connaissance de son passé.

L'ampleur des sommes dépensées par le président d'Occidental avant même que ne commencent les premiers travaux d'exploration suffit alors à inquiéter certains de ses actionnaires ou partenaires éventuels. Une des plus grosses sociétés d'investissement de Wall Street, Allen and Company, recula au dernier moment devant les risques. Elle fit valoir que deux compagnies pétrolières américaines venaient de dépenser plus de 50 millions de dollars chacune en recherches sur des concessions libyennes, sans avoir trouvé un seul baril de pétrole. Hammer resta inébranlable et déclara qu'il assumerait seul tous les risques financiers. Ses équipes, dotées d'un matériel ultra-moderne de plusieurs millions de dollars, furent installées sur les concessions : 4 500 km^2 d'un désert inhospitalier, balayé par le vent, dans le bassin de Syrte, à 150 kilomètres du littoral méditerranéen.

« Au fond, confie Hammer, rien n'est vraiment difficile dans l'industrie pétrolière, jusqu'au moment où vous commencez à forer. Chaque forage coûte entre deux et trois millions de dollars et là, il faut vraiment du courage pour continuer lorsque les premières explorations se révèlent infructueuses. » Au bout de trois mois, Occidental avait dépensé plus de vingt millions de dollars, sans résultat, et Hammer, circulant constamment entre Londres, Los Angeles et Tripoli, devait affronter une situation de plus en plus difficile et tendue. Son conseil d'administration, voyant se profiler la menace d'une faillite, voulait l'écarter et Eugen Reid lui-même, l'expert pétrolier, manifestait son découragement : « La Libye est un terrain de jeu réservé aux grands garçons ; nous sommes trop petits pour y avoir notre place. »

Hammer ne répondit pas à ce constat désabusé. Bien que désavoué par tous, il donna l'ordre de poursuivre les recherches. Comme un chef d'état-major rassemblant les débris de ses troupes pour un ultime assaut, il fit porter tous les efforts sur une portion de la concession qui avait été jadis explorée sans succès par la compagnie Mobil.

A Wall Street, l'action d'Occidental s'effondrait, s'échangeant au prix dérisoire de 90 cents.

Sur le nouveau site, une zone rocheuse est percée ; la nappe sous-jacente contient tant de pétrole qu'il aurait pu jaillir indéfiniment, sans recours aux pompes. Un seul de ces puits produisait au minimum 72 000 barils par jour d'une qualité parfaite. Neuf puits furent ainsi creusés.

Hammer apprit la nouvelle par téléphone alors qu'en déplacement à Dallas il traversait le hall de son hôtel. Il annula tous ses rendez-vous et s'envola à bord de son jet *Gulf Stream* pour Tripoli. Quand il se posa sur l'aéroport de la capitale libyenne, il eut confirmation de ce qu'il avait seul toujours cru : il possédait l'un des plus importants gisements pétroliers du monde, dont étaient quotidiennement extraits plus de 500 000 barils. Après avoir félicité son équipe, il se tourna vers Eugen Reid, le visage glacial : « Vous voyez, nous aussi sommes devenus de grands garçons. »

Pour fêter cette découverte, il organisa en plein désert une immense réception à laquelle furent conviées plus de huit cents personnes : tous les dignitaires libyens, l'ensemble du corps diplomatique, plusieurs sénateurs et ministres américains. Des avions spéciaux acheminèrent d'Europe les fleurs et la nourriture, tandis qu'un bâtiment équipé de l'air conditionné était spécialement construit pour abriter durant ces quelques heures le roi Idriss. Cette gigantesque *party* coûta à Hammer près d'un milliard de centimes, investissement somme toute dérisoire face aux perspectives de profits qui s'offraient à lui.

Hammer donna au gisement le nom du roi Idriss et celui-cì, en échange, voulut que Kufra, son lieu de naissance, qui allait être transformé en oasis, portât désormais le nom de Hammer. L'homme d'affaires déclina habilement « un tel honneur »...

Il possédait désormais des réserves pétrolières supérieures à celles des puissances de l'Axe (Japon, Allemagne, Italie réunis) durant la Seconde Guerre mondiale. Peu après, l'action d'Occidental, suivant une trajectoire digne d'une comète, passait de 90 cents à 100 dollars. Toute défiance envolée, Wall Street faisait de la firme californienne un de ses placements préférés.

La consternation des Majors devant ce coup de poker réussi se transforma bien vite en une irritation que l'ambassadeur américain à Tripoli formula en recourant à un délicieux euphémisme : « Je pense qu'il n'est pas trop excessif de dire que l'irruption d'Occidental sur la scène libyenne n'a pas été chaudement accueillie par l'ensemble des autres compagnies. »

Quelques mois plus tard, la guerre des Six Jours et la fermeture du canal de Suez allaient décupler les atouts stratégiques que détenait Hammer. Des pays comme la Grande-Bretagne ou l'Allemagne de l'Ouest disposaient à peine de huit à dix semaines de stocks. Les cargaisons en provenance du Golfe mettaient désormais plus d'un mois pour parvenir à destination, et la Libye, située face à l'Europe, devenait une source d'approvisionnement vitale.

Hammer s'engagea aussitôt dans la construction d'un pipeline courant sur plus de 170 kilomètres à travers le désert et pouvant acheminer quotidiennement plus d'un million de barils de ses champs de pétrole aux ports libyens. Un projet d'une telle ampleur eût normalement nécessité plus de trois années de travail. Il fut achevé en onze mois grâce aux efforts d'un des partenaires, Stephen Bechtel, propriétaire et président de la plus importante société mondiale de grands travaux.

Bechtel Corporation, basée à San Francisco, est une des firmes les plus secrètes et les plus puissantes des Etats-Unis. D'après les conclusions d'une commission d'enquête du Sénat, « rares sont les forces non naturelles qui ont modifié aussi radicalement la physionomie de cette planète que Bechtel ». L'immense pont qui enjambe San Francisco, le Bay Bridge, les pipe-lines en Alaska et en Arabie Saoudite, les bases américaines au Vietnam, les équipements des jeux Olympiques, la plus grande centrale nucléaire américaine comptent parmi les réalisations de cette firme qui, associée de nouveau avec

Hammer, allait jouer un rôle décisif dans la coopération économique avec l'Est, tout en exerçant une influence politique majeure.

Jusqu'en 1982, le président de Bechtel fut George Shultz, l'actuel secrétaire d'Etat ; son directeur général Caspar Weinberger, actuel secrétaire à la Défense ; l'un de ses consultants Philip Habib, longtemps négociateur américain au Moyen-Orient. Warren Bechtel, fondateur de la société, dont la devise reste : « Construire n'importe quoi, n'importe où, n'importe quand », mourut en 1933 en Union Soviétique en inspectant un gigantesque barrage hydro-électrique qu'il venait d'édifier. Son fils Stephen et Hammer partagent l'un comme l'autre le même goût du secret : aucune révélation, peu d'informations. Tous deux ont placé à la tête des services de sécurité de leur empire des spécialistes du renseignement : un ex-directeur adjoint de la C.I.A. pour Bechtel, l'ancien chef des services secrets de la Maison Blanche pour Hammer...

Désormais, l'axe du rapport des forces économiques passait par le Moyen-Orient, et une main suffisamment puissante pouvait faire pencher la balance. « Cette main, confiait un rapport du Pentagone transmis en 1968 à Lyndon Johnson, est celle d'Armand Hammer. »

L'industrie pétrolière, déjà prospère, traversait alors une période particulièrement faste puisque, de 1967 à 1972, les profits nets des sept premières compagnies américaines allaient dépasser les 44 milliards de dollars. Dans le même temps, les « hasards » d'une fiscalité favorable leur permirent de ne payer que 2 milliards de dollars d'impôts... En l'espace de moins de vingt mois, Occidental passa à une taille sept fois supérieure et devint la huitième compagnie mondiale, ses ventes annuelles dépassant les huit milliards de dollars.

Hammer utilisa aussitôt les bénéfices réalisés pour consolider et diversifier son groupe. Il acheta en 1968 plusieurs centaines de millions de tonnes de phosphates à un moment où le marché était saturé. La tonne s'écoulait alors entre 20 et 40 cents. « J'ai cinquante-six ans d'expérience des affaires, dit-il à ceux qui le mettaient en garde, et je sais que les choses ne restent jamais en l'état. » Six ans plus tard, la tonne de phosphates valait 86 dollars.

Il rachète également pour 150 millions de dollars Island Creek Coal, troisième producteur américain de charbon, ainsi que Hooker Chemical, un des plus puissants groupes chimiques mondiaux avec 2 milliards de dollars de ventes annuelles. Dans le même temps, il devient propriétaire, en plein cœur du Colorado et de l'Utah, des plus importants gisements mondiaux de schistes bitumineux, représentant une fois et demie les réserves mondiales reconnues de pétrole. La même année, associé à Lord Thomson, l'homme d'affaires canadien, propriétaire du *Times,* il prend le contrôle de deux des principales zones pétrolifères de la mer du Nord, Piper et Claymore, au large des côtes d'Ecosse. « La conclusion de l'accord fut digne d'*Helzapoppin,* se rappelle un témoin. Au bout de plusieurs heures, les deux hommes sortirent du bureau directorial de Thomson, au siège du *Times,* ravis et volubiles. Ils partirent déjeuner à pied et choisirent de s'arrêter dans un petit restaurant populaire. Au moment de payer, Thomson dut appeler son bureau. Ils avaient sur eux moins d'une livre à eux deux. »

Les gisements écossais produisirent bientôt dans les 348 000 barils par jour, auxquels vinrent s'ajouter un an plus tard, en 1969, 132 000 barils extraits quotidiennement du Pérou. Hammer avait en effet appuyé le coup d'Etat qui, en 1968, avait porté au pouvoir à Lima des militaires « progressistes » dont la politique étrangère fut très vite marquée par un net rapprochement avec Moscou. Il transféra à l'intention du nouveau gouvernement 25 millions de dollars sous forme de dépôts dans des banques péruviennes. Dix-neuf compagnies avaient déjà investi plus d'un milliard de dollars sans trouver de pétrole ; Hammer obtint une gigantesque concession en plein cœur du bassin amazonien, et quarante-trois des quarante-sept forages effectués en pleine jungle se révélèrent profitables.

Encore une fois, il avait suivi la stratégie qui lui avait si bien réussi par le passé : débaucher certains collaborateurs de firmes concurrentes, glisser ses pas dans ceux d'autres compagnies, notamment Texaco qui accusa devant la justice Occidental « de chercher à s'approprier des secrets industriels touchant l'exploration de certaines zones pétrolières ». Cette procédure fut engagée après la découverte de gisements grâce aux recherches menées par deux anciens géologues de Texaco passés à Occidental et qui concentrèrent leurs forages sur une zone proche de la frontière équatorienne, là où Texaco avait déjà effectué plusieurs tentatives infructueuses.

Hammer la Chance ? Voulant probablement conférer à ses activités une dimension esthétique, il prétend secréter lui-même chaque fois cette chance : « Tout le monde connaît les règles et chacun peut les suivre. Pourquoi si peu réussissent ? »

Pourtant, à l'automne 1969, un événement va contribuer à déstabiliser les milieux pétroliers et à créer un trouble profond en Occident. Il trouve en partie son origine dans un épisode remontant à deux ans plus tôt, en 1967 à Londres, et raconté à Leonard Mosley par le cheik Ahmed El Abah, du sultanat d'Oman.

Quatre mois après la fin de la guerre des Six Jours, un taxi s'arrêta à Park Lane devant un luxueux restaurant à la mode, « Les Ambassadeurs ». Quatre jeunes gens en descendirent, dont deux Arabes. Ils montèrent au premier étage où une salle accueillait des joueurs disposés à miser gros, plus même qu'à Monte-Carlo. A un moment donné, l'un des Arabes s'arrêta, stupéfait, devant une table : « Mais je connais cet homme, avec qui joue-t-il ? »

Le joueur auquel il s'intéressait était un armateur grec bien connu, son partenaire un des plus proches conseillers du roi de Libye. Durant l'heure qui suivit, le jeune Arabe ne quitta pas des yeux les deux hommes, et ces moments allaient modifier radicalement le cours et le sens de son existence.

En soixante minutes, les deux joueurs perdirent plus de 150 000 livres. Quand ses compagnons voulurent l'entraîner, le jeune Arabe se dégagea violemment : « Laissez-moi les regarder, dit-il d'un air farouche. Quelle pourriture ! D'abord ils nous volent, ensuite voilà ce qu'ils font de notre argent. »

Le jeune Libyen scandalisé s'appelait Mohammed Al Kadhafi. Deux ans plus tard, il prenait le pouvoir à Tripoli [2].

X

« J'ai vécu et grandi parmi les Bédouins, les nomades, sous la tente, et j'ai connu les difficultés quotidiennes d'une société archaïque. » Raide, les yeux mi-clos, le chef de la révolution libyenne, vêtu d'une djellaba bleue, se tient assis derrière son bureau, dans une pièce aux murs blanchis, au cœur d'une caserne sévèrement gardée. Son débit est haché, ses souvenirs précis : « Les événements qui m'ont le plus marqué : l'agression franco-britannique contre l'Egypte en 1956 ; la révolution algérienne ; mais, surtout, je fais partie d'une génération qui a ouvert les yeux sur la politique avec Nasser. Aucun doute là-dessus. Il exprimait fidèlement notre combat, nos aspirations à la liberté et à l'unité du monde arabe. Je ne l'ai rencontré qu'en octobre 1969, un mois après notre révolution. »

L'Egypte fut le premier pays à apprendre le renversement du roi Idriss, le 1er septembre 1969, et son remplacement par une équipe de jeunes officiers avec à leur tête le colonel Kadhafi. Le monde entier ignorait encore quels étaient les objectifs de « ces hommes sauvages », comme allait les qualifier un journal américain. Gamal Abdel Nasser dépêcha à Tripoli son confident Mohammed Heikal.

Dans son luxueux appartement du Caire, face au Nil, à côté de la résidence de l'ambassadeur d'U.R.S.S., Heikal, trapu, vêtu avec élégance, le regard vif, évoque ces moments :

« Au début, l'événement parut prometteur aux Soviétiques, mais bientôt Kadhafi sembla passer de plus en plus de temps à attaquer l'U.R.S.S. et le communisme. Léonid Brejnev était déconcerté, inquiet, et il nous confia : " Nous ne le connaissons pas, nous ne l'avons jamais rencontré ; nous n'avons donc rien contre lui. Aussi je ne comprends pas pourquoi il s'en prend aussi bien au communisme qu'à l'Union Soviétique. Il multiplie les cadeaux à la presse bourgeoise mondiale [1]... " »

Une chose paraissait néanmoins tout à fait claire dans l'attitude des nouveaux dirigeants libyens : leur volonté d'utiliser le pétrole comme une arme contre Israël et contre l'Occident. Certains d'entre eux connaissaient parfaitement les rouages du monde pétrolier, tel le Premier ministre Suleiman Maghrabi, diplômé de l'université de Washington et qui avait travaillé au contentieux d'Exxon avant d'être jeté en prison en 1967 pour avoir organisé une grève des travailleurs du pétrole. Pour cette génération de « leaders arabes », les concessions appartenant aux compagnies étaient autant d'enclaves occidentales confisquant à leur pays les profits tirés de l'or noir. « Ce qui m'a toujours le plus frappé, confia l'un de ces dirigeants, c'est le contraste entre cette énorme richesse qui jaillissait de terre et se faufilait comme clandestinement, dans des oléoducs enfouis dans le sol, vers les ports d'exportation, et l'état de misère et de dénuement des villes et des populations environnantes. »

Passé le premier moment d'inquiétude, les états-majors des grandes sociétés misèrent sur l'inexpérience de Kadhafi face aux réalités internationales... et sur sa déstabilisation rapide. Le roi Fayçal d'Arabie Saoudite confia à Idriss, exilé en Turquie : « Ne vous inquiétez pas, vous serez bientôt de retour. Les Américains y veilleront ; ces jeunes gens sont allés trop loin. »

Kadhafi n'allait pourtant pas tarder à montrer son réalisme et ses talents de négociateur. Aux vingt et une compagnies installées en territoire libyen, il déclara que, si elles n'acceptaient pas une augmentation des prix, il prendrait des mesures unilatérales. Pour prouver sa détermination, balayant ses récentes diatribes contre le communisme, il prit contact avec Moscou afin d'envisager de fournir du pétrole libyen aux pays de l'Est.

Le premier affrontement eut lieu avec Exxon. Les Libyens réclamaient une augmentation de 40 cents par baril, revendication qui n'avait rien d'excessif étant donné la qualité de leur pétrole. L'état-major d'Exxon refusa d'aller au-delà de 5 cents.

Les dirigeants des compagnies paraissaient unis dans la même intransigeance : maintenir un front sans faille et ne rien céder sous peine de devoir affronter une cascade de demandes d'augmentations présentées par d'autres pays producteurs, gagnés par la contagion libyenne.

Kadhafi concentra alors sa pression sur la compagnie la plus récemment installée, mais aussi la plus vulnérable : Occidental. Celle-ci dépendait avant tout du pétrole libyen. Psychologiquement aussi, le calcul se révéla bon, car le « docteur » Hammer était si détesté de ses confrères qu'on pouvait raisonnablement penser que ceux-ci ne se précipiteraient pas à son secours.

Plusieurs responsables d'Occidental à Tripoli furent arrêtés et la compagnie reçut l'ordre de réduire sa production de 800 000 à 425 000 barils par jour.

Officiellement, il s'agissait d'une mesure de conservation : la compagnie pompait en effet à une cadence que de nombreux experts considéraient comme préjudiciable aux gisements. Le véritable objectif était en fait de contraindre la société à accepter de payer son pétrole plus cher.

Les effets se firent rapidement sentir. Les raffineries que Hammer venait d'acheter en Angleterre ne disposaient d'aucune autre source de brut et l'action d'Occidental commençait à vaciller sur les marchés internationaux. Hammer était traqué. Ce pétrole, c'était son sang, et il était en train de s'en vider rapidement.

Au début de 1970, il effectua un voyage au Caire et rencontra secrètement Nasser dans sa résidence d'été, non loin du barrage d'Assouan. Il souhaitait que le « père spirituel » de Kadhafi intervînt auprès de son « disciple » et obtînt qu'il assouplisse ses exigences.

Les résultats furent nuls, et Hammer, selon certaines sources, serait alors entré en relation avec les responsables de la C.I.A., afin de proposer le financement d'un coup d'Etat contre le régime de Tripoli. Bechtel, Hammer et la centrale américaine auraient au demeurant collaboré à plusieurs reprises durant l'affaire libyenne. Jusque dans les moments les plus difficiles, la C.I.A. aurait conservé à Tripoli deux agents travaillant officiellement comme managers de Bechtel et censés assurer des transferts de fonds pour Occidental. Le projet de complot — que Hammer a toujours nié — aurait été abandonné ou bien éventé : il est difficile de le savoir avec précision. Mais ses échos seraient parvenus jusqu'à la radio soviétique « Paix et Progrès », d'habitude si louangeuse à l'égard de Hammer, qui cette fois le dénonça : « Occidental a offert à la C.I.A. de grosses sommes d'argent pour faire tomber l'actuel régime libyen. »

Il ne restait plus à Hammer qu'un espoir : demander l'aide de ceux qu'il avait toujours combattus — les dirigeants des « Sept Sœurs ». Démarche humiliante, rendue encore plus difficile par les relations paradoxales existant entre les Majors et les indépendants.

Les responsables des grandes compagnies détestaient les indépendants pour leur brutalité, leurs violations des règles du jeu ; les indépendants méprisaient ces managers pour leur manque de personnalité et d'audace. Enfin, il existait chez les hommes composant les états-majors des « Sept Sœurs » un vif sentiment de jalousie : eux n'étaient que des salariés, de haut niveau, certes, mais pourvus de fortunes chétives, alors que le « brelan d'as » des indépendants — Paul Getty, Bunker Hunt, Armand Hammer — réunissait trois des hommes les plus riches du monde.

Quand Hammer pénétra au siège new-yorkais d'Exxon pour rencontrer le directeur général, Ken Jamieson, il s'agissait bien d'une rencontre historique entre frères ennemis. Hammer expliqua qu'à moins de disposer d'une autre source de brut il ne pourrait résister aux pressions de la Libye. Exxon pouvait-elle l'aider ? Jamieson proposa du pétrole de remplacement, mais au cours normal ; Hammer le voulait à prix coûtant. Exxon refusa et Hammer, certain qu'il ne pourrait jamais compter sur aucun appui, décida alors d'agir seul.

L'industrie pétrolière mit plusieurs semaines à comprendre qu'en abandonnant à son sort le président d'Occidental elle avait commis une erreur fatale [2].

Hammer essaya plusieurs solutions de fortune. Un soir, il dîna dans le ranch texan de Lyndon Johnson en compagnie de James MacDonnell, fondateur et président de la firme aéronautique géante MacDonnell-Douglas. A la fin du repas, le constructeur lui confia : « J'ai une bonne chance de vendre un lot d'avions à l'Iran, mais les Iraniens veulent me payer en pétrole et je ne sais trop quoi en faire. » Hammer proposa de le commercialiser. Quatre jours plus tard, il s'envolait pour Téhéran et rencontrait le chah qui avait obtenu ce pétrole brut des compagnies occidentales travaillant sur son territoire. Il accepta qu'Occidental se chargeât de le vendre et lui rétrocédât la plus grande part des bénéfices pour se procurer des Phantoms et des F 16.

Un mois plus tard, à la mi-juillet, Hammer s'envola pour Athènes où l'accord devait être signé dans le plus grand secret. Mais les officiels iraniens ne vinrent jamais. Hammer restait totalement isolé. Sa chance insolente semblait l'avoir abandonné.

Il se résigna alors à l'ultime démarche : négocier avec les Libyens, tout en sachant qu'il ne disposait d'aucun atout. Le responsable de ses opérations à Tripoli, George Williamson, sur la foi de renseignements obtenus par le canal de la C.I.A., l'avait informé que les dirigeants envisageaient de célébrer le premier anniversaire de leur prise du pouvoir en annonçant l'expulsion d'Occidental.

Ce qui rendait peut-être plus fragile encore la firme de Hammer, c'était son système de management reposant sur l'autorité d'un seul homme : « Je travaille quatorze heures par jour, sept jours sur sept, et je sais tout ce qui est indispensable à la bonne marche de la compagnie. Je ne crois pas aux vertus du système militaire où le caporal rend compte au sergent, et ainsi de suite. J'aime le système où le commandant en chef peut convoquer un adjudant aussi bien qu'un colonel. Si vous dirigez une grande firme, vous n'avez aucune excuse à ne pas savoir ce qui s'y passe. Toute ma vie est organisée autour d'une donnée simple : rien ne doit arriver que je n'aie pu prévoir ou souhaiter. Le pire, c'est lorsqu'un chef est pris au dépourvu. »

La crise libyenne avait anéanti cette orgueilleuse profession de foi. Hammer, sous-estimant ses adversaires, avait été surpris, et c'est un homme humilié qui se posa le 30 août 1970 au matin sur l'aéroport de la capitale libyenne, pour entamer des négociations. Il avait transféré tout son état-major à Paris et, chaque matin, il s'envolait pour Tripoli d'où il rentrait dans la soirée pour téléphoner « en toute sécurité » aux membres de son conseil d'administration restés à Los Angeles. Il effectuait cette traversée quotidienne de la Méditerranée parce qu'il ne voulait pas dormir en Libye, de crainte d'y être gardé en otage ; le premier jour, il emprunta même un vol régulier, redoutant qu'on ne confisquât son avion personnel. Les quelques collaborateurs venus l'accueillir au bas de l'appareil se rappellent un homme aux traits tirés, serrant machinalement les mains, un sourire figé aux lèvres.

Son interlocuteur était le numéro deux libyen, le Premier ministre Abdel Salaam Jalloud. Un homme jeune, beaucoup plus volubile et infiniment moins austère que Kadhafi, mais au nationalisme tout aussi ombrageux. Au cours de précédentes négociations, il avait violemment lancé une balle au visage du représentant d'une grande firme ; un autre jour, il était arrivé à une réunion avec une mitraillette chargée en bandoulière, qu'il avait gardée pointée sur ses interlocuteurs. Il ne faisait aucun mystère de son mépris pour les Occidentaux, mais Hammer, rompu aux pourparlers les plus complexes, sentit très vite que cet activisme et cette arrogance masquaient de profondes faiblesses. Jalloud était emporté, émotif, excessif.

Hammer se montra ouvert à ses revendications, reconnaissant ses propres erreurs et ajoutant d'un ton humble : « Je voudrais rester en Libye. Comprenez que je suis trop vieux pour recommencer quelque chose ailleurs » ; et il ajouta, presque nostalgique, qu'il se contenterait de ce que le gouvernement libyen voudrait bien lui laisser.

A un moment donné, Jalloud, incapable de se contrôler, se mit à injurier Hammer et lui ordonna de quitter le pays. L'Américain se leva alors, impassible, s'approcha du Libyen et posa les mains sur ses épaules dans un geste de compréhension quasi paternelle.

Finalement, les deux hommes arrivèrent à un accord qui fut scellé par une poignée de mains dans un coin de la salle de réunion, au siège du Conseil de la Révolution. Hammer décida qu'il était temps de se retirer des négociations pour laisser ses adjoints parachever l'entente. Occidental acceptait finalement de payer un supplément de 30 cents par baril, étant entendu qu'à ce prix s'ajouteraient chaque année 2 cents, et cela, sur une période de cinq ans. Elle consentait également à augmenter le taux de l'impôt versé de 50 à 58 %.

Les dirigeants des autres compagnies étaient au comble de la consternation. Comme le confia un responsable de la Shell : « Au point où l'on en était, on avait le choix entre la retraite ou la déroute. »

Trois jours après la fin des négociations entre Hammer et Jalloud, les dirigeants des Majors débarquèrent à Washington pour s'entretenir avec le secrétaire d'Etat William Rogers et le conseiller spécial du président Nixon, Henry Kissinger. La gravité de la situation n'échappait à personne, mais aucune décision ne put être prise.

Quelques jours plus tard, les présidents de la Shell et de la British Petroleum déjeunèrent à New York avec le ministre britannique des Affaires étrangères, Alec Douglas Home, qui participait à l'Assemblée générale de l'O.N.U. Ils plaidèrent la fermeté, mais il devenait manifeste que les chances de constituer un front commun s'amenuisaient. Les Libyens semblaient avoir gagné la première manche.

A la fin de septembre 1970, toutes les compagnies travaillant en Libye s'étaient alignées sur les concessions d'Occidental, ce qui constituait le plus grand bouleversement jamais survenu dans la structure des prix pétroliers. Une victoire qui préfigurait les revendications de l'O.P.E.P., trois années plus tard.

En août 1973, Occidental céda à l'Etat libyen 51 % de ses activités ; les 49 % restants lui garantissaient encore une confortable rente de situation. Mais, surtout, en échange de cette prise de contrôle, Tripoli versait à la firme 136 millions de dollars, somme énorme qui surprit toutes les sociétés rivales — à commencer par Bunker Hunt, le milliardaire ultraconservateur texan, vieux rival de Hammer : frappé par la même mesure, il ne put récupérer quant à lui qu'une quarantaine de millions de dollars...

La compagnie californienne avait bénéficié d'un traitement de faveur parce qu'un partenaire discret mais efficace avait joué en coulisses un rôle décisif : l'Union Soviétique. En 1973, Kadhafi s'était considérablement rapproché de Moscou : à la même époque, Hammer, très lié à Brejnev, était devenu l' « homme clé » de la détente économique soviéto-américaine. La C.I.A. et la National Security Agency, les deux plus importants services de renseignements américains, suivirent alors les négociations entre Occidental et la Libye et purent constater que le volume des messages codés échangés entre Moscou et l'ambassade soviétique à Tripoli, ainsi qu'entre Moscou et le quartier général de Hammer à Los Angeles, augmenta dans des proportions considérables au moment de ces mêmes discussions.

En septembre 1973, pour la première fois depuis la naissance de l'O.P.E.P. — passée quasiment inaperçue en 1960 —, les cours du pétrole sur le marché avaient dépassé les prix affichés. Tandis que se profilaient des menaces de pénurie, l'idée d'utiliser le pétrole comme arme de guerre gagnait du terrain parmi les nations arabes. Kadhafi, célébrant le quatrième anniversaire de la révolution libyenne, fit connaître son intention de nationaliser l'ensemble des compagnies pétrolières et de faire passer à 6 dollars le prix du baril, soit le double du prix pratiqué dans le golfe Persique. Il menaçait en outre de stopper toute exportation à destination de l'Amérique si Washington persistait dans son soutien à Israël.

Le président Nixon, dans une intervention télévisée, mit en garde les Libyens sur le danger d'un boycott, rappelant l'épisode malheureux de Mossadegh en Iran. L'éditorialiste du *New York Times*, rappelle Anthony Sampson, écrivit alors : « Se peut-il que le président des Etats-Unis n'ait pas encore saisi le fait dominant ? La question ne se pose plus de savoir si le pétrole trouvera des marchés, mais si les marchés trouveront du pétrole. »

Le 8 octobre, dans une atmosphère de crise aiguë, les représentants des grandes compagnies rencontrèrent à Vienne les délégués de l'O.P.E.P. Au moment même où ils arrivaient dans la capitale autrichienne, l'Egypte franchissait le canal de Suez et balayait les positions israéliennes, tandis que la Syrie attaquait dans la région du Golan. La guerre du Kippour venait d'éclater, incitant certains pays arabes membres de l'O.P.E.P. à durcir leur position.

Les deux principaux négociateurs pour les « Sept Sœurs » étaient George Percy, d'Exxon, et le Français André Bénard, directeur général du groupe Shell. Le cheik Yamani, ministre du Pétrole de l'Arabie Saoudite, premier pays exportateur de l'O.P.E.P., exigeait une augmentation des taxes à la production qui aurait eu pour effet de doubler le prix affiché, jusqu'à lui faire atteindre 6 dollars le baril. Les pétroliers, se plaçant sur un plan strictement commercial, répondirent en offrant un supplément de 15 %. Mais il était clair que le conflit du Moyen-Orient et la contre-offensive israélienne étaient lourds d'une nouvelle menace : à la question des prix risquait de s'ajouter l'instauration d'un embargo.

André Bénard est un homme de sang-froid à l'humour discret et au langage mesuré. Cet ancien héros de la Résistance, un des très rares Français à se trouver à la tête d'une multinationale du pétrole, évoque ces négociations dramatiques :

« En fait, durant les trente-six heures passées à Vienne, nous n'avons négocié que quelques heures avec les pays de l'O.P.E.P. : le reste de notre temps, nous l'avons passé à rédiger et à envoyer des télex pour avertir les gouvernements des pays consommateurs et leur demander des directives. Aucune réponse ne nous parvint. Chose étrange : le monde semblait alors totalement muet et comme frappé de stupeur[3]. »

Le 16 octobre, les ministres du Pétrole des six pays du Golfe, membres de l'O.P.E.P., réunis à Koweit, décident pour la première fois de leur histoire que les prix du pétrole seront désormais fixés unilatéralement par les pays exportateurs, et non plus par les compagnies ; ils décrètent en même temps une augmentation générale de 70 % des prix affichés.

Le lendemain 17 octobre, les ministres arabes du Pétrole, à l'issue d'une réunion également tenue à Koweit, décident l'utilisation générale du pétrole comme arme politique dans le conflit israélo-arabe.

Par le biais de ces mesures, les prix de l'or noir allaient quadrupler en moins de deux mois, et ces décisions prises alors que la guerre faisait encore rage allaient ébranler de fond en comble le dispositif juridique, politique et économique maintenu en vigueur pendant près d'un demi-siècle par les sociétés pétrolières.

Celles-ci se tournèrent alors vers leur meilleur conseiller, un homme de soixante-dix-neuf ans à la vitalité encore intacte : John Mac Cloy.

Celui qui, vingt-deux ans auparavant, avait fait libérer Krupp travaillait depuis son cabinet d'avocat installé au sommet du gratte-ciel new-yorkais de la Chase Manhattan Bank. Il représentait non seulement les « Sept Sœurs », mais aussi la plupart des indépendants. Présidents, ministres et directeurs généraux passaient ; Mac Cloy, lui, restait, inamovible, symbolisant la mémoire et la pérennité du monde des affaires.

Il se rendit à Washington, y rencontra Richard Nixon auquel il soumit un message signé de ses clients. Le président le donna à étudier à Kissinger, lequel le transmit à son tour à Alexander Haig, secrétaire général de la Maison Blanche.

Cette lettre mettait notamment l'accent sur le fait que « toute nouvelle aide militaire américaine à Israël affecterait de façon particulièrement néfaste les relations que nous entretenons avec les pays producteurs arabes d'attitude modérée ». Elle soulignait qu'« au détriment de notre économie et de notre sécurité les intérêts européens et peut-être même soviétiques pourraient supplanter ceux des Etats-Unis dans cette région ».

Pourtant, des experts et des observateurs de plus en plus nombreux se demandaient si ces cris d'effroi et ces lamentations ne servaient pas à masquer une gigantesque manipulation à laquelle participaient aussi bien le gouvernement que les compagnies elles-mêmes ; en effet, depuis deux ans, les ténors de l'industrie pétrolière ne cachaient pas que les investissements futurs exigeraient des sommes énormes qui ne pourraient être obtenues que par une augmentation notable des prix. Parlant à Rome en 1973, David Rockefeller avait chiffré à « trois trilliards de dollars les besoins de l'industrie pétrolière pour les années à venir en matière d'investissements », ajoutant : « Pour les firmes, l'investissement commande la production. »

Dès 1971, une commission formée par Richard Nixon et présidée par le général G.A. Lincoln avait travaillé dans le plus grand secret à réexaminer la politique énergétique américaine. Les principaux consultants en avaient été Robert Anderson, président du groupe pétrolier Atlantic Richfield et membre du comité national du Parti républicain ; Peter Flanigan, avocat du puissant cabinet Dillon Read, représentant plusieurs firmes et qui allait devenir peu après conseiller à la Maison Blanche ; enfin John Connally, gouverneur du Texas, avocat représentant les intérêts pétroliers de son Etat et qui allait recevoir peu après un portefeuille clé, celui du Trésor. Les conclusions de cette commission avaient été claires : elles mettaient l'accent sur la nécessité, pour les Etats-Unis, de provoquer une hausse des prix du pétrole importé afin de « stabiliser les prix intérieurs à un niveau élevé et d'encourager les investissements nécessaires au développement des sources nationales d'énergie ». En attendant, le rapport Lincoln recommandait l'« assainissement » des rapports avec les pays exportateurs, pour éviter toute perturbation dans les importations américaines. Le 28 juin 1973, William Simon, nouveau ministre des Finances, avait déclaré : « Les Etats-Unis se sont assigné pour objectif prioritaire l'adoption d'un plan d'action visant à réduire leur dépendance (énergétique) vis-à-vis de l'étranger. »

Une étrange mise en condition de l'opinion publique américaine avait également commencé durant l'hiver 1972-73. Des signes de pénurie se manifestèrent alors dans plusieurs Etats américains. L'essence fut rationnée ; des écoles et des usines fermèrent leurs portes, faute de fuel. Ces incidents eurent l'effet d'un électrochoc parmi la population américaine. La crise de l'énergie et l'affaire du Watergate se disputaient les manchettes des journaux. Les pétroliers lancèrent des campagnes visant à dramatiser la crise et à en faire porter la responsabilité au gouvernement, au Congrès, ou encore aux écologistes, accusés d'avoir maintenu le prix du pétrole et du gaz à un niveau anormalement bas, d'avoir découragé l'exploration pétrolière et la construction de nouvelles raffineries aux Etats-Unis, d'avoir bloqué la construction de certains projets, tel l'oléoduc de l'Alaska. Un véritable matraquage publicitaire contribua à mettre l'opinion en garde contre les dangers que courait l'Amérique en se rendant dépendante du pétrole étranger, en particulier arabe. La solution ? Une augmentation des prix destinée à rentabiliser l'exploitation à grande échelle des ressources énergétiques américaines, et, à court terme, une libération des importations pour faire face à la pénurie.

En 1974, le quadruplement des prix qui frappa de plein fouet l'économie mondiale allait permettre aux trente premières compagnies pétrolières mondiales d'accroître leurs bénéfices de 71 %, alors que le volume de leurs ventes n'augmentait que de 10 %. Les six premières sociétés pétrolières américaines totalisèrent durant la même période des revenus bruts de

50 milliards de dollars et des bénéfices nets de 6 milliards de dollars.

Mais cette crise de l'énergie, qui mettait à nu la détresse des pays du tiers monde et la vulnérabilité de l'Europe et du Japon — pays alors totalement dépendants de leurs importations —, révéla aussi en l'occurrence une formidable connivence entre les Etats-Unis et l'U.R.S.S.

Il existe en effet cinq champs de domination du monde : la science, les matières premières minérales, les matières premières alimentaires, les armes et l'énergie. Dans les trois premiers domaines Washington et Moscou doivent compter avec d'autres puissances, mais tous deux exercent une suprématie sans partage pour la production d'armes... et pour celle d'énergie. Etats-Unis et U.R.S.S. sont les deux premiers producteurs mondiaux de pétrole et il est arrivé que ce condominium soviéto-américain prenne des mesures contrastant fort avec les simples apparences politiques. Ainsi en 1973, au lendemain de la guerre du Kippour, quand les pays arabes membres de l'O.P.E.P. décrétèrent un embargo visant à obtenir de l'Occident — et plus précisément des Etats-Unis — qu'il exerce des pressions sur Israël. Cet embargo fut battu en brèche... par l'U.R.S.S. ! Moscou, qui appuyait pourtant l'initiative politique des Arabes, importa alors du pétrole provenant des concessions récemment nationalisées par son allié irakien et revendit le fruit de « cette victoire anti-impérialiste »... aux Etats-Unis ! Pour que ce réalisme commercial n'interfère pas trop avec les principes politiques, le pétrole irakien fut d'abord acheminé en Roumanie, seul pays d'Europe de l'Est à conserver des relations avec Israël, puis revendu à travers une société commerciale soviétique aux Etats-Unis. Ce pétrole arabe fut également vendu à la Hongrie et à la Tchécoslovaquie et permit à Moscou de se libérer un temps de ses « obligations » de fournisseur envers ses propres satellites, pour vendre davantage de pétrole à l'Amérique.

Ces transactions complexes et secrètes, qui se développèrent durant la période d'embargo, furent perçues par plusieurs opérateurs travaillant sur le marché pétrolier. Ceux-ci purent constater qu'il y « avait plus qu'une coïncidence entre les 7 millions de tonnes de pétrole importées du Moyen-Orient vers l'U.R.S.S. et les exportations soviétiques de même volume à destination des Etats-Unis ». La recherche de devises fortes et de profits rapides avait prévalu sur la tentation d'exploiter cette « crise du capitalisme ».

En fait, les réalités de l'interdépendance rendaient caduques les stratégies purement diplomatiques et il serait naïf de croire que les gains remportés par l'un des acteurs constituent toujours autant de pertes pour son rival. Les pipe-lines, ces veines jugulaires indispensables à la survie économique des Etats, sont devenus la meilleure illustration de ce réalisme.

La Roumanie importe de grandes quantités de pétrole iranien à travers un pipe-line israélien qui reste la principale voie d'accès vers les pays européens de l'or noir en provenance de Téhéran. Tous les responsables pétroliers reconnaissent que l'U.R.S.S. en bénéficia à plusieurs reprises. Au début des années 60, les Soviétiques construisirent un pipe-line reliant l'U.R.S.S. à la Tchécoslovaquie, puis un second, baptisé « pipe-line de l'Amitié », acheminant le pétrole des gisements russes vers l'Allemagne de l'Est et les ports de la Baltique. En 1970, Moscou agrandit l'oléoduc tchèque pour lui permettre d'approvisionner en gaz et en pétrole l'Europe occidentale. Un embranchement dessert l'Europe du Nord ; un nouveau tronçon, baptisé « pipe-line de l'Amitié numéro 2 », relie les champs sibériens à l'Europe de l'Ouest.

Au fil des ans, pour mieux consolider son emprise et ses activités, c'est une véritable nébuleuse de sociétés commerciales que l'U.R.S.S. a installée et développée en Europe, notamment dans le secteur stratégique de l'énergie. Elle a construit, en coopération avec Elf, une raffinerie au Havre. Juste avant la Seconde Guerre mondiale, l'U.R.S.S. possédait 10 % du marché pétrolier britannique ; en 1957, Nafta GB Ltd, société appartenant à la division des exportations du ministère soviétique du Pétrole, implanta deux cent cinquante stations autour de Londres et dans le sud de l'Angleterre. Le pétrole est raffiné sur l'île de Grain, dans le Kent, dans des installations appartenant à la British Petroleum. Même stratégie en Belgique où une large coopération est menée avec deux firmes nationales important du charbon. La compagnie soviétique Nafta B dispose à Anvers d'importantes facilités de stockage pour le pétrole importé non seulement d'U.R.S.S., mais également du Moyen-Orient...

L'U.R.S.S. agit sur le marché mondial non pas comme un simple exportateur de pétrole, mais comme un opérateur aux méthodes extrêmement sophistiquées. Par exemple, 3,5 millions de tonnes en provenance de la mer Noire sont vendues au Japon par le truchement d'une société suisse. Dans cette remarquable aisance des communistes à se plier aux règles du marché capitaliste, les paradis fiscaux jouent en effet un rôle clé.

Le gaz, dont l'U.R.S.S. possède les plus importants gisements au monde, donne lieu à des combinaisons analogues. Le plus important des projets envisagés fut baptisé en 1971 « Etoile du Nord ». Il prévoyait l'exploitation du gaz d'Ourengo, en Sibérie occidentale, les plus riches gisements connus. Le gaz aurait été acheminé sur 2 000 kilomètres de pipe-lines jusqu'à une usine construite près d'un port de Sibérie septentrionale où il aurait été refroidi à — 260 °. De là, des tankers l'auraient transporté vers le Japon et les Etats-Unis où il était prévu, aux termes d'un contrat de vingt-cinq ans, qu'il approvisionnerait plusieurs Etats américains, dont New York, le New Jersey et la Pennsylvanie. L'accord, longuement discuté, fut approuvé au cours du sommet Brejnev-Nixon de 1973. Mais les premiers travaux furent stoppés un an plus tard en raison de l'opposition du Congrès américain à la politique de détente.

L'adoption de l'amendement Jackson-Vanik allait en effet porter un coup d'arrêt mortel à ce projet prôné et défendu par Armand Hammer. Celui-ci avait pourtant rallié à sa « vision » le président américain, le leader soviétique, le gouvernement japonais et les plus puissantes firmes privées : Bechtel, mais aussi El Paso, Exxon, Du Pont, la Chase Manhattan.

Il s'agissait pour lui, à travers cette architecture planétaire, « de noyer les antagonismes entre nations dans un océan d'intérêts communs qui rendraient à l'avenir les affrontements par trop coûteux ».

Le veto du Congrès causa une immense déception à l'homme d'affaires qui affirmait : « Il n'est à mes yeux de chose plus triste au monde qu'un accord qui n'aboutit pas [4]. »

XI

« Voyez-vous, la détente économique fut d'abord une étonnante rencontre entre personnalités capitalistes et communistes que tout opposait en théorie et qui apprirent vite à se connaître et à s'estimer. Les uns et les autres avaient conscience du poids de leurs responsabilités et de l'importance de leurs décisions sur l'économie et la politique mondiales. »

L'homme s'interrompt un bref instant pour répondre au téléphone. Son ton est celui d'un homme sûr de son autorité. La soixantaine bronzée et avantageuse, vêtu d'un costume de fine laine grise, il se cale dans son large fauteuil de cuir avec un sourire avenant. Dans sa bouche, la détente américano-soviétique prend l'allure d'une idylle romantique où l'Hamlet américain a rencontré une Ophélie soviétique trop longtemps assoupie.

« Savez-vous — ajoute-t-il pour apporter une touche historique à ce conte de fées pour grandes personnes — que tout aurait dû commencer avec Lyndon Johnson ? Je travaillais alors à la Maison Blanche. Au début de 1968, je reçus des directives du président pour étudier le principe d'une rencontre au sommet à Moscou avec Léonid Brejnev. Johnson savait que le conflit vietnamien avait réduit à néant toutes ses chances de réélection, mais il voulait rester comme le premier président de l'histoire américaine à avoir amorcé une coopération étroite avec l'U.R.S.S. L'ambassadeur soviétique, Anatoli Dobrynine, fut consulté, transmit la requête à Moscou qui l'approuva. Nous avons d'ailleurs été tous surpris par la rapidité de la réponse ; c'était bien la preuve que l'attente était la même dans l'autre camp. »

Brusquement, la voix devient murmure, se charge de regret : « Puis il y eut l'affaire tchèque en août 1968, qui gela tout progrès. Quel dommage ! »

Bill Mac Sweeny a la réputation d'être un des plus extraordinaires *fixers* américains, entendez par là un « guetteur », en contact avec toutes les personnalités clés, au courant de tous les rapports de force, affrontements et alliances qui déterminent l'exercice instable du pouvoir. En 1968, il était l'un des principaux conseillers de Lyndon Johnson. Un an plus tard, il entrait au service d'Armand Hammer. Il préside désormais la division internationale du groupe.

Les luxueux locaux washingtoniens d'Occidental sont symboliquement installés presque en face de la Maison Blanche, sur Pennsylvania Avenue. En septembre 1984, pour notre premier rendez-vous, Mac Sweeny avait dû s'absenter. Après plusieurs minutes d'attente, sa secrétaire avait annoncé qu'il venait d'être appelé à la Maison Blanche ; elle avait proposé le report de notre rencontre au lendemain. Le jour suivant, il m'accueillit, affable, dans son vaste bureau aux murs littéralement tapissés de photos dédicacées de personnalités. Deux étaient particulièrement mises en valeur : celles de Lyndon Johnson et de Hammer, ce dernier devant les portes du Kremlin. Mac Sweeny s'excusa pour son rendez-vous imprévu de la veille.

Intrigué, je lui demandai s'il y avait un lien avec la visite-surprise d'Andréï Gromyko à Washington, qui faisait les gros titres de la presse américaine et internationale. Il eut un large sourire et hocha la tête. J'insistai : « Après trois années de tension, les Soviétiques cherchent-ils une nouvelle relance de la détente ? » Il répondit laconiquement : « Cette visite est un signal. »

Quelques minutes plus tard, le téléphone sonna. Après avoir longuement écouté, il répondit d'un ton bref : « Le docteur

Hammer arrivera demain à Washington. Oui, il le rencontrera. Non, je ne peux pas encore vous dire à quelle heure exactement. »

Cette détente que l'on s'efforçait ainsi de réactiver de part et d'autre était une longue et tumultueuse histoire dont les prémices s'inscrivaient sur un cliché pris vingt-cinq ans plus tôt, le 26 juillet 1959. Il régnait ce jour-là une température torride sur Moscou et tous les visiteurs et participants à l'exposition américaine, installée sous les ombrages du parc Sokolniki, se pressaient autour d'un stand : celui de Pepsi Cola. La firme rivale de Coca Cola, qui vendait elle aussi une boisson considérée par les communistes comme « le symbole de la guerre froide » et de la « décadence du capitalisme », était présente pour la première fois à Moscou. Sur le podium, on pouvait voir côte à côte le très anticommuniste vice-président américain Richard Nixon, sur le point de quitter ses fonctions, et le tout aussi anticapitaliste Premier secrétaire Nikita Khrouchtchev, en train de consolider les siennes.

Stupéfiante rencontre autour d'un gobelet de carton rempli de Pepsi. Depuis son arrivée deux jours auparavant dans la capitale soviétique, Nixon avait rencontré à plusieurs reprises le leader soviétique et ils s'étaient durement affrontés sur tous les grands problèmes de l'heure. Mais, cet après-midi-là, un consensus complet semblait s'être fait sur les vertus et le goût de ce soda caféiné : « Pas mauvais », lâcha Clément Vorochilov, président du Præsidium du Soviet suprême. « J'adore ça », ajouta avec ravissement l'élégante ministre de la Culture, Katerina Furtseva.

Quant à Khrouchtchev, vêtu d'un costume d'alpaga blanc et d'un chapeau de paille, il hochait la tête, convaincu : « Très rafraîchissant », tandis que Nixon vidait son verre d'un air sombre, comme si la crise du Watergate le menaçait déjà...

Toute la future coopération soviéto-américaine s'incarnait dans les personnalités présentes. Khrouchtchev allait quitter le pouvoir cinq années plus tard ; Nixon, lui, devrait attendre neuf ans avant d'accéder à la présidence des Etats-Unis. Mais la photographie prise au parc Sokolniki pour commémorer l'événement révélait aussi, en lisière, les visages de personnages encore secondaires. On apercevait ainsi, faisant montre de sa prudence légendaire, le visage d'Anastase Mikoïan, quelques rangs derrière les principaux officiels. Et puis, regardant avec déférence Nikita Khrouchtchev vider son verre, un homme à l'allure humble et au visage attentif, une bouteille de Pepsi à la main : Léonid Brejnev. A la droite de Nixon, un quadragénaire blond à la large carrure et au visage poupin exhibait devant les flashes et les caméras une autre bouteille. Il s'appelait Donald Kendall et présidait la division internationale de Pepsi. Il jouait là son avenir professionnel.

Deux jours auparavant, il avait demandé rendez-vous à Richard Nixon : « Je suis inquiet, j'ai besoin d'aide. Je voudrais que l'on voie une bouteille de Pepsi entre les mains de Khrouchtchev. » Le vice-président lui avait répondu : « Ne vous en faites pas, je la lui mettrai moi-même. » La photo fit le tour du monde, consolida la position menacée de Kendall, et quand Nixon vint à essuyer deux défaites majeures, en 1960 contre Kennedy dans la course à la présidence, puis en 1962 pour le poste de gouverneur de Californie, Kendall ne se montra pas ingrat. En 1963, l'ancien représentant de commerce avait en effet accédé à la présidence de Pepsi Cola, après avoir éliminé celle qui en était jusqu'alors la dirigeante : l'actrice Joan Crawford, veuve de l'ancien président du conseil d'administration.

Le 1er juin 1963, Richard Nixon, qui paraissait alors être relégué au panthéon des éternels perdants politiques, signe un contrat avec le cabinet d'avocats new-yorkais Mudge, Stern and Rose. L'accord prévoit que, six mois après son inscription au barreau de New York, il deviendra partenaire à part entière de la firme, avec un traitement annuel de 150 000 dollars. Excellente opération pour les deux parties : Mudge and Stern, de l'avis général, est alors une firme essoufflée. L'arrivée d'une personnalité comme Nixon est une bonne affaire. Quel manager ne rêve pas de pouvoir glisser au détour d'une conversation : « Comme me le disait l'autre jour mon avocat

Richard Nixon... » ? En outre, dans l'entrelacs des circuits de pouvoir, quel homme d'affaires ne serait pas intéressé par les bénéfices qu'il peut escompter tirer d'une collaboration étroite avec un éventuel candidat à la présidence ?

Mudge, Stern and Rose fera de Nixon un homme riche, et Nixon rétablira la réputation chancelante de Mudge, Stern and Rose. Au demeurant, personne ne s'y trompe : six mois après son arrivée, la société de conseil devient le cabinet « Nixon, Mudge and Rose ».

Kendall voit d'emblée tout le parti qu'il peut tirer de cette situation. Il a élaboré une politique commerciale extrêmement offensive et diversifiée pour supplanter son éternel rival, Coca Cola.

Curieux duel ! Hormis la dénomination, rien ne distingue les deux produits. La nuance de goût est insaisissable, mais les deux firmes maintiennent un secret absolu sur la composition de leur soda. Les pays où elles sont implantées construisent des usines sous licence, reçoivent les machines, assurent la mise en bouteilles. Mais le sirop, fabriqué aux Etats-Unis, arrive par avions spéciaux, lesquels sont aussitôt placés sous bonne garde. Exemple révélateur des outrances auxquelles on peut atteindre dans la commercialisation d'une marque. Pepsi et Coca symbolisent à merveille l'amoralité de milieux d'affaires uniquement préoccupés de gagner de nouveaux marchés et d'augmenter leur *cash-flow*. Elles vendent la même boisson à base de caféine et de colorants qui ont pu être présentés comme toxiques. En 1956, les résultats du travail approfondi d'une commission d'enquête du Sénat américain furent immédiatement classés sans suite : ils concluaient à la nocivité du produit.

A la fin de l'année 1963, Donald Kendall avait doublé le nombre des pays dans lesquels Pepsi était vendu : 102 contre 53 en 1957. Les profits retirés de la division internationale de la firme représentaient désormais plus de 45 % de ses revenus et la société comblait rapidement son écart avec Coca.

Depuis son quartier général de Purchase, non loin de New York et à dix minutes de sa résidence de Greenwich, dans le

Connecticut, Kendall a entrepris d'édifier un véritable conglomérat de taille internationale. Une idée-force, exprimée en une phrase simple, sous-tend alors son action : « Imposer partout la présence de la compagnie, aussi bien en politique que dans les affaires. » Kendall confie les intérêts de Pepsi à Nixon qui, grâce à l'entregent qu'il a acquis dans ses anciennes fonctions, devient un représentant de commerce de premier choix. L'ancien mal-aimé de la politique américaine multiplie les voyages à l'étranger, renoue contacts et relations avec les dirigeants politiques, polit et affine son personnage, prépare son *come-back* et parle beaucoup... de Pepsi.

En 1964, il effectue un tour du monde pour le compte de la firme. A Rome, dans le salon de l'aéroport de Fiumicino, on le photographie une bouteille aux lèvres ; à Beyrouth, il visite l'usine de mise en bouteilles et, au cours d'une conférence de presse, il annonce qu'il accepterait avec plaisir sa nomination par son parti comme candidat à l'élection présidentielle. Sitôt cette confidence lâchée, un serveur dépose ostensiblement devant les caméras une bouteille de Pepsi. A Taïwan (sept ans avant la reconnaissance de la Chine populaire...), il obtient du président Chang Kaï-chek un accord exclusif en faveur de la boisson gazeuse. De retour aux Etats-Unis, après un crochet par le Sud-Vietnam où il a longuement rencontré l'ambassadeur américain Henry Cabot Lodge, il confie aux journalistes venus l'accueillir : « Nous avons eu une conversation très intéressante, et nous avons passé un accord. » Nixon marque une pause et observe son auditoire, avide de révélations, avant d'ajouter : « Il a accepté d'installer des distributeurs Pepsi à l'intérieur de l'ambassade ! »

Nixon et Kendall devinrent plus que des associés : de proches amis, au point que, lorsque Kendall se remaria, Nixon joua du piano au cours de la réception qui suivit dans les salons de l'élégant Hôtel Pierre, à New York.

En 1964, à l'instar de nombreux managers capitalistes, le président de Pepsi pressent l'importance et les potentialités des marchés communistes. Coca Cola est déjà engagée dans de longues négociations avec la Tchécoslovaquie : elles aboutiront après la « normalisation » du Printemps de Prague, sans que personne ait songé à interrompre les discussions lors de l'invasion du pays par les troupes du pacte de Varsovie.

Mais les choses sont plus délicates avec l'U.R.S.S. Chacun se souvient des campagnes de propagande lancées par les P.C. occidentaux, durant la guerre froide, contre l'impérialisme américain et les « fascistes coca-colonisateurs ». Nixon rencontre à Moscou Khrouchtchev puis, après l'éviction de celui-ci, Kossyguine et Brejnev. La partie est longue, difficile. Finalement, Nixon enlève le contrat, qu'il paraphera au cours d'un voyage officiel comme président des Etats-Unis en 1972. En 1968, son élection a considérablement accru l'influence de Kendall, considéré comme un des intimes du nouveau chef de l'Exécutif [1].

Le 2 janvier 1969, Kendall est nommé à la tête du plus puissant groupe de pression américain, chargé de défendre les intérêts des firmes multinationales : l'E.C.A.T., comité d'intervention pour le commerce américain. Ce lobby regroupe les 66 premiers responsables industriels et financiers des Etats-Unis et a été créé en 1967 par David Rockefeller afin de combattre partout les tendances protectionnistes. Kendall et les membres de ce groupe, qui oriente la politique internationale américaine, présentent la même caractéristique : tous sont des hommes politiques, des hommes d'affaires ou des universitaires totalement reconvertis à l'« esprit de la détente » après avoir constitué le noyau le plus intransigeant de l'idéologie anticommuniste aux Etats-Unis...

Kendall est un homme qui parle avec véhémence, violence même. Patron d'industrie implacable, il se veut aussi amateur d'art éclairé et il a transformé le siège de Pepsi Cola en un véritable musée d'art moderne : « Je mets au défi quiconque est spécialiste des problèmes soviétiques de me démontrer ou de me prouver que l'U.R.S.S. n'a pas respecté ne serait-ce qu'un seul des accords politiques ou économiques qu'elle a signés. » Propos pour le moins paradoxaux, alors que toute la rhétorique de Kendall et de Nixon durant la guerre froide était justement articulée sur la violation constante, par les dirigeants communistes, de la parole donnée.

Cette fraternisation entre ceux qui étaient encore naguère d'irréconciliables adversaires a pris quelquefois un tour étonnant. Ainsi pour Deke De Loach, bras droit de Kendall. Jusqu'à son embauche en 1970 par le président de Pepsi, il était le numéro trois du F.B.I., cette agence de renseignements pour qui l'obsession de l'infiltration et du complot communistes tient lieu de premier principe d'action. De nombreux agents affirment que c'est De Loach qui avait ordonné la filature et la mise sur écoute du pasteur noir Martin Luther King au cours de la lutte pour les droits civiques. Désormais, il se tient constamment aux côtés de Kendall, participant à toutes les réunions importantes, attentif et maussade, l'air aussi chaleureux qu'un fauteuil de dentiste. Lui-même définit Kendall comme un Edgar Hoover (l'inamovible patron du F.B.I. pendant quarante-deux ans) qui « a du cœur ». De Loach, qui dirigeait 8 000 « incorruptibles » du F.B.I. traquant à travers le territoire américain « les agents de la subversion communiste », s'est découvert, à la faveur de ses voyages à Moscou, d'étranges affinités avec ses interlocuteurs soviétiques : « J'ai désormais de bons amis russes. J'adore leur sens des affaires, leur loyauté à l'égard de leur pays, leur détermination. Oui, ces contacts ont singulièrement changé mon état d'esprit. »

Mêmes propos chez Kendall au retour de son premier voyage en U.R.S.S. où il rencontra Léonid Brejnev. Avec un sens élastique des valeurs démocratiques, il considère le leader soviétique comme « un homme profondément concerné par le bien-être de son peuple, ses libertés et son bonheur ».

En 1963, les quelques exportations américaines à destination de l'U.R.S.S., fort timides, avaient suscité bien des réactions violentes. Cependant, tout au long des transactions, l'opposition la plus farouche, la mieux articulée, avait émané d'un homme seul, totalement abandonné par la classe politique. Richard Nixon avait trouvé des accents « spengleriens » pour fustiger « ceux qui bradent la cause de la liberté ». Dans une interview accordée alors à la chaîne télévisée ABC, il était même allé jusqu'à prédire que ces ventes « constitueront la plus grave erreur de politique étrangère du gouvernement américain, et un désastre supérieur à celui de la Baie des Cochons ».

En juin 1969, peu avant sa rencontre avec Mao Tsé-toung, le « nouveau Nixon » met fin aux dix-sept années d'embargo contre la Chine décrété par Truman au début de la guerre froide. Sur sa lancée, il abolit les règlements prévoyant « l'octroi de licences spéciales » pour tout le commerce avec l'U.R.S.S. et les pays communistes de l'Europe de l'Est. Désormais, seule une licence ordinaire est exigée et les exportations n'ont pas à être signalées ou précisées, jusqu'au moment de l'embarquement. Ainsi se trouve démantelé, avec le Johnson Act de 1934, le dernier obstacle juridique à l'extension « officielle » des relations économiques soviéto-américaines, déjà largement engagées dans les faits.

L'offensive des milieux d'affaires américains pour l'instauration de rapports économiques plus étroits avec l'U.R.S.S. avait plusieurs origines. Tout d'abord, un déséquilibre commercial : en 1970, pour la première fois depuis près d'un siècle, les Etats-Unis importaient d'U.R.S.S. plus de biens qu'ils n'en exportaient vers ce pays. En 1971, le déficit atteignait 7 milliards de dollars, et, devant le ralentissement de l'économie américaine, les marchés de l'Est paraissaient prometteurs en profits et donc en créations d'emplois. Cette offensive revêtait également une dimension psychologique : en se lançant à l'assaut des marchés socialistes, ces capitalistes croyaient se régénérer, retrouver les vertus de leurs débuts, celles d'entrepreneurs audacieux et décidés. Enfin, la physionomie de l'économie mondiale rendait inévitable un tel rapprochement. Il existe en effet en Occident un système économique global à deux niveaux. Au niveau multinational, un millier de firmes, liées aux grandes banques comme les atomes d'une même molécule, contrôlent l'économie mondiale et assurent les quatre cinquièmes de sa production. Mieux, ces firmes théoriquement concurrentes coopèrent souvent entre elles et sont liées par des milliers de *joint-ventures*, d'accords visant à la préservation et à la répartition des marchés, à un partage du capital disponible, à une utilisation optimale des circuits de vente existants. Il n'est plus possible, à ce niveau, de définir l'entreprise comme une entité solitaire, indépendante, s'occupant seulement de sa production. Les lois antitrust sont presque toujours inefficaces et très souvent inapplicables. Ainsi, dans l'industrie pétrolière, plus de 20 000 accords lient les « Sept Sœurs » présumées rivales.

Subsiste parallèlement un système d'économies nationales séparées, conçues de façon antagoniste et orientées vers la concurrence, dans lesquelles les grandes entreprises travaillant quotidiennement dans vingt ou trente monnaies différentes jouent un rôle déterminant. Les pouvoirs politiques nationaux, limités par leur territoire et dans leur souveraineté, sont incapables d'exercer la moindre action sur ces firmes qui élaborent et prennent leurs décisions à l'échelle globale. Evoquer à ce sujet le contrôle de l'Etat est une vue de l'esprit, quand ces firmes développent une stratégie inflationniste en prélevant tout le capital disponible dans le secteur national pour le réintégrer dans le système global. Depuis très longtemps, les grandes multinationales néerlandaises Shell, Unilever, Philips, Akzo, possèdent à peine 15 % de leur personnel aux Pays-Bas. Exxon est tout aussi britannique que B.P., qui a réalisé plus de la moitié de son chiffre d'affaires aux Etats-Unis. Cette incessante évolution aboutit à une dislocation des souverainetés nationales et l'idéologie apparaît comme un simulacre de filtre à travers lequel le capital peut passer sans entrave aucune.

Le vaste mouvement d'implantation à l'Est qui s'amorce au début des années 70 s'accompagne de la fermeture d'usines à l'Ouest, d'un accroissement du chômage et de manipulations fiscales permettant d'éviter de rapatrier les profits. Fiat n'est une société italienne qu'à Turin. Il s'agit, autrement, d'un groupe international reposant sur la holding de la famille Agnelli, l'I.F.I. De même Michelin n'est-elle française que dans ses usines de Clermont-Ferrand ; la réalité financière des usines de pneumatiques installées dans dix-huit pays se trouve regroupée à Bâle et aux Bermudes dans une holding dont les bénéfices sont rarement rapatriés en France.

Vladimir Ilitch Lénine affirmait à ses disciples : « Il est une force supérieure au désir, à la volonté et à la décision de n'importe quel gouvernement ou classe hostile : ce sont les relations économiques mondiales. » Au plus fort de la détente, les firmes implantées en territoires communistes représentaient à l'Ouest 75 % de l'activité industrielle, 85 % des exportations. Les banques octroyant des crédits aux pays de l'Est contrôlaient les cinq cents plus grandes firmes américaines, utilisant 75 % de tous les travailleurs de l'industrie. L'ensemble de ces banques géraient 80 % de tous les actifs du monde financier occidental.

En accueillant les multinationales, les dirigeants communistes espéraient affermir leur pouvoir, combler les retards accumulés avec régularité par leurs propres industries. Mais le fossé entre la recherche et ses applications industrielles restait béant. En 1972, d'après le célèbre économiste Trapeznikov, 98 % des chercheurs soviétiques travaillaient encore dans des instituts, alors que plus de 70 % de leurs collègues américains collaboraient directement avec l'industrie. Il estimait également, du fait qu'il s'écoule parfois plus de dix ans entre une découverte et son application, que la moitié environ des découvertes soviétiques étaient déjà obsolètes au moment de leur mise en œuvre.

Les dirigeants soviétiques, conscients du problème, l'attribuaient pour une large part à la faiblesse de la coordination entre les divers organismes engagés dans la recherche et qui travaillaient le plus souvent indépendamment les uns des autres. A l'autre bout, au sein de l'entreprise, on rencontrait en outre bien peu de motivations en faveur de l'introduction des nouvelles technologies. Pour un manager soviétique, tenter de faire montre d'efficacité dans le cadre de la planification quantitative relève de la même gageure que vouloir réussir un numéro de claquettes sur une patinoire, et la plupart des cadres se montraient surtout soucieux de s'en tenir aux normes de production immédiates fixées par le Plan.

L'appel à la technologie et aux crédits occidentaux répondait dès lors à un double objectif. D'une part, réaménager un système de production qui niait jusqu'à l'absurde l'existence de 250 millions de consommateurs de plus en plus allergiques à une civilisation de pénurie. D'autre part, cette opération revêtait un caractère politique : consolider le régime sans remettre en cause son esprit coercitif et sa nature totalitaire. Paradoxalement, cet appel d'offres lancé au capitalisme avait été rendu possible par le fait que les dirigeants soviétiques manifestaient désormais une pleine confiance dans la solidité de leur propre système.

Durant l'ère stalinienne, la forteresse assiégée du socialisme avait engendré et diffusé toute une mythologie selon laquelle chaque invention importante développée à travers le monde, depuis le téléphone jusqu'à l'avion, était née du cerveau fertile de chercheurs russes. A la fin des années 60, l'Union Soviétique s'était faite à l'idée que les objectifs et le succès du communisme exigeaient des importations massives de technologie occidentale. « Vous allez avoir tendance à devenir comme nous », insinuaient avec un prosélytisme bienveillant certains théoriciens américains de la détente à leurs interlocuteurs russes. En fait, le point de vue des dirigeants soviétiques était quelque peu différent. Il reposait sur le plus complet pragmatisme et trouvait à s'illustrer dans une analyse de German Vishyany, gendre de Kossyguine, adjoint d'Andropov à la tête du K.G.B. et responsable des accords commerciaux avec les firmes occidentales. Il avait confié à un avocat très engagé dans la coopération avec l'Est : « Nous construisons une société communiste avec votre savoir-faire. Nous maintiendrons notre système et nos règles grâce à votre aide [2]. »

En 1970, Henry Ford II, l'allure gauche, entouré de l'état-major de la Ford Motor Company, fit une déclaration qui connut un large retentissement, d'abord en raison du cadre choisi : les salons de l'ambassade américaine à Moscou. L'héritier de l'empire automobile annonça qu'il envisageait de construire un gigantesque complexe industriel qui produirait 150 000 poids-lourds et 250 000 moteurs diesel chaque année.

Effort désespéré des Soviétiques pour combler leur retard sur les Etats-Unis : en 1969, l'U.R.S.S. ne possédait que 4,6 millions de poids-lourds, contre 43,2 millions aux Etats-Unis. Certains modèles russes, comme le GAZ 5, étaient fabriqués sans la moindre amélioration technique depuis près de trente ans. Coût de l'opération projetée : 5 milliards de dollars.

Pour Moscou, la réussite du projet dépend alors uniquement de l'aide financière et technique qui pourra être obtenue des Etats-Unis. La Chase Manhattan est prête à fournir d'emblée 80 millions de dollars pour financer les exportations américaines à destination du complexe en construction ; IBM est disposée à vendre pour 11 millions de dollars de matériel informatique (le computer géant 370) destiné aux fonderies du complexe.

Mais la guerre du Vietnam apparaît de plus en plus comme une entrave au développement de la politique de détente avec Moscou. Trois semaines après l'annonce faite par Henry Ford, le Pentagone exprime des réserves sur le projet : il estime que le matériel produit revêtirait un caractère stratégique et redoute que les poids-lourds ainsi fabriqués ne soient expédiés à Hanoï.

Il convient donc de réduire le grand écart existant entre les positions idéologiques et les faits. Il est difficile, pour les dirigeants russes et américains, de faire admettre la coopération nouvelle qui s'instaure quand, sur l'autre versant, subsiste un conflit où chacun des deux Grands reste le tuteur d'un des belligérants. Situation d'autant plus dommageable qu'elle pénalise les entreprises américaines au profit des firmes européennes qui ne pâtissent, elles, d'aucune restriction politique.

Ford dut s'incliner devant la décision du ministère de la Défense alors que, depuis quatre ans, Fiat possédait déjà une immense usine à Togliattigrad. Entre 1967 et 1969, les ventes japonaises et ouest-allemandes à l'Union Soviétique avaient plus que doublé ; dans le même temps, les exportations françaises vers l'Est s'étaient accrues de 70 %.

Cette rivalité prit même un tour surréaliste quand le Département d'Etat reconnut, le 25 février 1976, que les Etats-Unis, depuis 1972, fabriquaient en Union Soviétique les roulements à billes miniatures indispensables à la mise au point du système de guidage équipant les missiles balistiques MIRV à têtes multiples... Là encore, la décision de rompre avec la politique d'embargo n'avait reposé que sur des considérations commerciales. Selon le Pentagone, plusieurs compagnies italiennes et suisses, contractantes avec l'O.T.A.N., fabriquaient des pièces semblables et approvisionnaient depuis plusieurs années déjà les Soviétiques !

Cependant, l'argument invoqué par les défenseurs à tout crin du commerce Est-Ouest, sur l'établissement d'une interdépendance économique censée mettre hors jeu les guerres, allait se révéler bien peu fondé. Le monde communiste et l'Occident cherchaient en fait à optimiser leurs positions économiques à la faveur d'une détente « pleinement et totalement armée ». Paradoxalement, celle-ci allait plutôt renforcer le commerce des armes et accroître d'autant les risques de guerres locales.

Au début de 1971, Richard Nixon et Kissinger, en coordination avec le Pentagone et le commandement américain à Saïgon, lancèrent de vastes opérations destinées à couper et désorganiser les lignes d'approvisionnement nord-vietnamiennes qui passaient par la piste Hô Chi Minh. Quatre divisions des forces sud-vietnamiennes — plus de 60 000 hommes — furent engagées dans l'opération. Au soir du 7 avril, dans une intervention télévisée, Nixon se permit d'affirmer : « Je puis déclarer que la vietnamisation a réussi. » En réalité, non seulement ces opérations n'avaient pas détruit la piste Hô Chi Minh, mais elles étalèrent au grand jour les insuffisances de l'armée sud-vietnamienne. « Peu importe, souligne néanmoins Stanley Karnov. Nixon pouvait prétendre à juste titre qu'il avait respecté sa promesse de réduire l'engagement militaire des Etats-Unis au Vietnam. » Depuis son entrée en fonctions, il avait de fait retiré plus de 400 000 G.I.'s et ramené le nombre des morts américains à moins de dix par semaine.

Au mois de juillet, alors qu'il régnait une chaleur écrasante sur Washington, Nixon donna le feu vert à son ami Maurice Stans, ministre du Commerce. Dans les premiers jours d'août, celui-ci convia l'inamovible Dobrynine à un déjeuner censé rester secret. Le lieu fixé correspondait cependant assez mal au désir de discrétion affiché : il s'agissait du bureau même du ministre, au dernier étage du département du Commerce, en plein centre de la capitale, avec vue sur le Capitole et la National Gallery. Au cours de cette rencontre, Stans demanda à Dobrynine de faire part au Kremlin du « vif désir de l'administration américaine d'intensifier les échanges commerciaux », considérés comme « une part essentielle » du dialogue entre les Etats-Unis et l'U.R.S.S.

Deux mois et demi plus tard, Maurice Stans, accompagné de l'adjoint d'Henry Kissinger, Helmut Sonnenfeld, arrivait à Moscou où il était immédiatement reçu par le Premier ministre Kossyguine.

Stans avait quitté Washington pour Moscou en songeant surtout à Bangkok... La Fondation Stans, créée en 1945, possédait en effet de multiples intérêts dans la Thaïlande anticommuniste, notamment dans Thaï Industrial Estate, société qui entretenait de nombreuses connexions dans les capitales du Sud-Est asiatique impliquées dans le conflit indochinois. Stans avait noué des relations étroites avec les pouvoirs locaux liés à la politique d'endiguement du communisme pratiquée par Washington. Son associé dans ces opérations se nommait Henry Kearns. Longtemps représentant de l'aile droite du Parti républicain, celui-ci avait accompagné Nixon, dans les années 60, dans plusieurs voyages d'affaires en Extrême-Orient, après avoir exercé les fonctions de ministre adjoint du Commerce sous Eisenhower. Kearns allait diriger ensuite, à l'instigation de Nixon, l'Eximbank, chargée de fournir les crédits fédéraux à l'exportation, en priorité dans le cadre des opérations avec l'Est.

Après ses premiers entretiens avec les dirigeants soviétiques, Stans confia, laconique : « Nous sommes à la veille de décisions importantes. » Une semaine plus tard, au gré d'une chorégraphie parfaitement réglée, un avion spécial se posait sur l'aéroport de Moscou, transportant à son bord les présidents des cent douze plus importantes multinationales américaines. Prétexte officiel : celui d'une conférence sur le Commerce.

Quatorze années plus tard, les dirigeants de ces grandes firmes, qui sont souvent des hommes blasés, parfois cyniques, ont gardé un souvenir émerveillé de cette visite. Interrogés en 1984, ils évoquent avec une certaine émotion ces moments de « fraternisation » où ils entendirent « littéralement la glace se rompre ». Et, avec un goût prononcé pour le cliché, tous décrivent leur rencontre avec les leaders soviétiques comme la révélation d'« hommes remarquables », sur fond de réceptions fastueuses à la vodka et au caviar.

Le 20 avril 1972, le Boeing de Kissinger quitte la base aérienne d'Andrews pour un discret aéroport non loin de Moscou. Immédiatement après son arrivée, un convoi de limousines gagne les « collines de Lénine » où se trouve Dom Pryoma, un luxueux complexe de repos réservé aux dirigeants soviétiques. Le secret qui entoure la visite du conseiller présidentiel est total. L'ambassadeur à Moscou, Jacob Beam, l'ignore totalement, tout comme le brigadier général Ben Scowcroft, attaché à la Maison Blanche et chargé de préparer la prochaine visite de Nixon dans la capitale soviétique.

Quatre jours durant, Kissinger et son adjoint Sonnenfeld rencontrent Brejnev, entouré de son ministre des Affaires étrangères Andréï Gromyko, d'Anatoli Dobrynine et d'Alexandrov, son conseiller spécial en politique étrangère. Ces pourparlers marquent la première phase de la stratégie américaine de désengagement dans le Sud-Est asiatique. Kissinger suggère que les Etats-Unis accepteront l'instauration d'un cessez-le-feu en échange du départ des forces vietnamiennes « entrées au Sud-Vietnam après l'offensive de printemps ». Pour la première fois, Washington accepterait ainsi que des combattants de Hanoï restent au Sud. Des troupes fraîches, regroupant 30 à 40 000 hommes, ont en effet pénétré depuis l'offensive, mais plus de 100 000 Nord-Vietnamiens étaient alors déjà installés au sud du 17e parallèle.

Kissinger demande à Brejnev de transmettre la nouvelle position américaine aux dirigeants de Hanoï. Après une rapide visite au Kremlin, le dernier soir, le conseiller regagne Washington d'où il repart, le 1er mai, pour une réunion secrète à Paris avec le négociateur vietnamien Le Duc Tho.

Nous sommes en année électorale, mais Nixon attend beaucoup de son voyage officiel à Moscou prévu pour la mi-mai et qui constituera la première visite d'un président américain en U.R.S.S. Réélu, il compte développer avec Léonid Brejnev toute une politique d'entente et de coopération économiques. C'est pourquoi la contre-offensive militaire engagée à cette époque par Hanoï l'embarrasse. Le 5 mai à 11 heures, Kissinger et son adjoint le général Alexander Haig se retrouvent dans le bureau présidentiel pour une réunion du Conseil national de Sécurité à laquelle participent Richard Helms, directeur de la C.I.A., le secrétaire d'Etat William Rogers, Melvin Laird, patron du Pentagone, le ministre des Finances, le Texan John Connally, et le vice-président Spiro Agnew.

Nixon est décidé à lâcher le Vietnam, mais uniquement après l'élaboration d'un semblant de solution politique. Céder militairement serait perdre la face vis-à-vis de nombreux électeurs potentiels. Déterminé à ordonner des bombardements massifs des lignes de communication nord-vietnamiennes et le minage du port de Haïphong, une seule donnée fait encore hésiter le président américain : l'attitude de Moscou. Ne pouvant festoyer autour d'un cercueil, les Soviétiques ne vont-ils pas être contraints d'annuler la rencontre pour marquer un semblant de solidarité avec les communistes nord-vietnamiens ? Kissinger est chargé de sonder Dobrynine. Il téléphone du bureau ovale. L'ambassadeur se met en rapport avec Moscou. Deux heures plus tard, la réponse parvient : le sommet ne sera pas reporté. A 13 heures, les militaires reçoivent l'ordre de déclencher les opérations ; à 21 heures, Nixon apparaît à la télévision pour annoncer sa décision.

Seize jours plus tard, accompagné de Kissinger, il dîne à Dom Pryoma avec Léonid Brejnev, entouré de Kossyguine, de Podgorny et d'Alexandrov. Les discussions, engagées à 20 heures, sont suspendues à 23 h 30 pour permettre aux convives de passer à table. Comme prévu, les réactions soviétiques à l'intervention militaire américaine restent feutrées. Kossyguine exprime juste la crainte que des navires russes ne soient touchés par les bombardements de Haïphong. Pas un seul des dirigeants soviétiques n'en vient à déclarer que la guerre au Vietnam constitue un obstacle à une détente qui, aux yeux de Brejnev, « ne cesse de se développer ».

La seconde rencontre portant sur le Vietnam a lieu le lendemain après-midi entre Kissinger et Gromyko. Une nouvelle fois, l'ancien professeur de Harvard se démarque des rigoureux principes diplomatiques défendus jusqu'alors par l'Exécutif américain. Il annonce que les Etats-Unis sont prêts à accepter la création d'une commission électorale tripartite regroupant des éléments du régime de Saïgon, des forces neutralistes et — fait totalement nouveau — du Vietcong. Abasourdi, Gromyko déclare :

« Je voudrais être tout à fait sûr d'avoir bien compris ce que vous m'avez dit.

— Absolument, répond Kissinger. Je vous parle de la création d'une commission tripartite. »

Le 26 mai, les deux hommes se retrouvent au Kremlin et évoquent la possibilité de suspendre les bombardements sur le Nord-Vietnam, même si tous les prisonniers américains ne sont pas libérés, ce qui constituait jusqu'ici un préalable. Le même jour, dans une autre salle, William Simon, secrétaire au Trésor, et Nicolaï Patolitchev, ministre soviétique du Commerce extérieur, signent le premier traité commercial soviéto-américain.

Nixon s'engage à obtenir du Congrès l'application de la clause de la nation la plus favorisée en faveur de l'U.R.S.S.

A cette occasion, le président américain et Brejnev décident de l'accroissement des échanges économiques bilatéraux et de la création d'un organisme regroupant d'influents hommes d'affaires américains et des officiels soviétiques : l'US-USSR Trade Council.

Le 30 mai, dernier jour du voyage officiel, les deux leaders décident que Nicolaï Podgorny, président du Soviet suprême, se rendra à Hanoï pour tenter de rallier la direction nord-vietnamienne aux nouvelles propositions américaines. Le 7 juin, Podgorny atterrit à Hanoï, tandis que Kissinger vole vers Pékin. Dès son arrivée, le conseiller américain rencontre le Premier ministre Chou En-laï durant quatre heures. L'historien se substitue alors au diplomate pour tenter d'obtenir que la direction chinoise agisse comme Moscou, par pressions discrètes, auprès des communistes vietnamiens pour les amener à une plus grande souplesse. Chou En-laï, qui n'a aucun intérêt à favoriser la position de Moscou, reste évasif.

Hanoï accepte cependant une rencontre secrète entre Kissinger et Le Duc Tho, à Paris le 19 juin. La discussion n'aboutit pas. Kissinger se rend alors directement de Paris à Saïgon. Il suggère au président Thiêu de s'engager dans la voie d'un règlement. Ainsi le candidat démocrate à l'élection présidentielle, George McGovern, partisan d'une solution rapide du conflit et de l'abandon du régime sud-vietnamien, ne pourra plus prétendre que Saïgon constitue un obstacle à la paix. Et Nixon, réélu, s'engagera — toujours selon Kissinger — à continuer de fournir aide et matériel militaire à Thiêu. Pour Kissinger, il s'agit en fait d'obtenir pour Saïgon, après le cessez-le-feu, un « intervalle décent »... avant la chute et l'abandon définitif.

Dans l'avion qui le ramène de Saïgon à San Clemente, en Californie, où il doit rendre compte à Nixon de ses négociations, le conseiller présidentiel confie à ses collaborateurs : « Nous ne pouvons pas laisser le Vietnam nous empoisonner encore quatre années. Ce problème doit être réglé entre l'élection de novembre et l'entrée en fonctions du président pour son second mandat, au début de janvier. » Un peu plus tard, durant le même vol, il ajoute : « Une chose est sûre : il faut en finir une fois pour toutes[3]. »

Au début d'avril 1972, alors que la vie politique américaine est déjà dominée par la prochaine échéance présidentielle, de nouvelles lois sur le financement des campagnes électorales sont promulguées. Richard Nixon assure ses concitoyens qu'elles sont autant de « garanties contre les abus des campagnes et permettront de renforcer la confiance du public dans l'intégrité du processus électoral, en lui fournissant tous les éléments touchant aux sources de financement ». Or, tandis que George McGovern, le candidat démocrate, à court de fonds, arpente les trottoirs new-yorkais avec son équipe en échangeant des autographes contre quelques dollars, l'entourage de Nixon met en place, à travers un « Comité pour la réélection du président », une puissante machine agissant souvent en dehors de toute légalité ! Entre le printemps 1971 et les derniers mois de 1972, 60,2 millions de dollars vont être ainsi collectés. Sur ce total, 7 millions de dollars s'avéreront des contributions illégales fournies par les plus puissants hommes d'affaires américains : 250 000 dollars par Howard Hugues ; 150 000 dollars par Thomas Jones, le président de la firme de construction aéronautique Northrop, travaillant pour le Pentagone. La liste est longue.

A la fin de mars 1972, Hammer déjeuna avec Stans à Washington. Au menu : l'importance de sa propre contribution à la campagne du président sortant. Hammer proposa 50 000 dollars et rapporte que Stans lui aurait répondu : « Docteur, vu votre taille, ce n'est pas assez. Tous vos amis californiens, Leonard Firestone et Justin Dart (deux intimes de Ronald Reagan) appartiennent au club des 100 000 dollars. » Hammer répondit qu'il ne disposait ce jour-là que de 50 000 dollars en liquide, qu'il avait d'ailleurs amenés avec lui dans une mallette.

La nouvelle loi sur les financements électoraux allait entrer en vigueur une semaine plus tard. A partir de cet instant, les faits deviennent obscurs. Hammer affirme qu'il débloqua

54 000 dollars supplémentaires, dès son retour à Los Angeles, et chargea un de ses employés, Tim Babcock, ancien gouverneur du Montana, de les transporter à Washington. Toujours selon Hammer, Babcock aurait tardé et les fonds auraient été déposés après l'expiration du délai légal, sans qu'il en fût lui-même informé. Toujours est-il que l'affaire devait donner lieu à un retentissant procès en 1975 ; mais un fait au moins ne souffrait pas la moindre controverse : Hammer avait bien augmenté sa contribution.

Le 20 juillet 1972, il fut en effet reçu par Richard Nixon à la Maison Blanche et les fameuses bandes magnétiques qui allaient entraîner un an plus tard la chute du président révélèrent que, ce jour-là, le président d'Occidental, au cours de la discussion, confia au chef de l'Exécutif : « Monsieur le Président, j'ai le plaisir de vous annoncer que je fais maintenant partie du club des 100 000 dollars... »

Hammer était alors engagé avec les Soviétiques dans des négociations complexes aux enjeux financiers considérables. Ses démêlés avec la Libye avaient érodé la confiance des investisseurs, et l'action d'Occidental avait chuté de moitié, passant de 100 à 55 dollars. Il se tournait donc pour un nouveau banco vers les grands espaces soviétiques, seul tapis vert qui lui eût toujours assuré chance et fortune.

Il n'en restait pas moins étroitement concerné par la future élection présidentielle. Pas seulement par son soutien généreux à Nixon. Lorsque la Convention démocrate eut à désigner le vice-président qui figurerait sur le « ticket » aux côtés de George McGovern, le choix de la majorité se porta sur le beau-frère de la famille Kennedy, l'avocat d'affaires Sargent Shriver, qui était peu auparavant ambassadeur à Paris. On déploya alors des trésors d'énergie pour parvenir à le joindre. Au bout de deux jours, il fallut renoncer à l'idée de sa candidature. On avait découvert qu'il appartenait au bataillon d'avocats emmené par Hammer à Moscou pour l'aider dans ses transactions [4]...

XII

En décembre 1972, Léonid Brejnev déclarait à ses visiteurs occidentaux : « Les échanges économiques, le commerce constituent le noyau dur et indestructible de la détente. » Treize ans plus tard, son ancien secrétaire, Constantin Tchernenko, détint pour quelque temps le pouvoir suprême à Moscou et, si Ronald Reagan a succédé à Richard Nixon comme président républicain, les hommes qui l'entourent sont restés les mêmes : Caspar Weinberger et George Shultz sont désormais à la tête du Pentagone et du Département d'Etat après avoir été, comme conseillers économiques de Richard Nixon, deux des artisans les plus efficaces de la politique de détente.

Lorsque, en 1973, le Congrès de Washington adopta l'amendement Jackson-Vanick (pas d'argent américain à l'U.R.S.S. sans autorisation de départ des Juifs soviétiques candidats à l'émigration), plongeant dans l'embarras les milieux d'affaires américains et les dirigeants communistes qui misaient sur l'utilisation abondante de crédits officiels pour financer leur expansion, George Shultz, alors ministre des Finances, monta en première ligne, exprimant le souhait qu'on « ne remette pas en question le système politique prévalant en U.R.S.S. » Il jugea l'initiative du Congrès « peu réfléchie » et estima « anormal que la défense générale des droits de l'homme bloque le développement des relations commerciales usuelles avec des pays ne pratiquant pas l'économie de marché ». Propos d'orfèvre, puisque Shultz, qui est aussi l'un des chefs de file des doctrinaires de l'économie libérale de l'école de Chicago, a joué également au Chili un rôle essentiel dans l'inspiration de la politique sociale du régime du général Pinochet...

La « détente » est un mot bien vague pour recouvrir une réalité infiniment subtile, fluctuante et ambiguë. De 1972 à 1985, la coopération et l'entente politique Est-Ouest resteront néanmoins des priorités fondamentales. Les péripéties exigeront simplement certains replis tactiques momentanés, de nouveaux habillages idéologiques, sans que les objectifs finaux soient remis en question.

Jerry Shecter fut, durant l'administration Carter, l'adjoint de Zbigniew Brzezinski, chef du Conseil national de Sécurité, chargé d'élaborer la politique étrangère américaine. Shecter est aujourd'hui rédacteur en chef du magazine *Cosmopolitan*, l'un des plus forts tirages de la presse américaine, après avoir été lui aussi engagé par Armand Hammer à son départ de la Maison Blanche. Cet homme de quarante-huit ans, prudent et intelligent, travaille également pour l'un des plus puissants cabinets de conseil en investissements pétroliers, basé à Washington. Au mur, derrière son bureau, une large carte de l'ensemble du continent américain où sont localisées les réserves prouvées et potentielles de pétrole.

Sur Armand Hammer, « le plus extraordinaire *gambler* (joueur) de l'économie mondiale », il s'exprime avec fascination : « Il règne sur Occidental comme un empereur. Au demeurant, il détient un véritable empire. — Jusqu'à quand ? — Jusqu'à son dernier souffle de vie : jamais il n'acceptera de céder le pouvoir. »

Sur l'administration Carter, réputée pour son antisoviétisme, Shecter apporte un éclairage nouveau :

« Elle n'était pas plus hostile que les précédentes à la coopération économique avec l'Est, et les hommes d'affaires se sentaient aussi à l'aise avec nous qu'avec Nixon et Ford.

— Cette situation aurait-elle pu se prolonger longtemps encore ?

— Indéfiniment, s'il n'y avait eu, en 1979, l'invasion de l'Afghanistan qui nous obligea à réagir.

— Mais cette occupation n'est-elle pas justement la preuve que les Soviétiques privilégieront toujours leurs intérêts géopolitiques immédiats, même au risque de porter atteinte à la coopération avec l'Occident ? »

La longue silhouette de Shecter s'étire dans son fauteuil :

« C'est en effet toute la question, que personne n'est encore parvenu à trancher. »

A la fin de 1972, la détente en plein essor exigeait des actes symboliques. L'un d'eux était le choix d'une personnalité de tout premier plan comme ambassadeur américain à Moscou. La Maison Blanche avança le nom de David Rockefeller, sans que l'on sût exactement si le président de la Chase Manhattan avait donné préalablement son accord à une telle nomination. Les Soviétiques, tout en se déclarant « extrêmement flattés » par le choix d'une personnalité aussi prestigieuse, auraient marqué une certaine préférence pour Armand Hammer... « Un choix qui était et reste impossible, dit l'un des proches conseillers de Reagan, qui travaillait déjà, à l'époque, pour Nixon. Si amicales soient ses relations avec les présidents américains, nous n'arrivons pas en effet à savoir exactement de quel côté de la barrière il se trouve... » Opinion partagée par celui qui était alors justement ambassadeur en poste à Moscou, Malcom Toon : « Les relations plus qu'étroites de Hammer avec la direction soviétique me mettent mal à l'aise. Je ne veux certes pas suggérer qu'il existe quelque obscure et sinistre connexion avec le K.G.B. Hammer est probablement trop puissant et trop précieux comme principal artisan du commerce avec la Russie pour être utilisé par les Soviétiques à de tout autres fins. »

Ces deux confidences venaient illustrer un long article publié en 1981 par Jay Epstein dans le *New York Times,* consacré aux liens de Hammer avec l'U.R.S.S. Au lendemain de sa parution, celui-ci téléphona aux propriétaires du *Times,* la famille Sulzberger, dont il était l'ami, et envoya une lettre de sept mille mots, plus longue que l'article incriminé. Le directeur et l'avocat du journal examinèrent ligne après ligne cette réponse et n'y trouvèrent pas le moindre commencement de réfutation sérieuse de ce qu'avait avancé le journaliste. Hammer y reprenait mot pour mot la biographie du personnage quasi mythique qu'il cherchait depuis toujours à accréditer : « Je suis allé en Russie pour combattre le typhus... Ceci attira l'attention de Lénine sur moi... J'ai quitté Moscou en 1930 sans jamais avoir rencontré Staline et n'y suis pas retourné avant 1961, quand le président Kennedy me demanda de m'y rendre comme émissaire auprès de Nikita Khrouchtchev... Tout au long de ma vie, je n'ai été qu'un homme d'affaires américain. Occidental et Armand Hammer sont totalement dévoués à ce grand pays et à ses objectifs. »

Profession de foi patriotique qui va droit au cœur de chacun. Pourtant, on va le voir, la logique économique ne coïncide pas toujours avec les impératifs ou les intérêts nationaux...

En juillet 1972, deux agents soviétiques arrivent dans le plus grand secret à New York. Leur mission : acheter, pour pallier une récolte catastrophique, 20 millions de tonnes de blé aux Etats-Unis au meilleur prix, et en évitant toute publicité. Leurs interlocuteurs : six compagnies dont les bénéfices sont supérieurs à ceux des sociétés pétrolières et qu'ils vont opposer les unes aux autres en utilisant à leurs dépens leur goût du secret. Cette opération clandestine coûte plus de 210 millions de dollars aux contribuables américains en subsides à l'importation : un véritable « casse » opéré contre le Trésor !

Arthur Burns, président de la Federal Reserve, souligne les répercussions inflationnistes de cette manipulation dont une autre dimension va assez vite apparaître : les Russes n'ont pu acheter ce blé, à l'insu du gouvernement et au détriment des citoyens américains, que grâce à des crédits qui leur ont été octroyés par la Chase Manhattan Bank. A la télévision soviétique, David Rockefeller ne déclare-t-il pas alors : « Le développement du commerce est le plus magnifique des projets. Nous allons dresser de véritables ponts économiques entre l'Occident et le monde communiste » ?

Ces banquiers et patrons de grandes multinationales qui accourent alors à Moscou pour négocier accord sur accord restent on ne peut plus attachés à leurs privilèges. Ils veulent les meilleures voitures de fonction, les hôtels les plus confortables, le personnel le plus stylé. Toutes ces exigences sont satisfaites. Comme le rappelle Frank Church, alors président de la Commission des Affaires étrangères du Sénat : « A chacun de mes voyages en U.R.S.S., je constate que les hommes d'affaires américains bénéficient d'un statut spécial sous l'effet d'une curieuse inversion des principes. C'est comme dans nos sociétés démocratiques où les foules s'assemblent pour aller saluer des Altesses. On assiste à une curieuse contorsion des comportements... »

Seul point sur lequel les Soviétiques se montrent intraitables : le mode d'accès à leur pays. Tous ces présidents de sociétés, habitués à leurs *jets* privés, doivent, dans un touchant ensemble démocratique, emprunter les avions de ligne et les vols commerciaux. Aucune exception n'est admise — sauf une. Lorsque la nouvelle se propagera, franchissant les portes capitonnées des conseils d'administration et des bureaux directoriaux, elle suscitera une gamme de sentiments allant de l'admiration à la colère. Armand Hammer est autorisé à se poser sur l'aéroport de Moscou à bord de son Boeing personnel. « Comme un chef d'Etat », constate avec envie un industriel. Sur la route de Moscou, l'appareil s'arrête à Copenhague pour une escale technique. Là, il embarque l'équipage personnel de Léonid Brejnev, celui-là même qui pilota en 1972 l'avion présidentiel de Nixon lorsqu'il pénétra dans l'espace aérien soviétique.

Evénement apparemment secondaire, mais hautement symbolique, qui suscite alors certaines réactions furieuses. Une seule est prise en considération : celle de David Rockefeller, qui a fait connaître son étonnement aux autorités soviétiques. Comme il représente une puissance considérable et qu'il a déjà fourni maintes lignes de crédits à l'U.R.S.S., on finit par accéder à sa demande, à l'issue — selon un de ses adjoints — « de discussions exténuantes, bien pires que les négociations sur le Vietnam ! » David Rockefeller n'en est averti qu'au tout dernier moment, à la veille de son départ pour Moscou, alors qu'il séjourne pour quelque trente-six heures à Nice.

La suite, qui relève soit du hasard, soit d'un plan concerté, n'est pas dépourvue d'humour... Plusieurs correspondants de presse américains en poste en U.R.S.S. se rendent à l'aéroport pour rencontrer le président de la Chase. L'un d'eux se souvient : « Son appareil avait été garé un peu à l'écart et Rockefeller attendait depuis un bon moment, entouré de ses collaborateurs, que soient accomplies les formalités de douane. Au même moment, un autre appareil se posa. Il fallut voir le visage de Rockefeller, d'habitude si inexpressif, passer de l'incrédulité à la colère ! L'avion de Hammer, qui passait alors plus de temps en U.R.S.S. qu'en Occident, venait d'atterrir. Une dizaine de minutes plus tard, alors qu'un fonctionnaire des douanes examinait et retournait encore pour la énième fois le passeport de Rockefeller, le président d'Occidental, dispensé de ces formalités, quittait royalement l'aéroport devant notre groupe effondré... »

Peu avant son départ pour Moscou, un des assistants de David, l'ancien ambassadeur Ridgeway Knight, confia lyriquement au célèbre journaliste Bill Moyers : « J'ai représenté plusieurs présidents et j'ai souvent parlé au nom de très nombreux secrétaires d'Etat ; jamais pourtant je n'ai vu les portes s'ouvrir aussi facilement que lorsque j'accompagne David Rockefeller. C'est fantastique ! » Traitement qui, apparemment, ne s'étendait pas jusqu'à son entourage. Au terme de ce voyage, le président de la Chase quitta Moscou en passant par le salon d'honneur de l'aéroport. Les formalités furent cette fois plus rapides qu'à l'arrivée. Mais son assistant, Joseph Reed, qui avait dû prolonger son séjour de quarante-huit heures, découvrit, lorsqu'il voulut quitter le pays, qu'en raison de la procédure spéciale dont son groupe avait bénéficié, son propre passeport n'avait pas été timbré à l'arrivée. Il lui était devenu impossible de partir et d'expliquer à la bureaucratie soviétique cette absence de cachet : « Rockefeller avait été traité comme un chef d'Etat, mais le tapis rouge avait été promptement roulé derrière lui, et je n'existais plus. J'étais dépourvu d'existence, errant d'un bureau à l'autre où l'on me répondait brutalement : *niet ! niet !* Un vrai cauchemar[1]... »

Le 27 janvier 1973, l'accord de cessez-le-feu sur le Vietnam est officiellement signé à Paris. Le 9 janvier, jour de son soixantième anniversaire, Nixon a envoyé un ultimatum au président sud-vietnamien Thiêu : « Vous devez décider maintenant si vous désirez préserver notre alliance ou si vous souhaitez que je conclue avec l'ennemi un règlement correspondant aux seuls intérêts américains. »

Aux termes des accords de Paris, les Etats-Unis assurent la République démocratique du Vietnam qu'ils retireront du Sud-Vietnam, dans les douze mois suivant leur signature, tout leur personnel civil travaillant dans les forces armées de la République du Vietnam. Ils s'engagent à ce que la majorité d'entre eux soit repartie dans les deux mois. Ces assurances concernent tous les employés du gouvernement dont « les principales activités sont en relation avec les forces armées du régime de Saïgon ». Les négociateurs américains insistent pour que, dans l'ensemble, le texte des accords recèle le maximum d'imprécisions et d'ambiguïtés, permettant l'application la plus simple.

Réfugié dans son palais présidentiel comme un naufragé sur une île déserte, Thiêu voit les Américains sur le départ entasser autour de lui des monceaux de matériel neuf, comme on empilerait autour d'un banni des conserves pour subsister, sans lui laisser le moindre ouvre-boîte... Quatorze mois vont suffire aux marathoniens de Hanoï pour pénétrer dans la capitale du Sud-Vietnam, la rebaptiser Hô-Chin-Minh-Ville et rééduquer la population... Entre-temps, dans le processus de détente en cours de consolidation, Saïgon n'apparaît plus comme un détour obligé et encombrant sur le tracé Moscou-Washington.

Le 13 janvier, alors que se scellait ainsi le destin du Sud-Vietnam, Armand Hammer rencontre Léonid Brejnev qui, solennel, lui annonce : « La guerre froide est définitivement enterrée. » Le courant passe entre les deux hommes. Interrogé plus tard sur les relations « privilégiées » qu'il a nouées avec l'homme d'affaires américain, Brejnev déclare, débonnaire : « Nous n'échangeons pas de secrets. C'est tout simplement un homme que j'aime et qui m'aide. »

Le premier contact officiel entre eux remonte au sommet Brejnev-Nixon de 1972. « J'étais à la droite du président américain, se rappelle Hammer, et Brejnev me faisait face. J'ai été aussitôt frappé par son tempérament cordial et chaleureux. Il me dit : " Je n'ai pas eu le temps de vous préparer de cadeau, alors prenez ", et il m'a tendu sa montre avec une chaînette en or... Je parlais en russe avec lui, et nous n'avons cessé d'échanger des plaisanteries. A un moment, je l'ai regardé le plus sérieusement du monde : " Eh bien, moi, je n'ai pas oublié de vous apporter quelque chose. " Et je lui ai remis un Goya d'un million de dollars et plusieurs lettres manuscrites de Lénine que j'avais apportées. Il était si touché que les larmes lui sont montées aux yeux. » (En fait, depuis que son ex-femme le déposséda de la seule et unique lettre que lui avait adressée Lénine, Hammer ne possédait plus aucune pièce autographe du leader bolchevique. Il avait probablement lancé plusieurs détectives à travers le monde pour racheter les documents offerts ce jour-là [2]...)

Armand Hammer est la seule personnalité occidentale à bénéficier d'un accès direct et permanent au bureau du secrétaire général, au troisième étage du bâtiment du Conseil des ministres, en plein cœur du Kremlin. C'est une pièce plus spacieuse mais moins élégante que le bureau ovale de la Maison Blanche. Sur le bureau, une tasse de café, un paquet de Philip Morris et deux photographies. L'une représente Léonid Brejnev avec Nixon, six mois plus tôt ; sur l'autre, prise en 1971, il est en compagnie du chancelier ouest-allemand Willy Brandt sur les rivages de la mer Noire.

Si Hammer rencontre aussi fréquemment le chef suprême de l'Union Soviétique, c'est notamment parce qu'il est le maître d'œuvre des deux plus importants projets économiques jamais envisagés entre l'Occident et l'U.R.S.S. Tout a commencé en septembre 1972, alors que filtraient les premières révélations sur les achats massifs de blé effectués par l'U.R.S.S. Hammer est alors à Moscou et l'un de ses interlocuteurs, Ivan Semichastnov, ministre adjoint du Commerce extérieur, lui dit :

« Docteur, vous rappelez-vous l'accord sur les fertilisants que nous avions été sur le point de conclure avec vous en 1964 ?

— Oui, répond le président d'Occidental qui, avec son étonnant instinct de vendeur, ajoute : Si ce contrat avait alors été paraphé, vous n'en seriez pas réduits aujourd'hui à dépenser des milliards de dollars pour acheter du blé en Amérique. »

Le ministre paraît stupéfait :

« Que voulez-vous dire ?

— Que, grâce aux fertilisants chimiques, vous pourriez éviter les effets d'une sécheresse et d'une mauvaise récolte. L'humidité reste plus longtemps dans le sol, vous obtiendriez de meilleurs rendements et même, certaines années, d'amples excédents qui vous permettraient de stocker. »

A peine rentré à son hôtel, Hammer reçoit un appel téléphonique de Léonid Kostandov, ministre de l'Industrie chimique, avec lequel il avait déjà négocié huit ans auparavant :

« Docteur, je viens de recevoir une communication du ministre du Commerce extérieur, le camarade Patolitchev. Il m'a demandé si nous aurions pu vraiment économiser deux milliards de dollars en concluant un accord avec vous. Je lui ai dit que c'était vrai, alors il m'a répondu : mais qu'est-ce que vous attendez donc pour négocier ce contrat ? »

Hammer a frappé juste et fort. Si, selon Brillat-Savarin, « le destin d'un peuple dépend de la façon dont ses dirigeants le nourrissent », nul doute que celui des Soviétiques doive être envisagé avec pessimisme. Depuis 1917, la politique agricole soviétique s'est toujours caractérisée par un très haut degré d'inefficacité. Sous Staline, les déportations de population, les collectivisations forcées, la priorité donnée à l'industrie lourde, la tentative avortée d'acclimater du blé en Sibérie, firent des privations, de la malnutrition, voire parfois de la famine, un trait dominant de la vie quotidienne en Union Soviétique. En 1972, l'activité agricole regroupe encore plus du tiers de tous les travailleurs soviétiques, mais ses résultats ne permettent pas aux 240 millions d'habitants de vivre en autosuffisance. Constat amer pour les responsables communistes dont les regards doivent se porter sur les plaines du Middle West où 4 % de la population active américaine produit dans des conditions climatiques idéales 60 % de la production céréalière mondiale.

En U.R.S.S., selon la *Pravda,* sur 2 762 000 tracteurs fabriqués entre 1966 et 1974, 676 000 seulement sont en état de marche. La majorité des jeunes préfère désormais gagner les villes et le manque de personnel qualifié se fait sentir d'année en année avec plus d'acuité. Le matériel est ancien, inadapté, les coûts de production ont augmenté, et surtout les champs reçoivent à peine le tiers du total des fertilisants déversés chez eux par les fermiers américains.

Alors que les souvenirs de la guerre froide s'estompent déjà dans l'euphorie naissante de la détente, le *deal* suggéré par le président d'Occidental apparaît comme prioritaire et extrêmement bénéfique.

Le 15 juillet, Hammer annonce depuis Moscou la conclusion d'un premier accord. Interrogé sur le montant de la transaction, son quartier général à Los Angeles répond : « Plusieurs milliards de dollars. » Au même moment, Hammer a déjà quitté Moscou et vole vers Rabat pour rencontrer le nouveau secrétaire au Commerce américain, Peter Peterson, en visite officielle au Maroc, qui n'a pas été un seul instant tenu au courant des négociations.

Le 18 juillet, Hammer débarque à Londres. Toute la presse mondiale a convergé vers la capitale britannique. Le porte-parole d'Occidental a en effet annoncé des « révélations imminentes sur un événement majeur ». Hammer pénètre dans la salle de conférence, observe avec satisfaction l'affluence, et, après avoir chaussé ses lunettes, déclare : « Occidental vient de signer un contrat pour l'exploitation de tous les champs de gaz et de pétrole soviétiques, y compris ceux situés en Sibérie. C'est le plus important accord jamais conclu dans l'histoire du commerce soviéto-américain. »

Pressé de questions, Hammer fournit quelques précisions : Occidental apportera l'assistance technique et les brevets en échange de pétrole, de gaz, de nickel et de chrome. Lorsqu'on lui demande de chiffrer l'ampleur de l'accord, il refuse de répondre. Comme dans une vente aux enchères, les journalistes lancent des chiffres : « Un milliard ? deux milliards ? trois milliards de dollars ? » Impassible, Hammer sourit.

Deux heures plus tard, Moscou confirme le principe de l'accord. Curieusement, le moment choisi par Hammer pour faire ses déclarations à la presse coïncide avec l'annonce par le président Sadate de l'expulsion de tous les conseillers soviétiques présents en Egypte — défaite diplomatique majeure pour l'U.R.S.S....

Le même jour, dès l'ouverture, Wall Street réagit à la hausse. Deux millions d'actions d'Occidental sont échangées durant la première heure de cotation au Stock Exchange. Neuf millions d'actions seront négociées en l'espace de deux séances.

Quarante-huit heures après l'événement, Peter Peterson arrive à Moscou. Nous sommes le 20 juillet. Invité à donner son avis sur l'accord conclu par Occidental, le ministre du Commerce répond : « Il n'y a pas d'accord. Il existe seulement une décision commune de coopérer en vue d'explorer les divers domaines où pourront être passés des accords. » Les responsables soviétiques l'interrogent : « Mais Hammer nous a garanti un crédit de 180 millions de dollars, pour des achats de phosphates, que le président Nixon aurait déjà approuvé ! » Peterson secoue négativement la tête : « A ma connaissance, le président n'a jamais eu connaissance d'une telle requête. »

Les actions d'Occidental chutent aussitôt, mais Peterson s'est partiellement trompé. Hammer n'avait certes pas évoqué préalablement ce crédit et cet accord avec le président, mais il était précisément en train de le faire au moment même où, à Moscou, le ministre formulait sèchement son rectificatif.

Armand Hammer se trouve en effet à la Maison Blanche où il décrit alors à Nixon les perspectives offertes par ses négociations, et les gains économiques, politiques et financiers qui peuvent en être retirés. Dix jours plus tard, il revient en triomphateur à Moscou. Sur ordre direct du président américain, qui considère la transaction comme « relevant de l'intérêt national », les 180 millions de dollars réclamés ont été débloqués par l'Eximbank, l'organe fédéral chargé d'octroyer des crédits à l'exportation. Ils sont accordés à un taux exceptionnellement bas de 6 %, dont même les plus importantes firmes exportatrices américaines n'ont jamais bénéficié.

Des voix autorisées font alors part de leurs appréhensions. Hammer possède une position de quasi-monopole en matière de production et d'exportation de phosphates. Ses sociétés, en Floride et en Californie, passent auprès de nombreux armateurs des ordres d'affrètement anormalement élevés. Est-il judicieux et justifié qu'un tel crédit puisse servir à des exportations à destination de l'U.R.S.S. qui accéléreront l'épuisement de ce minerai essentiel à l'agriculture américaine ?

Un homme va leur répondre : William Casey. Il est alors directeur de l'Eximbank, avant de devenir en 1980 responsable de la campagne électorale de Ronald Reagan, puis, en 1981, directeur de la C.I.A., poste qu'il occupe toujours aujourd'hui. Lui qui affirme avoir toujours été obsédé par « les problèmes touchant la sécurité des Etats-Unis » manifeste en 1973 une étonnante désinvolture dans cette affaire de phosphates et de crédits à l'exportation. « Pour autant que nous le sachions, déclare-t-il, c'est là presque strictement un problème russe. »

Toujours est-il que, le 12 avril 1973, l'accord sur les phosphates est officiellement signé. Il s'agit du plus gros contrat de tous les temps : 20 milliards de dollars ; la fourniture de fertilisants à l'U.R.S.S. pendant vingt ans.

Un des très nombreux conseillers de Hammer mêlés aux négociations, l'avocat Samuel Pisar, souligne à Paris l'ampleur et la complexité de la transaction. En privé, il évoque ces « négociations harassantes où vous n'aviez même pas le temps de changer de vêtements, face à des Soviétiques parfaitement avertis des dossiers et qui, eux, se relayaient toutes les trois heures ».

Le contrat prévoit en outre que l'U.R.S.S. fournira annuellement à une des filiales d'Occidental, Hooker Chemical, un million et demi de tonnes d'ammoniac, un million de tonnes de potasse, etc. Grâce aux indemnités versées par les Libyens, Occidental n'a nul besoin de faire appel aux crédits des banques pour financer cet aspect de l'accord.

Le 10 juin, un autre protocole, portant encore une fois sur vingt ans, cette fois pour 8 milliards de dollars, est conclu à Moscou. Les partenaires en sont la Bank of America, première banque mondiale basée à San Francisco, Bechtel, l'autre géant californien, El Paso, une multinationale texane, et un groupe de firmes japonaises soutenues par le gouvernement de Tokyo. Maître d'œuvre de cette opération : Occidental, car, comme le confie le président d'El Paso, Eugen Boyd : « Hammer est le seul type à pouvoir nous frayer un chemin vers les Soviets. »

L'objectif : acheminer du gaz de Vladivostok à Los Angeles et à Tokyo, avec l'aide des Japonais, en exploitant le gigantesque champ de gaz naturel de Yakoutsk, en Sibérie occidentale. Le projet prévoit à terme, en 1980, l'importation de plus de 10 milliards de dollars de gaz soviétique, alimentant la côte Ouest des Etats-Unis et l'ensemble du Japon.

Hammer a effectué plusieurs voyages à Tokyo pour rencontrer le Premier ministre Tanaka, parfaitement acquis au projet. Mais les obstacles à lever restent énormes. L'incertitude d'abord : nul ne peut évaluer l'ampleur des réserves contenues sur le site sibérien. L'U.R.S.S., ensuite, a besoin de prêts occidentaux : 2 milliards de dollars à des taux d'intérêt extrêmement bas, pour construire trois mille kilomètres de pipe-lines qui traverseront le territoire soviétique, et une usine de liquéfaction. Deux autres milliards devront être consacrés à l'achat de méthaniers géants et au système de forage qui sera importé pour les deux tiers des Etats-Unis. Le Japon, en effet, ne produit pas de matériel adapté aux conditions sibériennes.

Il existe enfin des problèmes politiques : le Japon, qui importe 100 % de son pétrole et 75 % de son gaz, redoute une trop forte dépendance vis-à-vis de son puissant voisin du Nord. Aux Etats-Unis, ces énormes crédits ne peuvent se justifier que si l'U.R.S.S. obtient, par un vote du Congrès, la clause de la « nation la plus favorisée » qui lui fut retirée en 1951, en pleine guerre froide.

L'exploitation intégrale du potentiel sibérien ne manquera pas de provoquer de profondes modifications dans l'économie mondiale, et Hammer le sait. Sur les millions de kilomètres carrés de ce territoire, véritable « scandale géologique », on trouve de l'or, du fer, les métaux les plus rares, l'anthracite le plus pur, et une immense mer de gaz et de pétrole dont les gisements sont quelquefois si proches du sol que la foudre enflamme la nappe, provoquant de gigantesques incendies de forêts. Une région stratégique où, dès 1919, le gouvernement américain expédia des troupes afin de soutenir les contre-révolutionnaires qui s'opposaient au nouveau pouvoir de l'insurrection d'Octobre. Lénine envisagea un moment d'y accorder des concessions aux capitalistes, pour mieux négocier ensuite auprès des Etats-Unis et du Japon la reconnaissance de son régime. Tous, stratèges, hommes politiques et financiers ont rêvé de la Sibérie. Hammer, lui, est le premier à en détenir les clés et à pouvoir caresser l'idée de s'y tailler un royaume.

En 1973, les relations soviéto-américaines semblent apparemment exemptes de tout motif de tension et d'animosité. Dans la perspective d'amples accords, firmes et banques américaines vont beaucoup plus loin dans les promesses et les compromis qu'avec leurs partenaires les plus anciens et les plus fidèles. Des établissements comme la Chase prêtent aux pays d'Europe de l'Est à des taux si bas qu'ils ne couvrent même pas le prix auquel l'argent a été emprunté aux Etats-Unis. Mais, en contrepartie, la porte s'entrebâille. Le lundi 21 mai 1973, David Rockefeller, après s'être recueilli dans la matinée devant le tombeau de Lénine, annonce l'ouverture d'un bureau de la Chase Manhattan à Moscou. Il s'agit de la première implantation d'une banque américaine en U.R.S.S. depuis cinquante et un ans. Ainsi se trouve réaffirmé le rôle de précurseurs joué par la famille Rockefeller et la Chase dans le commerce avec l'U.R.S.S. depuis la révolution d'Octobre. Les bureaux moscovites de la banque sont installés au... 1, place Karl-Marx !

Le fait remarquable est évidemment moins le volume des affaires traitées que la portée psychologique d'une telle décision. Le secret de la puissance de la Chase repose sur son gigantesque réseau de correspondants aux Etats-Unis et à travers le monde. Si une petite banque du Colorado, par exemple, cherche à obtenir un prêt de 2 millions de dollars et que sa taille lui interdit d'en trouver par elle-même plus d'un million, elle s'adresse à la Chase ; et, si la direction de l'établissement new-yorkais souhaite un jour opérer quelques changements ou réajustements politiques dans le Colorado, elle pourra exercer d'efficaces pressions par cette banque régionale, si influente dans son Etat. Ce clientélisme se reproduisait au niveau planétaire, la Chase disposant de par le monde de plus de cent bureaux et de six mille correspondants bancaires.

Très rapidement, les deux concurrents directs de la Chase, Walter Wriston et Alden Clausen, respectivement présidents de la City Bank et de la Bank of America, franchirent à leur tour le « rideau de fer », devenu pour eux une « vitre transparente », pour reprendre l'expression d'un financier européen.

Murray Seegar est un des journalistes américains les plus estimés. Il est aujourd'hui chargé des relations extérieures du syndicat APL-CIO après avoir été, durant les années de détente, le correspondant à Moscou du *Los Angeles Times.* Chaleureux, légèrement désabusé, il évoque cette « période folle où tout un chacun avait la conviction que le monde des affaires menait le jeu et imposait ses règles ». Face aux Etats-nations qui perdent de jour en jour un peu plus de leur pouvoir, l'establishment économique est perçu comme la seule force encore efficace. Le métier de capitaliste, les fonctions de management secrètent et façonnent une mentalité, un nouveau système de valeurs. Les grands entrepreneurs se modèlent un visage de créateurs d'emplois, d'apôtres de la détente, entendent apparaître à travers leurs activités comme des bienfaiteurs de l'humanité, même si ces effets positifs en sont plus une retombée qu'un objectif.

Georgy Arbatov, directeur de l'Institut pour les affaires américaines, apparatchik ouvert, interlocuteur obligé de toutes les personnalités américaines venues négocier, comprendre, discuter, confie en 1973 à James Gavin, héros de la Deuxième Guerre mondiale et ancien ambassadeur des Etats-Unis : « Vous savez, Jim, nos dirigeants pensent que vos grands capitalistes appartiennent vraiment à une sorte de famille royale. Certains ne seraient même pas loin de croire que David Rockefeller est capable de marcher sur l'eau. »

Les Soviétiques répétaient depuis si longtemps que les grandes dynasties industrielles et financières régnaient souverainement sur l'Amérique et le monde capitaliste qu'ils semblaient avoir fini par croire en leur propre propagande. Pourtant, ils ne paraissaient pas exiger de ces capitalistes, désormais présents sur leur sol, de vrais miracles. Henry Ford II contribuait bien à construire sur les bords de la rivière Kama, à 600 kilomètres de Moscou, une gigantesque usine pour la fabrication de camions. Mais le détail du matériel réclamé par les Soviétiques pour édifier ce complexe s'avérait étrangement semblable à celui qu'ils avaient acheté cinquante et un ans plus tôt à son père Henry Ford pour la construction de l'usine Gorki ! Même chose avec la puissante Chemical Construction Company : là encore, l'U.R.S.S. insista pour passer commande de deux usines d'ammoniac identiques à celles déjà édifiées par cette société en 1932... Les années de boycott avaient considérablement réduit les possibilités d'accès des Soviétiques à la technologie occidentale, et cette curieuse insistance à réclamer des matériels périmés révélait l'ampleur du fossé qui s'était creusé entre deux mondes et deux mentalités [3].

XIII

Le samedi 17 juin 1973 à 15 heures, un Ilyouchine-62 bleu et blanc se posa impeccablement sur la base militaire d'Andrews, à quelques kilomètres de Washington. Léonid Brejnev fut accueilli au pied de l'appareil par le secrétaire d'Etat William Rogers et son adjoint chargé des Affaires européennes, Walter Stoessel. Ni fanfare, ni hymne, pas même un bref discours de bienvenue. L'arrivée de personnalités étrangères sur cette base donnait toujours lieu à un protocole réduit. Mais la première visite officielle aux Etats-Unis d'un dirigeant soviétique depuis l'invitation lancée par Eisenhower à Khrouchtchev en 1959 se déroulait dans un climat bien étrange.

Léonid Brejnev, alors au faîte de son pouvoir, allait rencontrer un interlocuteur affaibli, discrédité. En juin 1973, le Watergate était devenu le grand *thriller* national. La façade de respectabilité de la Maison Blanche se lézardait au fur et à mesure que les révélations se succédaient dans les colonnes des journaux. Les responsables du grand hebdomadaire américain *Time* avaient fait un étrange constat : ils vendaient en moyenne 245 000 exemplaires dans les kiosques, et leur numéro spécial consacré à « l'homme de l'année » dépassait traditionnellement ce chiffre ; or Nixon, désigné en 1972 comme l'homme de l'année avec Kissinger, savourant alors ses moments de triomphe, n'avait fait que 214 000 exemplaires. Et quand *Time* se lança dans une série apparemment sans fin de couvertures consacrées au Watergate, les ventes dépassèrent les 300 000 exemplaires. Seule la disgrâce faisait de Nixon un personnage attirant, et c'est au moment de son déclin que les lecteurs semblaient avoir envie d'en savoir plus long sur lui.

La Maison Blanche ressemblait de plus en plus à un bateau ivre, ses défenses s'écroulaient avec une facilité que nul observateur n'aurait jamais osé imaginer. Peu avant son départ pour Washington, Brejnev accorda une interview à une chaîne américaine. Interrogé sur le scandale du Watergate, il répondit : « Ce n'est pas notre affaire. Je considérerais comme indécent de ma part d'en discuter. » Pourtant, les Soviétiques commençaient de manière imperceptible à réviser leurs positions. Rencontrant Henry Kissinger au début de mai, Brejnev bouillonnait encore d'enthousiasme à propos de ce « sommet ». Il emmènerait femme et enfants, voulait visiter plusieurs villes américaines, notamment Houston et Los Angeles. Puis, à la mi-mai, les responsables américains apprirent que les médecins de Brejnev avaient soudain « interdit le voyage » à sa femme ; la visite des enfants fut du même coup annulée. A un certain moment, rappelle Kissinger, les Soviétiques proposèrent même de limiter le séjour à Washington.

Parallèlement, les auditions télévisées en direct de la commission d'enquête du sénateur Ervin gagnaient en virulence. Pas une journée sans révélations. Le témoin vedette de la commission, l'ancien conseiller juridique de la Maison Blanche, John Dean, devait déposer durant la semaine de la visite de Brejnev. Les dirigeants soviétiques allaient ainsi assister à la mise en accusation publique du président avec lequel ils venaient négocier.

Seul domaine positif : le commerce. On semblait glisser des relations politiques classiques à une diplomatie du « rouble et du dollar ». Brejnev, accompagné dans son périple américain par plus de quatre-vingts experts du ministère du Commerce extérieur, avait confié qu'il envisageait des échanges économiques de l'ordre de 250 milliards de dollars pour les vingt années à venir. Le total annuel des échanges entre les deux pays était alors de 3 milliards de dollars, chiffre somme toute modeste comparé aux 30 milliards de dollars du commerce américain avec l'Europe de l'Ouest.

Le prix Nobel de physique Ilya Prygogine a montré que les phénomènes importants, qu'il s'agisse de combinaisons chimiques ou de mutations internationales, sont le résultat de fluctuations permanentes qui atteignent soudain une amplitude suffisante pour que la structure d'ensemble s'en trouve modifiée. C'était un peu le cas des relations Est-Ouest. Une fluctuation interne (la crise du pouvoir aux Etats-Unis) coïncidait avec une fluctuation externe (le rôle croissant des échanges économiques et l'influence dominante des milieux d'affaires dans la conduite des relations internationales).

Au cours du printemps 1973, Nixon avait accepté la création de l'East-West Trade Policy Committee, placé sous la présidence de George Shultz, conseiller économique présidentiel et ministre des Finances. Cet organe regroupait aussi Kissinger, le ministre du Commerce Frederick Dent, et William Eberle, conseiller présidentiel. Son objectif : élaborer une politique américaine d'exportations exempte de tout contrôle. Le ministère de la Défense, susceptible d'élever des objections sur l'utilisation stratégique de certains matériels vendus, en était soigneusement tenu à l'écart.

En juin, après plusieurs heures d'entretiens à la Maison Blanche, Nixon et Brejnev admettent la nécessité de mettre en place « un organisme spécialisé afin d'aménager la libre circulation et un renforcement des relations économiques entre les deux systèmes, dans un climat de franchise et de compréhension mutuelles ».

En septembre, Frederick Dent rencontre à ce sujet les responsables de plusieurs grandes firmes américaines. Au même moment, Kendall débarque à Moscou. L'homme qui, avec l'aide de Nixon, a réussi non seulement à implanter Pepsi Cola en U.R.S.S., mais à obtenir pour son produit une vaste campagne de publicité télévisée indirectement financée par les Soviétiques, est alors reçu par Brejnev. D'après l'agence de presse Novosti, les deux hommes admettent que les relations soviéto-américaines devraient être « institutionnalisées par la création d'un institut commercial commun ». Le manager américain croit beaucoup à l'impact des relations interpersonnelles : « Je n'ai jamais vu aucun pays où ce phénomène soit aussi important qu'en Union Soviétique. C'est en multipliant les contacts et non pas en les restreignant que nous pourrons influencer les Soviétiques dans leur attitude politique, non seulement pour ce qui est des questions de détente et d'armement, mais jusque dans leurs propres vues sur l'existence. » De retour aux Etats-Unis, il se rend directement à la résidence californienne de Nixon, à San Clemente.

Un mois plus tard, l'US-USSR Trade and Economic Council est créé et va constituer la nef où sera désormais célébrée la liturgie de la détente. Cinquante-deux personnalités composent son conseil de direction. Ce sont pour moitié des officiels soviétiques représentant des services gouvernementaux et des organismes du commerce ; du côté américain, le peloton de tête réunit Alden Clausen, président de la Bank of America, Michael Fribourg, président de la première firme céréalière, Continental Grain, Armand Hammer, Howard Clark, président d'American Express, Richard Gestenberg, président de General Motors, Frank Carry, président d'IBM, Irving Shapiro, président de Du Pont et du Business Roundtable, l'organisation regroupant les hommes d'affaires les plus influents, Reginald Jones, président de General Electric, David Rockefeller, Stephen Bechtel, William Rockwell, président de la firme d'armements Rockwell International. La présidence, du côté américain, échoit à Donald Kendall — après un refus de David Rockefeller et après la décision de ne pas nommer Armand Hammer, dont on estime qu'il ferait un candidat « trop marqué ». Le président soviétique est Vladimir Alkhimov, secrétaire d'Etat au Commerce extérieur, homme encore jeune et considéré comme « remarquable » par ses interlocuteurs américains. Plusieurs noms d'officiels soviétiques avaient auparavant été écartés, les Américains faisant savoir à Moscou qu'ils souhaitaient une personnalité capable de « faire constamment le lien avec les dirigeants suprêmes de l'U.R.S.S. »

Kendall et Alkhimov se connaissent alors parfaitement bien, puisqu'ils ont négocié durant de longs mois l'accord qui aboutira en janvier 1974 à l'implantation de l'usine Pepsi Cola à Novorossirsk.

La liste des représentants du monde des affaires permet de constater que le Conseil regroupe en fait les plus grandes firmes et, à travers elles, une part essentielle du pouvoir multinational contemporain. Peu après, American Express et Intourist décident d'ailleurs d'accentuer leur coopération en vue de faciliter la circulation et les séjours des milliers d'hommes d'affaires américains attendus en U.R.S.S.

Le 2 décembre 1973, l'US-USSR Trade and Economic Council ouvre un bureau permanent à New York, au 280 Park Avenue, et, un mois plus tard, une antenne à Washington, près de la Maison Blanche. La coordination en est confiée à Harold Scott, qui fut ministre adjoint du Commerce aux côtés de Maurice Stans puis de Peter Peterson. Entre-temps, le Conseil a ouvert un bureau à Moscou, tout d'abord dans les bureaux de l'Hôtel National, près du Kremlin, puis au siège de la compagnie Pullman dont un historien rappelle que son nom était jadis entré dans le langage courant en Russie : cette compagnie avait en effet conclu plusieurs contrats pour l'achat de wagons, dans les dernières années du tsarisme, qui furent reconduits aux débuts de la révolution. Par un hasard étrange, l'ambassade d'Union Soviétique, quant à elle, fut installée durant de longues années dans l'ancienne résidence de George Pullman à Washington...

Comme ministre adjoint de la Défense, l'industriel David Packard se classait naguère dans le camp des « faucons », appuyant la politique de bombardements et de représailles massives contre le Nord-Vietnam. Le 11 juillet 1973, sa firme Hewlett Packard et le Comité d'Etat d'U.R.S.S. pour la science et la technologie n'en conclurent pas moins un contrat pour cinq ans. L'accord portait sur la fabrication et la vente d'instruments de mesure, d'équipements électroniques et d'ordinateurs. La firme américaine collaborait déjà depuis plus de dix ans avec l'organisation commerciale soviétique Electronogtechnika.

Le 27 juillet, Rockwell International (roquettes, bombes à billes, missiles) vend à la société soviétique Technopromexport des sas d'isolation destinés aux centrales nucléaires et signe un protocole d'accord prévoyant que la compagnie collaborera à la construction d'un moyen-courrier soviétique de trente et une places, le Yak-40.

Au même moment, le géant de l'industrie chimique Dow Chemical, qui fabriquait le napalm utilisé au Vietnam, négocie avec Moscou un contrat à long terme. Pour payer l'implantation d'usines, les Soviétiques acceptent qu'une part de leur production soit ultérieurement réexportée vers les marchés de l'Ouest ; ils consentent même à écouler la part de production qui leur revient à travers des circuits de vente appartenant à l'entreprise capitaliste...

Au début de novembre 1973, vingt experts de l'aéronautique soviétique, sous la direction du premier vice-ministre de l'Aviation, séjournent trois semaines aux Etats-Unis dans l'incognito le plus total. Ils visitent longuement les usines et laboratoires des cinq plus gros contractants du Pentagone et s'intéressent tout spécialement aux systèmes de radars électroniques fabriqués par Lockheed.

Comme le disait Lénine, « la politique n'est que l'expression concentrée de l'économie... »

Peu avant son suicide, dans la solitude de sa résidence londonienne de Montpellier Square, Arthur Koestler évoquait ainsi la fin de son engagement communiste : « J'ai rompu en 1939 à l'annonce du pacte Molotov-Ribbentrop conclu avec l'Allemagne nazie. Vous savez, vous avez beau vous dire que votre femme est une putain, vous pensez toujours : non, il est impossible qu'elle ose aller avec celui-là ! C'était le cas... En 1931, voyageant à travers la Russie, j'avais déjà été saisi par le décalage entre la réalité et les commentaires idéologiques. Les régions que je traversais connaissaient une famine qui faisait des milliers de victimes, tandis que les journaux locaux consacraient titres et couvertures à célébrer l'abondance de récoltes mythiques. »

Ce recours à la phraséologie pour masquer le « vécu » subsiste toujours. Au fur et à mesure que s'intensifie la coopération économique entre l'Est et l'Ouest, elle continue de plus belle à être développée, notamment à travers les partis communistes occidentaux, pour souligner le caractère « irréductiblement antagoniste des systèmes capitaliste et socialiste ».

Tandis que la mission aéronautique soviétique parcourt ainsi les Etats-Unis, s'intéressant aux techniques de pointe, le président chilien Salvador Allende est mort depuis à peine un mois, assassiné parmi les décombres du palais de la Moneda. Le rôle de la multinationale ITT dans la déstabilisation du gouvernement chilien démocratiquement élu a été largement et souvent évoqué. Pourtant, qui se rappelle encore qu'en 1972 Allende était apparu à la tribune des Nations Unies pour déclarer avec dignité : « J'accuse ITT, devant la conscience du monde, d'avoir voulu provoquer dans ma patrie une guerre civile » ? Peu après, il quitta New York pour Moscou où la direction soviétique au grand complet l'accueillit au pied de la passerelle pour réaffirmer son « indéfectible attachement à la juste lutte du peuple chilien contre les grands monopoles nord-américains ». Quelques jours auparavant, l'Union Soviétique venait de signer un énorme accord commercial avec ITT ; la firme coopérait avec Moscou depuis 1968 et équipait notamment les aéroports russes en systèmes de réservations et de transmissions...

Les pressions exercées sur le gouvernement socialiste chilien avaient commencé dès sa victoire électorale, le 4 septembre 1970. Le 13 septembre, le puissant homme d'affaires chilien Augustino Edwards arrive à Washington, venant de Rome. Il y rencontre Nelson Rockefeller et son assistante pour les problèmes de sécurité internationale, Nancy Magginness, future épouse d'Henry Kissinger. Edwards siège alors au conseil d'administration d'IBEC, groupe multiforme appartenant à la famille Rockefeller et contrôlant des intérêts puissants en

Amérique latine. Le 14 septembre, à dix heures du matin, il retrouve son ami Donald Kendall. Le Chilien siège en effet également à la direction de Pepsi, comme vice-président. Le circuit d'Edwards est révélateur : il commence par rencontrer des personnalités clés dans la sphère économique, auxquelles il expose les menaces que représente le programme d'Allende : nationalisations, émancipation du pays vis-à-vis du capital étranger. Le 15 septembre à 13 heures, il est mis pour la première fois en présence de responsables politiques. Kendall a organisé un déjeuner avec John Mitchell, ministre de la Justice et intime de Nixon, et avec Henry Kissinger, à l'époque chef du Conseil national de Sécurité. A 16 heures, Edwards est conduit auprès de Richard Helms, patron de la C.I.A., plus tard ambassadeur en Iran. A 19 h 30, toutes ces personnalités se retrouveront à la Maison Blanche. Helms précisera qu'à son avis « cette réunion fut organisée en raison de la présence d'Edwards à Washington ».

Nixon rentre alors d'un voyage officiel en Roumanie. Autour du président sont réunis Kissinger, Joseph Sisco, sous-secrétaire d'Etat, Richard Helms, William Clements, secrétaire adjoint à la Défense, et le général George Brown, chef de l'état-major interarmes. Le président paraît « dur », d'après Helms qui a consigné quelques-unes des réflexions de Nixon : « Une chance sur dix peut-être, mais sauvons le Chili... Dix millions de dollars, davantage si c'est nécessaire... Des jobs à plein temps et les meilleurs hommes que nous ayons... Faire gémir leur économie... »

Le 4 décembre 1970, Allende est déjà un homme politiquement traqué. Les banques internationales ont réduit leurs lignes de crédits au Chili de 300 millions à 17 millions de dollars, et les investissements directs américains sont passés d'un milliard de dollars en 1969 à moins de 100 millions.

Le 17 octobre 1973, un mois après le coup d'Etat, le général Pinochet déclare : « Le vrai nationalisme ne consiste pas à rejeter le capital étranger. » Un pool composé de la Banker Trust, de la First National City Bank et de la Chase octroie au Chili de Pinochet une première tranche de crédits de

150 millions de dollars. Le 4 février 1974, le ministre chilien de l'Economie rencontre à New York, au cours d'un déjeuner, cent dirigeants des plus grandes compagnies américaines[1]...

Le congrès qui se tient au Stanford Research Institute du 17 au 21 septembre 1973 est un autre bel exemple d'« impassibilité » face aux soubresauts et aux « états d'âme » de la politique. Cinq jours durant, 650 invités participent alors à la cinquième Conférence industrielle mondiale.

La délégation américaine regroupe notamment David Packard, David Rockefeller, Karl Klausen, président de la Bank of America, Walter Wriston, président de la City Bank, et John Mac Cone, ancien directeur adjoint de la C.I.A., passé à la direction de Bechtel puis à la vice-présidence d'ITT (c'est lui qui a assuré la liaison entre la C.I.A. et la direction d'ITT dans la stratégie de déstabilisation du régime chilien).

Les Allemands présents sont Herman Abs, ancien banquier d'Hitler, président d'honneur de la Deutsche Bank, et le social-démocrate Helmut Schmidt, à l'époque ministre des Finances à Bonn.

Parmi les membres britanniques, on peut remarquer John Loudon, président du conseil d'administration de Royal Dutch Shell, assis non loin du cheikh Yamani, ministre saoudien du Pétrole.

Plusieurs représentants de la junte chilienne et le dirigeant du principal quotidien d'opposition sous Allende, *El Mercurio*, assistent à ces journées et peuvent deviser agréablement avec German Vishyany, vice-président du Comité d'Etat d'U.R.S.S. pour la science et la technologie, gendre de Kossyguine, alors même que celui-ci pleure à Moscou la perte du président chilien et l'irréparable crime commis en Amérique Latine par le « fascisme et l'impérialisme nord-américains »...

Donald Kendall a toujours mentionné le coup d'Etat chilien comme un parfait exemple du bon fonctionnement de la détente. En octobre 1973, il avait pris la parole dans la grande salle de conférence du Waldorf Astoria, à l'occasion de la réunion annuelle des chefs des ventes de Pepsi. A la tribune décorée aux couleurs de la compagnie — bleu, rouge et blanc —, les dirigeants de la firme, mais aussi ceux du *Reader's Digest*... et quatre personnalités soviétiques ! Kendall évoqua alors le rôle fondamental joué par la détente dans le maintien de la paix, et ajouta : « Ainsi, au Chili, vous aviez un gouvernement élu avec des communistes au pouvoir. Je pense que tous ceux qui connaissent la puissance de l'Union Soviétique ne doutent pas que, si celle-ci avait voulu maintenir ce gouvernement en place, Allende serait encore là aujourd'hui. Mais je considère que c'est un signe important et encourageant du changement de leur politique qu'ils n'aient pas cherché à reproduire là-bas une situation à la cubaine. Vous pouvez constater les résultats heureux que tout ceci a eus pour nous. » (Pepsi Cola avait en effet été expropriée du Chili, tout comme elle l'avait été douze ans auparavant de Cuba ; mais, cette fois, elle revenait en force.)

Les observateurs présents à cette réunion furent frappés par le brutal cynisme de ces propos. Ils s'attendaient à ce que les invités soviétiques manifestent pour le moins un certain embarras, d'autant qu'au même moment, quelques centaines de mètres plus loin, au siège de l'O.N.U., l'affaire chilienne faisait toujours l'objet d'âpres polémiques *post-mortem*... Des centaines d'hommes n'étaient-ils pas morts au Chili uniquement en raison de leurs convictions ou de leurs sympathies communistes et de leur foi en l'U.R.S.S. ?

Un journaliste du magazine *Esquire,* Robert Sheer, présent à ce congrès, s'approcha des délégués soviétiques :

« Excusez-moi, j'aurais aimé vous poser une question : quelle est votre réaction au discours de Monsieur Kendall ?

— Je ne puis faire aucun commentaire.

— Pourtant, son commentaire à lui sur le Chili était assez provocant.

— Désolé, je ne puis toujours rien dire.

— L'un d'entre vous peut-il répondre ?

— Voyez notre responsable, Monsieur Kolov.

— Monsieur Kolov, j'aimerais avoir votre réaction au discours de Monsieur Kendall. Pensez-vous qu'il constitue un bon exposé de la situation ?

— J'ai apprécié ce discours. Je pense que c'est une analyse remarquable de la situation du commerce soviéto-américain, faite par un grand homme d'affaires qui en connaît un bout sur les échanges Est-Ouest. Vraiment, il sait de quoi il parle.

— Mais que pensez-vous de ses remarques sur le Chili ?

— Quelles remarques ?

— Vous ne trouvez pas son interprétation de la détente pour le moins discutable ?

— Non, je ne pense pas qu'on puisse faire la moindre objection à ce qui a été dit dans ce discours. De mon point de vue, il est parfaitement correct. »

Quelques minutes plus tard, un proche collaborateur de Kendall, assailli par les journalistes, pressé de livrer une réaction, déclara d'un ton arrogant : « Les Soviétiques ont besoin du commerce, de biens de consommation, d'un budget militaire en diminution ; ils ont donc besoin d'un Kendall, et non pas d'un Allende. »

Le président de Pepsi, mécène à ses heures, allait également obtenir, quelques mois plus tard, que l'université de Columbia, qu'il finance en partie, congédie un dissident soviétique qui avait fini par y trouver un poste de chercheur...

Le directeur d'un prestigieux centre d'études américain, installé à New York, évoque lui aussi cette dureté de Kendall : « Il contribue à alimenter notre budget et demanda un jour à nous voir. Il nous fit attendre très longtemps et, à peine entré, nous apostropha en jetant sur la table, d'un air dégoûté, notre programme pour l'année en cours : “ Vous n'imaginez tout de même pas que je donne de l'argent pour financer pendant six mois les études de certains types sur la littérature russe au XVIIIe siècle ! Je veux des résultats. Intéressez-vous à ce qui se fait maintenant, à ce que *nous* faisons ! ” »

Quiconque visitait Washington au printemps de 1974 avait de bonnes raisons d'être perplexe. « L'Etat fonctionnait toujours, machinalement, se remémore Theodore White. La météo précisait chaque jour le temps du lendemain ; les forces armées continuaient d'entraîner leurs hommes, le fisc de percevoir les impôts. Le gouvernement ronronnait, comme un moteur qui tourne rond mais n'avance plus. »

Seule exception à cette paralysie générale de l'Exécutif : les Affaires étrangères. Mais le cours des choses s'accélérait. En mars, le premier grand jury avait prononcé des inculpations contre les plus proches collaborateurs de Nixon, complices d'obstruction à l'action de la justice ou coupables de parjure. A New York, le procès de Maurice Stans et John Mitchell, anciens ministres du Commerce et de la Justice, battait déjà son plein.

En Grande-Bretagne, après une crise ministérielle, la nouvelle majorité d'Harold Wilson venait à nouveau d'être mise à l'épreuve. En Allemagne, Willy Brandt venait d'être déboulonné par un scandale. Au Japon, le Premier ministre Tanaka était démis de ses fonctions à la suite d'un Watergate extrême-oriental. La France allait bientôt devoir élire un nouveau président et l'Italie était en pleine décomposition. Le gouvernement canadien de Pierre-Elliott Trudeau connaissait de graves ennuis et, en Israël, le Premier ministre Golda Meir cédait le pouvoir au chef d'état-major Itzak Rabin.

Partout les crises et la précarité du politique contrastaient avec l'extrême stabilité des relations d'affaires. Face à un exécutif américain décapité par le scandale du Watergate et à la mise à mort de son président, les échanges économiques apparaissaient alors comme la seule fenêtre maintenue ouverte dans les relations U.R.S.S.-Etats-Unis.

Mais le président qui avait si puissamment contribué au développement de ces échanges voyait s'éloigner de lui, au nom du réalisme, tous ces hommes d'affaires naguère si proches et empressés. Kendall ne venait plus à la Maison Blanche, Hammer était injoignable, David Rockefeller se retranchait derrière un silence méprisant.

A l'époque, l'U.R.S.S. souhaite toujours arracher l'octroi de la clause de « la nation la plus favorisée », appliquée par les

Etats-Unis à plus de cent trente pays, et s'inquiète de l'opposition tenace du Congrès. Le ministre du Commerce extérieur Patolitchev rencontre à Moscou, le 10 avril, une quarantaine d'hommes d'affaires américains. Aussitôt après, Shultz, ministre des Finances, dépose devant une commission du Sénat. Il estime que « le refus d'accorder cette clause à l'U.R.S.S. aura des conséquences essentiellement politiques, et non pas économiques ». Peu après ce vibrant plaidoyer, Shultz démissionne du gouvernement et abandonne Nixon pour rentrer au service du groupe californien Bechtel, nanti d'un salaire annuel de quelque 700 000 dollars.

A peine investi de ses nouvelles fonctions, Shultz gagne Moscou, sans responsabilités officielles, cette fois, mais chargé par Bechtel de négocier avec les Soviétiques, qui le connaissent depuis plusieurs années, la création d'un « centre géant du commerce international ». Il s'agit en fait à nouveau d'un projet d'Armand Hammer. Un complexe de 180 millions de dollars, construit avec l'aide de la Chase Bank, destiné à abriter les bureaux de 400 compagnies occidentales, des appartements pour 625 familles, et 6 000 chambres d'hôtel pour les visiteurs. Le projet, dont les détails ont été mis au point par l'avocat de Hammer, le démocrate Sargent Shriver, offrira les services les plus modernes en matière de communication, de restauration, de distractions... Et même un golf pour lequel Hammer a fait venir à plusieurs reprises un célèbre *designer* américain, Robert Tenton !

« Y résiderez-vous ? a demandé Brejnev à Hammer.

— Je crains bien que non, ma femme ne supporte guère la climatisation des hôtels.

— Alors installez-vous dans un appartement. Je serai ravi de pouvoir en mettre un à votre disposition. »

Peu après, Frances et Armand Hammer emménagèrent dans cinq pièces spacieuses faisant face au Kremlin, décorées d'objets d'art et qui, selon les critères de la *nomenklatura*, correspondent, par les dimensions et l'emplacement, aux appartements réservés aux hauts dirigeants de l'U.R.S.S.

En 1975, les Hammer firent part de leur exaspération devant les insuffisances du réseau électrique et les nombreuses coupures de courant qui en résultaient. « Aussitôt, rapporte un Américain vivant alors dans la capitale soviétique, les rues alentour furent interdites à la circulation et transformées pendant plusieurs jours en un véritable chantier parcouru de tranchées. Avec une efficacité et une rapidité qu'on ne leur connaissait pas, les services techniques installèrent un réseau tout neuf... »

Gerald Ford succéda à Richard Nixon. Le 31 juillet 1975, la conférence au sommet d'Helsinki, consacrée à la coopération et à la sécurité en Europe, marque le couronnement de vingt et un ans d'efforts de la diplomatie soviétique. Trente-quatre chefs d'Etat et de gouvernement se posent sur l'aéroport d'Helsinki au rythme d'un tous les quarts d'heure. A l'autre extrémité de la ville, le trente-cinquième partenaire fait son entrée en gare : Léonid Brejnev descend de son train spécial avec l'allure débonnaire d'un préfet en visite dans une des localités reculées de sa région.

Mille huit cents journalistes entourent les quatre cents délégués à cette grand-messe de la détente qui consacre le succès complet de Brejnev, puisqu'il obtient la législation d'un *statu quo* sanctionnant tous les avantages que s'est acquis son pays.

Le 1er août, l'acte final, document de quatre cents pages, est apporté par avion spécial de Genève. Résultat de deux années de négociations intensives, il est paraphé par les chefs de délégations présents. L'Union Soviétique réaffirme son attachement à la détente par quelques formules générales, les Occidentaux donnent un gage concret de leur bonne volonté en reconnaissant l'occupation soviétique des pays d'Europe de l'Est où des partis communistes minoritaires et autocratiques maintiennent un système coercitif. Pas une seule fois au cours du sommet ou des négociations préparatoires n'aura été évoqué le problème de la démocratie en Union Soviétique et dans les autres pays communistes. Il existe certes une « troisième corbeille », qui prévoit la libre circulation des hommes et des idées, mais à ces vœux pieux le Kremlin ne souhaite à l'évidence fournir aucun commencement d'exécution.

« Le Commerce a montré qu'il pouvait franchir plus efficacement les frontières que la politique ou l'Eglise », plaident ses avocats. Une formule qui se révèle parfaitement fondée. Les candidats à l'émigration, notamment les Juifs d'U.R.S.S., voient alors diminuer le nombre des autorisations accordées ; le 4 août 1975, les Soviétiques rejettent également la demande de quatre journalistes américains en poste à Moscou, en vue d'obtenir un visa permanent. La *Pravda* condamne « ces demandes de prétendue libéralisation du régime. Le socialisme va se développer, et il ne sera permis à personne de s'ingérer dans les affaires intérieures des pays socialistes ».

Dans le même temps, indifférents à ces péripéties, les promoteurs de la détente continuent à jouer les passe-muraille. Le 2 juin 1975, la Pologne obtient de la Chase Manhattan un crédit de 240 millions de dollars pour la mise en valeur de ses ressources en cuivre ; fait sans précédent, Varsovie a autorisé les experts de la banque américaine à opérer des vérifications rigoureuses, communiquant des dossiers considérés jusque-là comme secrets d'Etat. Kendall lance une vaste opération publicitaire à travers la Yougoslavie en y exhibant le footballeur Pelé. Dow Chemical, une des firmes les plus fermées à l'action syndicale, installe au sud de Belgrade un complexe chimique dont une partie de la production sera réexportée vers l'Ouest ; le Koweit et la Libye sont associés au financement...

En choisissant d'introduire la technologie occidentale dans leurs pays, Gierek, Ceaucescu comme Brejnev semblent vouloir grimper *in extremis* sur un radeau dont les planches menacent à tout moment de se disjoindre. Au XXVe Congrès du P.C.U.S., ce sera le tour de Youri Andropov, chef du K.G.B., de plaider en faveur d'une extension de la détente, dans une allocution qui montre à quel point l'appareil répressif lui-même est associé aux options politiques majeures du régime...

Charles Vanik est aujourd'hui un homme politique à la retraite. Il a été durant de longues années le représentant d'une circonscription de l'Ohio, et membre de la puissante commission « des voies et des moyens » à la Chambre des représentants. Sa carrière s'achève dans un appartement d'Arlington où il vient d'emménager, qui sent la peinture fraîche et le faux luxe, avec ses moulures de bas-reliefs grecs.

En 1974, Vanik fut avec le sénateur Henry Jackson le grain de sable qui faillit paralyser tout le mécanisme de la détente. L'amendement Jackson-Vanik, adopté par une majorité des membres du Congrès, s'attaquait en effet à ce qui était le ressort profond de la politique de détente : l'argent. Il prévoyait « qu'aucun pays communiste qui dénierait à ses citoyens, par des impôts ou d'autres moyens, la possibilité d'émigrer, ne serait autorisé à bénéficier de la clause de la nation la plus favorisée ».

Depuis des années, l'U.R.S.S. campait devant cette clause qui permet à un pays d'obtenir des crédits bon marché et d'exporter ses propres produits aux Etats-Unis à des conditions préférentielles. Le caviar russe était ainsi soumis, à New York, à une taxe de 30 %, alors que le caviar turc, bénéficiant de cette clause, n'était taxé qu'à 5 %.

Si l'amendement présenté par les deux hommes put être voté, c'est que les Soviétiques avaient institué depuis un an et demi une taxe à l'émigration stipulant que tout Juif désireux de quitter le pays devait au préalable rembourser le prix de ses études. Cette mesure discriminatoire obligeait certains candidats au départ à rassembler des sommes pouvant atteindre jusqu'à l'équivalent de 30 000 dollars.

« En réalité, reconnaît Vanik, nous visions toute mesure freinant n'importe quelle émigration, et non pas seulement celle des Juifs. Ainsi, je suis fils d'émigrés tchèques et avec une telle disposition, il y a une génération, mes propres parents n'auraient jamais pu venir s'installer aux Etats-Unis... »

Des pressions se sont-elles exercées pour qu'ils reviennent sur leur amendement ? Il lève les yeux au ciel :

« Constamment. Nixon, Kissinger, Shultz, et aussi les milieux d'affaires. Pas directement, à travers des intermédiaires, des groupes de pression, et même certains de nos collègues du Sénat ou de la Chambre des représentants... »

Avait-il conscience des énormes intérêts en jeu, soudain paralysés par cette mesure ? Le regard bleu exprime un étonnement candide :

« Franchement, non. Nous voulions juste accomplir un geste de portée morale, symbolique ; nous n'imaginions pas un tel affrontement. »

Au début d'octobre 1973, le *Washington Post* titre en première page : « Les grandes firmes font pression sur le Capitole pour développer le commerce avec les Soviétiques. » Un télégramme de Kendall à 65 dirigeants de banques et de grandes compagnies a été intercepté. Il leur était demandé d'obtenir « par tous les moyens l'enterrement du projet Jackson-Vanik ».

Le 18 octobre 1973, le Congrès entérine un nouvel accord commercial soviéto-américain, mais restreint les crédits officiels bon marché à 300 millions de dollars, montant dérisoire par rapport à l'ampleur des besoins en argent frais. Cette décision est qualifiée par Kissinger de « stupide et regrettable ».

Apparemment, les beaux principes ne suffisent pas à contrer le réalisme. L'émigration juive soviétique s'effondre. Un grand avocat de la détente déclare : « Ne vaut-il pas mieux rester professeur à Léningrad que de devenir chauffeur de taxi à New York ? »

Vanik retrouve un ton passionné : « Ce qui est devenu pour moi une révélation, à la lumière de cette affaire, c'est le rôle majeur des multinationales, leur capacité d'agir dans le secret, en sous-main. Voilà la plus grave des menaces ! Nous autres hommes politiques sommes restés trop longtemps obnubilés par les quelques agissements clandestins dont se rendirent coupables certains de nos présidents. Dérisoire par rapport aux manipulations des grandes firmes ! Je sais que ces pratiques sont beaucoup plus graves que le Watergate et se renouvellent quasi quotidiennement. Je crains cependant que ces grands groupes ne soient chaque jour un peu plus inexpugnables. »

En Amérique, toute une stratégie est mise en place pour tourner les mesures restrictives, obtenir les crédits refusés à la suite de l'amendement. Des consortiums de banques américaines, européennes et japonaises se constituent afin de prélever en Europe et en Asie l'argent nécessaire au financement de leurs opérations. Des accords sont passés avec des firmes européennes.

Ainsi, le 30 octobre 1975, Entrepose, filiale du groupe français Vallourec, associé à Occidental Petroleum, vend pour 900 millions de dollars en ingénierie et savoir-faire à Techma-Himport, pour la pose d'un pipe-line de 2 400 kilomètres destiné à acheminer de l'ammoniac entre Togliattigrad et le port d'Odessa. Le gouvernement français accorde un soutien financier d'un milliard de francs à ce projet.

En juin 1975, Giovanni Agnelli débarque à Moscou. Il doit négocier avec German Vishyany l'accroissement de la production des usines de Togliattigrad, qu'il souhaiterait voir passer de 700 000 à 1 million de véhicules par an. Surtout, il rencontre un émissaire de Kadhafi, membre du Conseil de la Révolution libyenne, et un responsable de la Banque arabe libyenne. Agnelli est accompagné de Sargent Shriver, beau-frère des Kennedy, avocat et conseiller de Hammer. Tout au long de ces négociations, ils sont rejoints et secondés par Savoretti, principal intermédiaire du P.C. italien pour les opérations commerciales avec l'Est.

Savoretti dirige plusieurs sociétés appartenant au P.C.I., notamment la Coceor, unique société italienne avec laquelle, depuis 1950, l'Allemagne de l'Est entend traiter, et la Hovasider, basée à Milan, Turin et Moscou. On le dit détenteur d'une fortune qui le classe largement en tête parmi les nombreux intermédiaires communistes du commerce Est-Ouest, bien avant le supposé « milliardaire rouge » français Doumeng. Mais il faut savoir que ces hommes ne sont en fait que des apparatchiks, des fonctionnaires de rang relativement subalterne au sein de leur propre parti, et qu'ils ne possèdent qu'une autonomie restreinte, leurs contacts en U.R.S.S. s'arrêtant au niveau de quelques ministres-techniciens.

L'empire Fiat représente plus de 230 sociétés réparties à travers le monde, mais la réalité financière du groupe se concentre en deux holdings, propriété de la famille Agnelli et dont les sièges sont à Lugano et au Luxembourg, paradis fiscal au sein de la Communauté européenne. Le ministre italien de l'Industrie a pu lui-même s'indigner de « cette escalade vers les sommets de l'immoralité qui voit les Agnelli sur le point de posséder, dans un paradis fiscal, une société financière dont le capital va supplanter en importance celui de la Fiat elle-même ».

Les problèmes d'Agnelli, déjà installé en Pologne, en Hongrie et en U.R.S.S., sont alors ceux de tous les grands de l'industrie occidentale : trouver les crédits nécessaires pour renforcer leur implantation à l'Est. Guido Carli, ancien gouverneur de la Banque d'Italie, devenu employé d'Agnelli, confirme que les Libyens avec qui il a négocié plusieurs accords importants paraissent attirés par l'aventure. Kadhafi n'a que deux millions d'habitants à nourrir, pour dix milliards de dollars de revenus pétroliers annuels. A la fin de 1976, l'accord conclu est le suivant : l'U.R.S.S. obtient 415 millions de dollars de crédits de la Fiat, par l'intermédiaire de la Libye. Cette somme servira à assurer l'augmentation de la production des usines Fiat situées en territoire soviétique. Elle devra être remboursée au taux ridiculement bas de 5 %.

Quelques jours avant la conclusion de l'accord, Ted Kennedy débarque à Rome, séjourne chez Agnelli, rencontre Sergio Segrè et Pajetta, les deux responsables de la politique extérieure du P.C.I. Porteur d'un message apaisant de Jimmy Carter aux dirigeants communistes, il a également été chargé par le nouveau président d'une mission d'information sur l'état des négociations entre la Fiat et la Libye. Le 30 novembre, veille de l'annonce de la signature du contrat, il dîne dans la propriété turinoise d'Agnelli qui vient de rentrer de Moscou où il a rencontré Kadhafi en visite officielle...

Le leader arabe vient de passer un accord secret avec Brejnev, prévoyant le réarmement complet de l'armée libyenne par les Soviétiques qui lui fourniront le matériel le plus sophistiqué. Or, la Fiat est pour sa part un des plus gros contractants de l'O.T.A.N...

Le 1er décembre 1976, les frères Agnelli, flanqués de leurs experts financiers, annoncent à Turin la vente de 13,5 % du capital de la Fiat à l'Etat libyen, pour 410 millions de dollars. Tripoli aura un représentant au sein du conseil d'administration, et deux membres au sein du directoire.

La Banque arabe libyenne a également pris une participation dans la holding Fiat Impresit. Objectif : le financement de nombreux projets à destination de l'Afrique du Sud « raciste et colonialiste [2] » !...

XIV

En novembre 1974, une équipe de la chaîne américaine NBC effectua le voyage de Moscou dans l'avion de Hammer. Elle préparait un programme spécial de quatre-vingt-dix minutes sur la carrière du milliardaire et celui-ci était parfaitement conscient que ce type d'initiative pouvait contribuer efficacement à renforcer son « mythe ».

Pour la presse américaine, Hammer apparaissait le plus souvent comme une planète bizarre à la trajectoire imprévue dans la galaxie du monde des affaires. Interrogé naguère sur l'état de sa fortune, il répondait : « J'ai cessé de compter depuis l'âge de vingt-quatre ans, et j'en ai maintenant soixante-seize. » A tous il tentait de donner le sentiment d'une parfaite cohérence dans ses choix et ses actes, affirmant : « Une idée juste, quelles que soient les péripéties, est une idée qui finit par s'imposer. »

L'équipe de NBC obtint toutes les autorisations de prises de vues dans les lieux les plus divers, telle l'usine de crayons Sacco et Vanzetti, mais se heurta à un refus catégorique des autorités soviétiques lorsqu'elle demanda à pénétrer à l'intérieur du Kremlin. Aucune télévision occidentale n'en avait jamais franchi les portes et les « problèmes de sécurité » restaient le leitmotiv invoqué par tous les cadres de haut niveau pour justifier ce refus.

Après plusieurs jours de négociations infructueuses, le

producteur Lucy Jarvis fit part de son découragement à un homme d'affaires américain en poste à Moscou qui lui répondit, stupéfait : « Je ne comprends pas votre problème. Vous avez en main le meilleur des atouts : Hammer. Demandez-lui d'obtenir les autorisations. »

Lucy Jarvis parla au vieil homme d'affaires américain et, dès le lendemain matin, tout était arrangé. L'équipe de télévision au grand complet put filmer Hammer et le présentateur Edwin Newman entrant au Kremlin, pénétrant dans le bâtiment, réputé inaccessible, du Conseil des ministres, marchant détendus au long des corridors, saluant les collaborateurs de Léonid Brejnev, et finalement accueillis par le secrétaire général en personne. Durant plus d'une heure, Brejnev et Hammer, assis côte à côte, devisèrent, complices, devant les caméras américaines, évoquant le passé et les formidables promesses « offertes par la coopération entre nos deux peuples ».

Hammer expliqua qu'avant d'habiter la « Maison Brune », dans sa jeunesse, il avait occupé un appartement dans l'immeuble de neuf étages situé sur Koutouzov Prospekt, où vivaient désormais Léonid Brejnev et le chef du K.G.B., Iouri Andropov, séparés l'un de l'autre par un étage.

Grâce aux privilèges qui s'attachaient à la personne de Hammer, NBC réalisa ainsi en vingt-quatre heures ce que tous les organes de presse à travers l'Occident rêvaient en vain d'obtenir depuis des années. Ce film révélait d'abord le traitement royal réservé en U.R.S.S. à l'« ami de Lénine ». Lorsqu'il déjeunait à l'Hôtel National — comme d'ailleurs au Claridge de Londres —, les tables l'entourant restaient inoccupées, l'assistance maintenue à bonne distance. Et l'on pouvait assister, à Moscou comme à Londres, au même rituel immuable : des personnes autorisées en fin de repas à venir s'asseoir, l'une après l'autre, quelques brèves minutes, à la table du milliardaire, pour défendre un projet, une idée, plaider quelque soutien. Hammer semblait à peine écouter, mais, si la démarche lui paraissait digne d'intérêt, il faisait un geste à l'un de ses secrétaires qui notait alors le nom et l'adresse du quémandeur.

Le prophète qui déclarait à Moscou : « La direction soviétique admet que le commerce et, à travers lui, la paix sont devenus une part essentielle du dialogue Est-Ouest » rencontrait cependant beaucoup plus de difficultés pour bénéficier de la même considération dans son propre pays. Il venait en effet d'être inculpé pour « contribution illégale » à la campagne présidentielle de 1972. Ces 100 000 dollars versés dans des conditions obscures menaçaient l'avenir d'un empire multinational de 19 milliards de dollars de chiffre d'affaires. A l'annonce de l'inculpation, certains membres du conseil d'administration d'Occidental manifestèrent leur inquiétude, et de nombreux clients du groupe leur défiance. Occidental n'existait réellement que par Hammer et celui-ci, s'il était reconnu coupable, risquait une peine de trois ans de prison ferme...

Louis Nizer est un des plus célèbres avocats américains, spécialisé dans les affaires mettant en jeu des intérêts énormes ou des personnalités de tout premier plan. Il séjournait à Monte-Carlo avec sa femme lorsqu'il fut réveillé en pleine nuit par un appel de Hammer. Un important procès impliquant la société Occidental se plaidait au Texas, et il souhaitait que Nizer défendît sa firme.

« Quand aura lieu l'audience ?

— Mardi prochain.

— Mais nous sommes déjà vendredi ! Je n'ai jamais plaidé aucune affaire sans une longue étude préalable du dossier, et d'ailleurs vous disposez là-bas de remarquables juristes texans.

— Ils y travaillent déjà, répondit la voix lente et décidée, mais j'estime que c'est une affaire pour vous.

— Ne pouvez-vous pas solliciter un ajournement ? demanda l'avocat à court d'arguments.

— Non, et il est important pour nous qu'elle ne subisse aucun renvoi supplémentaire.

— Mais je ne suis même pas sûr de pouvoir obtenir une place sur un vol pour arriver à temps, et... »

Hammer l'interrompit :

« Mon avion va décoller et venir vous chercher. Vous trouverez le dossier à bord de l'appareil. Etudiez-le durant le vol. »

C'est avec ce sentiment d'urgence qu'il demanda à Nizer de s'occuper d'une affaire qui, cette fois, selon l'avocat, « risquait de lui faire perdre la direction de l'empire qu'il avait bâti, l'estime de ses puissants amis à travers le monde, et qui, bien pire encore, pouvait l'amener à passer les dernières années de sa vie derrière les barreaux ».

Nizer se plut à souligner à l'époque la disproportion existant entre les 100 000 dollars, objet d'une inculpation encore mal étayée, et les conséquences qui pouvaient en découler. En fait, le courant moralisateur qui parcourait alors les Etats-Unis résultait du seul véritable « crime » de Richard Nixon : il avait porté atteinte au mythe qui cimente l'Amérique, et c'est pourquoi il avait été chassé du pouvoir. Dans le système de valeurs qui régit l'Amérique, le mythe de la Présidence était crucial. Nixon s'était mal conduit. Son mépris des lois avait fait éclater la légende. Il laissait une nation approchant du deuxième centenaire de son indépendance avec un président et un vice-président qui n'avaient pas été élus par le peuple. La foi américaine avait été ébranlée et, souligne Theodore White, « cette perte de la foi rendait la politique américaine plus incertaine, plus confuse qu'elle ne l'avait jamais été depuis la guerre de Sécession ».

Le rétablissement des relations avec la Chine, l'ouverture en direction de Moscou, une attitude plus efficace au Proche-Orient ? Tout cela ne pesait d'aucun poids face à cette évidence : Nixon était l'homme des coups douteux, et l'enquête révélait par ricochet les agissements de nombreuses multinationales où la corruption semblait tenir lieu de méthode de ventes et de stratégie commerciale.

Sans vouloir admettre davantage les critères d'efficacité de l'« *homo economicus* », l'Amérique s'engageait dans une grande campagne d'expiation : dans ce pays aux racines puritaines, les excès de l'argent devaient à leur tour être châtiés. Des citadelles industrielles et financières jusqu'ici réputées inexpugnables semblaient sur le point de s'effondrer. Le constructeur aéronautique Lockheed, par sa politique de pots-de-vin, provoqua alors la chute du gouvernement japonais, du président de la République italienne, du prince consort des Pays-Bas. Gulf Oil se vit accuser d'avoir, de 1960 à 1974, transféré plus de 12 millions de dollars à des fins politiques, par le canal d'une société créée pour financer des recherches pétrolières et installée aux Bahamas, paradis fiscal. L'enquête révéla que l'argent qui transitait ainsi par les Caraïbes était régulièrement envoyé — « environ cinq à six fois par an » — sous enveloppes scellées aux bureaux d'une quinzaine de sénateurs influents appartenant aux deux partis. Parmi eux, Hugh Scott, leader du groupe républicain au Sénat, et son successeur Howard Baker (lequel vise la présidence pour 1988). Gerald Ford et Lyndon Johnson avaient déjà bénéficié auparavant des largesses de ce groupe dont l'avocat était l'incontournable John Mac Cloy, ancien président de la Chase Manhattan Bank et de la Banque mondiale.

Pour Armand Hammer, dont la réputation était désormais entachée par ses relations avec le président déchu, l'affaire se révélait de moindre ampleur et tournait autour d'une simple mais lancinante question : savait-il que les 54 000 dollars versés incognito, dans un second temps, au comité pour la réélection de Nixon l'avaient été après le 7 avril 1972, en violation de la nouvelle loi interdisant tout don anonyme passé cette date ? Il se défendit en déclarant s'être montré volontairement discret dans ses dons au républicain Nixon, à cause de sa propre réputation de démocrate et des nombreuses amitiés qu'il avait conservées au sein de ce parti. Il était devenu invisible, inaccessible, et ses porte-parole le décrivaient comme « profondément accablé ». Surtout, quelques nouvelles, soigneusement distillées, révélaient que le choc nerveux provoqué par cette affaire avait déclenché chez lui un grave problème d'arythmie cardiaque.

Un témoignage était décisif : celui de Tim Babcock, ancien gouverneur du Montana passé au service de Hammer, qui avait été justement chargé de transmettre les fonds à l'ancien ministre du Commerce, Maurice Stans. Or Babcock plaida coupable devant le grand jury et déclara avoir reçu l'argent *après* le 7 avril. Il fut condamné à quatre mois de prison.

Hammer envoya alors une lettre où, paradoxalement, il plaidait coupable tout en réaffirmant son innocence : « Mon intention d'effectuer le paiement avant le 7 avril se confondit-elle dans mon esprit avec l'acte réel ? Dans la vie fébrile que je mène, où des problèmes de dimension planétaire m'absorbent jour et nuit, ce menu fait a pu se produire sans que je l'aie remarqué. Nous avons tous connu ce genre d'expérience où nous sommes convaincus d'avoir envoyé une lettre alors qu'elle n'a même pas encore été dictée... »

Le procès devait avoir lieu à Washington, mais les avocats du milliardaire mirent l'accent sur les dangers d'un tel voyage pour un organisme très affaibli. Hammer était installé dans une chambre du fameux hôpital « Cèdre du Liban » à Los Angeles. L'assistant de Louis Nizer se rappelle son « regard hagard : il paraissait vraiment sur le point de trépasser ».

Le procès eut finalement lieu à Los Angeles, après une bataille d'experts visant à déterminer l'état de santé exact de l'accusé. Hammer comparut le 4 mars 1976 devant le tribunal, dans un fauteuil roulant, les jambes emmaillotées dans une couverture, les yeux masqués par des lunettes. Une nuée de gardes du corps et de médecins pourvus d'équipements de réanimation suivait le vieux chef foudroyé, aux mains tremblantes et au visage cireux. Il s'adressa d'un ton humble au président :

« Votre Honneur, je n'avais encore jamais fait l'objet d'aucune action en justice, et je regrette profondément mes actes. Toute ma vie, j'ai essayé de mener une existence utile, et j'espère que, pour le temps qu'il me reste à vivre, Votre Honneur me donnera la chance de me montrer encore utile à notre société. »

Cette apparition, qui fit sensation, avait été précédée d'un travail efficace de Nizer et de ses collaborateurs. Hammer ne fut condamné qu'à une amende de 3 000 dollars et à un an de mise à l'épreuve.

Peu avant le procès, Nizer, éploré, indiquait que « tous les diagnostics confirment que les médecins ne croient plus à son rétablissement ». Dix jours après le verdict, le quasi-grabataire s'envolait pour un nouveau tour du monde et, l'énergie miraculeusement recouvrée, se remettait à négocier avec l'âpreté d'antan de nombreux accords.

Il y avait à cela deux raisons impératives : faire oublier au plus vite les péripéties du procès et rétablir chez ses partenaires un climat de totale confiance, le monde des affaires ne souhaitant rien tant qu'être rassuré[1].

L'élection présidentielle américaine se profilait et, alors qu'on s'avançait dans la campagne, les chances du candidat républicain, le président sortant Gerald Ford, paraissaient de plus en plus minces. Un outsider faisait une percée étonnante et les résultats concordants de plusieurs sondages montraient que 45 % des Américains partageaient avec cet homme une expérience d'« illumination religieuse » de « seconde naissance ». Un sociologue réputé comme Michael Novak, proche des milieux d'affaires, évaluait même « aux deux tiers des protestants américains » la population concernée. Brusquement, le phénomène parareligieux se transformait en subtil message politique et « Jimmy who » ?, comme se plaisaient au début à l'appeler certains observateurs blasés, apparut bientôt comme le « phénomène Carter ». Les foules et les journalistes qui écoutaient ce petit homme candide et grisonnant à l'accent du Sud si prononcé se déclaraient « profondément impressionnés par un candidat dont la sincérité était capable de modifier de fond en comble la politique américaine ».

Carter exposait que la diplomatie devait aider alliés et ennemis à faire prévaloir la morale, un peu comme le président Wilson, lors de la conférence de Versailles, avouait jadis à ses intimes qu'il lui aurait été impossible de poursuivre des négociations si ardues s'il n'avait eu le sentiment d'être l'instrument de Dieu. Hans Morgenthau, qui avait été le conseiller de Franklin Roosevelt dans les négociations de 1933 avec le Soviétique Maxime Litvinov — qui aboutirent au rétablissement des relations diplomatiques avec l'U.R.S.S. —, exprimait déjà cette sorte de vision : « L'expérience américaine a inculqué à ce peuple l'idée que les jeux du pouvoir ne sont qu'aléas de l'Histoire et que les nations ont le choix entre une politique de pouvoir et d'autres sortes d'attitudes non contaminées par ce mal. »

Face à la « mauvaise » Amérique, celle de l'argent, des grandes compagnies, de la corruption, Carter paraissait incarner l'innocence enfin retrouvée d'une « bonne Amérique » ; mais nul ne se donnait la peine de remarquer que l'une et l'autre constituaient les visages indissociables du même Janus.

Dans sa course à la Maison Blanche, l'ancien gouverneur de Georgie s'appuyait en effet sur des forces dont le réalisme contrastait éminemment avec l'angélisme de ses propos. Et d'abord la « Commission trilatérale », créée, financée et inspirée par un homme d'affaires, David Rockefeller, à la suite de discussions qu'il eut vers la fin de 1972 avec le Hollandais Max Kohnstan, ancien président du comité Jean Monnet. Cette commission réunit les personnalités les plus marquantes du monde politique, industriel et financier aux Etats-Unis, en Europe et au Japon. Ainsi, deux de ses membres français sont Raymond Barre et Edmond de Rothschild. A sa direction, depuis sa création en 1973, Zbigniew Brzezinski, cinquante-deux ans, d'origine polonaise, marié à la petite-fille de l'ancien président tchèque Benes. Cheveux en brosse, visage en lame de couteau, ce spécialiste des relations soviéto-américaines a été formé au moule d'un enseignement marqué par l'anticommunisme. C'est lui qui a introduit dans cette arène prestigieuse et cosmopolite un obscur gouverneur, baptiste comme Rockefeller lui-même, peu informé des problèmes internationaux, et multiplia pour lui voyages et rencontres. Brzezinski décrit alors Jimmy Carter en termes élogieux comme « le premier homme politique de la nouvelle ère post-politicienne, qui ne cherche pas refuge dans quelque pigeonnier doctrinal ».

Les hommes qui allaient occuper autour de Carter les postes clés dans le domaine des affaires internationales étaient tous des membres de la Trilatérale : Walter Mondale à la vice-présidence, Cyrus Vance au Département d'Etat, Harold Brown au Pentagone et, bien sûr, Brzezinski à la tête du Conseil national de Sécurité.

La victoire du candidat démocrate marquait également le retour en force de... Coca Cola ! Le numéro un des boissons gazeuses avait en effet son siège à Atlanta, capitale de la Georgie, et le gouverneur Carter se plaisait naguère à déclarer : « Coca est mon propre département d'Etat. » Il utilisait fréquemment, pour ses déplacements, les appareils de la compagnie et Paul Austin, son président, voyait en lui une personnalité à l'avenir prometteur.

L'avocat Samuel Pisar rapporte à ce sujet une anecdote significative. Très lié à Austin, il s'était rendu à Atlanta en compagnie de Jean-François Revel, alors que les élections primaires débutaient à peine. Revel avait demandé au président de Coca quel était à ses yeux le candidat le mieux placé, tout en énumérant les principaux favoris. Austin secoua négativement la tête : « Aucun de ceux-là. Ce sera Jimmy Carter. » Pronostic qui pouvait paraître étrange alors que ce dernier ne faisait encore même pas figure d'outsider, à peine de figurant.

Paul Austin déclina l'offre du nouveau président de le nommer à la tête de la diplomatie américaine, mais le directeur général de la compagnie, Charles Duncan, devint secrétaire-adjoint à la Défense, Andrew Young, membre de la direction, ambassadeur à l'O.N.U., et les deux avocats de Coca Cola, Griffin Bell et Joseph Califano, reçurent respectivement les portefeuilles de la Justice et des Affaires sociales.

Ce fut Austin qui présenta Hammer à Carter et, dans son premier discours de politique étrangère, le nouveau président confirma la poursuite de la politique de détente, rejetant « les voix stridentes et belliqueuses de ceux qui recommandent le retour de notre pays à une politique de guerre froide avec l'U.R.S.S. »

Même si le cours de la détente paraissait ainsi inchangé, certains de ses principaux protagonistes voyaient néanmoins leur avenir professionnel lourdement hypothéqué. Un personnage était particulièrement menacé : Donald Kendall. Aux yeux de tous, le président de Pepsi Cola s'identifiait totalement à l'ère Nixon.

Guerman Vishyany, gendre de Kossyguine, vice-président du Comité d'Etat pour la science et la technologie et adjoint d'Andropov à la direction du K.G.B., fit le voyage d'Atlanta où il rencontra longuement Paul Austin. Il s'arrêta ensuite à Washington pour s'entretenir avec le secrétaire d'Etat Cyrus Vance. Les Soviétiques souhaitaient témoigner de leur bonne volonté à l'égard du nouveau président et de Coca Cola, mais, souligna Vishyany en ayant l'air de le déplorer, « les accords passés avec Pepsi Cola nous engagent de façon fort contraignante ».

Hammer avait noué une nouvelle alliance avec Paul Austin, contre son ex-compagnon de « détente », Kendall. Plusieurs juristes d'Occidental « suggérèrent » qu'un examen minutieux pouvait faire apparaître que l'accord entre Pepsi et l'U.R.S.S. avait été conclu en violation de certaines lois antitrust ; mais une analyse juridique plus poussée obligea à abandonner cette thèse.

Kendall détenait encore une position clé, hautement symbolique : la présidence de l'US-USSR Trade and Economic Council. Pouvait-on concevoir une relance et un approfondissement de la coopération économique Est-Ouest avec le maintien, à la tête de l'organisme chargé de la coordonner, d'un personnage identifié à l'ancienne administration et qui continuait de surcroît à afficher ses convictions républicaines ?

Donald Kendall commença par résister aux « pressions amicales » de certains de ses collègues. Mais plusieurs faits lui firent comprendre que la partie était perdue. Ainsi, les Soviétiques eurent un geste envers son rival : le contrat passé avec Pepsi interdisait à Coca Cola l'accès du marché russe pour sa principale boisson, mais non pour ses dérivés. Fanta et autres jus de fruits furent alors distribués à Moscou, Léningrad, et en Crimée.

Le coup fatal fut porté à Kendall par David Rockefeller. Le président de Pepsi entretenait envers le président de la Chase Bank les mêmes sentiments ambivalents que son ami, l'ex-président Nixon, avec Nelson Rockefeller, frère aîné de David, gouverneur de New York, devenu en 1975 le vice-président de Gerald Ford.

Nelson fascinait Nixon, lequel acheta à New York un appartement dans le même immeuble que lui, au coin de la 5ᵉ Avenue et de la 69ᵉ Rue. C'est dans son appartement de vingt-cinq pièces que Rockefeller recevait ses amis — jamais il n'y convia Nixon. Candidat à la présidence, celui-ci fut enfin reçu — une seule fois — dans la résidence familiale de Potantico Hills : 1 800 hectares et 160 pièces, une demeure remplie de toiles de maîtres et dont les vastes pelouses vertes descendent doucement jusqu'aux berges de l'Hudson.

Après son élection, Nixon se ruinera à essayer de copier le luxe de Potantico dans sa résidence californienne de San Clemente qu'il vient d'acheter. De la même façon engage-t-il Henry Kissinger, alors conseiller personnel de Nelson Rockefeller, et son médecin, le célèbre spécialiste de la colonne vertébrale Kenneth Riland...

Il fut une époque où Nixon et Kendall représentaient bien peu de chose. Kendall était jadis représentant de commerce à 800 dollars par mois, et Nixon, après avoir perdu l'élection de 1960, était devenu un personnage si méprisé et délaissé que, voulant assister à certains dîners du Parti républicain, il devait payer son propre ticket d'entrée. Par contraste, les moindres faits et gestes des Rockefeller étaient immédiatement cités, amplifiés. « J'étais toujours stupéfait — se rappelle Richard Reeves, ancien responsable des pages politiques du *New York Times* — de voir que chaque déclaration de David ou de Nelson, même lors de l'inauguration d'une exposition artistique, était immédiatement couverte comme s'il s'agissait d'un événement politique. Mon rédacteur en chef se précipitait sur moi et me disait : " Lâche ce que tu es en train de faire, et vas-y : c'est terriblement important. " »

Par leur éducation, leur environnement, les deux frères Rockefeller étaient préparés à plusieurs formes possibles d'adversité, mais non pas à l'échec. Au contraire, Kendall et Nixon, deux « hommes venus de nulle part », vivaient dans la précarité, obsédés par la menace d'un échec. L'un et l'autre savaient qu'ils ne pouvaient entrer en compétition avec les Rockefeller sur le terrain de la naissance et des relations. Nixon choisit de s'opposer à Nelson sur celui de la politique, Kendall de rivaliser avec David sur celui des affaires et du rapprochement avec le monde communiste.

Mais Kendall avait beau suspendre des peintures d'avant-garde aux murs de sa résidence ou de son bureau et multiplier les gestes de mécénat, il restait un loup solitaire dont les manières brutales et peu discrètes suscitaient réserve et désapprobation parmi l'establishment.

Or David Rockefeller était l'incarnation la plus achevée de cet establishment. Chaque année, une réunion avait lieu en grande pompe dans le bureau que David conservait *room 5600*, au 39ᵉ étage du Rockefeller Center. L'ordre du jour ne variait jamais : les plans de David pour l'année à venir, et les responsabilités qu'il se devait d'accepter pour faire progresser sa carrière. Une charge lui tenait particulièrement à cœur : la présidence du C.F.R., le Conseil pour les Relations internationales, installé dans un immeuble new-yorkais de quatre étages au coin de Park Avenue et de la 68ᵉ Rue.

Mille quatre cents personnalités du monde des affaires, de la politique, des finances, de l'université et de la presse appartiennent à cet organisme qu'un de ses anciens collaborateurs qualifie de « véritable gouvernement des Etats-Unis », de « conseil des Sages ». Une simple indication sur l'influence de ce Conseil : des quatre-vingt-deux personnalités choisies par John Kennedy pour composer l'état-major du Département d'Etat, soixante-quatre en étaient membres, républicains et démocrates confondus. Son secrétaire d'Etat, Dean Rusk (démocrate), et son ministre des Finances, Douglas Dillon (républicain), appartenaient tous deux au Conseil et à la Fondation Rockefeller — laquelle finance cent sept des cent quatre-vingt-onze centres intellectuels les plus importants des Etats-Unis. La même proportion s'est retrouvée sous les administrations Johnson, Nixon, Carter et, aujourd'hui, Reagan.

En 1946, le président du Conseil pour les Relations internationales est Allen Dulles, avocat lié aux Rockefeller et futur directeur de la C.I.A. En 1947, c'est un autre membre du Conseil, George Kennan, directeur du Service de planification politique du Département d'Etat, futur ambassadeur à Moscou, qui justifie et conceptualise la politique de guerre froide. Il publie dans la revue du Conseil, *Foreign Affairs,* une analyse retentissante, signée X, où il expose ses thèses sur le péril communiste et les moyens de l'endiguer.

Vingt-trois ans plus tard, les premières impulsions officielles en faveur de la détente émanent également de ce Conseil. Et en 1976, quand on lui demande de se prononcer sur l'avenir de Kendall en tant que personnalité publique associée au sort de la détente, la majorité de ses membres pointent le pouce vers le sol.

Le président de Pepsi rencontre alors David Rockefeller à New York. A l'issue de l'entretien, le président de la Chase et du Conseil, toujours aussi courtois, apparemment inaccessible à la passion, se penche vers son interlocuteur et lui demande d'un ton égal : « Etes-vous sûr, Donald, d'avoir des projets pour les prochains mois ? »

Kendall confia avoir compris à cet instant qu'il lui fallait s'effacer de la présidence de l'US-USSR Trade Council.

Jimmy Carter choisit pour lui succéder un de ses plus fervents supporters, le président de Textron Inc., William Miller, qu'il nomma d'ailleurs quelques mois plus tard à la tête de la Federal Reserve.

Kendall entra alors en d'âpres pourparlers avec les Soviétiques et Coca Cola pour monnayer ses concessions, car un formidable enjeu économique se profilait à l'horizon 1980 : les jeux Olympiques. Coca Cola, appuyée par Moscou, voulait en être le fournisseur principal et accepta de payer d'importants dédommagements à son rival. Amer, Kendall tenta alors de fanfaronner : « Si Coca a obtenu l'accord, c'est grâce à moi ; j'ai d'ailleurs estimé qu'il était pour nous dépourvu de valeur économique ou publicitaire. » C'était pourtant un marché fort prometteur que celui de ces futures Olympiades, évalué par les milieux d'affaires occidentaux à plus de 15 milliards de dollars [2]...

Au fur et à mesure que se développaient ces accords, une évidence s'imposait aux yeux des observateurs : la coopération Est-Ouest, depuis ses débuts en 1970, renforçait un phénomène négatif de l'économie américaine, la tendance à l'hyperconcentration. Les petites et moyennes compagnies se trouvaient quasiment exclues des marchés communistes, qui restaient la chasse gardée des grandes firmes, les seules à peser sur le pouvoir politique et à pouvoir obtenir des crédits suffisamment importants et bon marché pour financer leurs accords.

Au cœur de ce dispositif figurait encore et toujours Armand Hammer, dont les Soviétiques ne semblaient pouvoir se passer. Kendall revint un peu au premier plan en 1980 avec l'arrivée de l'administration républicaine de Ronald Reagan. Mais il ne devait jamais plus être reçu à Moscou comme aux flamboyants moments de l'ère Nixon. Hammer, quant à lui, ne cessa jamais de rencontrer, quand il le souhaitait, le chef suprême de l'U.R.S.S.

Au printemps de 1978, trois membres de la délégation soviétique aux Nations Unies furent neutralisés par le F.B.I. et reconnus coupables d'activités d'espionnage. En guise de représailles, le numéro deux à Moscou du groupe International Harvester fut arrêté peu après et accusé de se livrer au marché noir. Les multiples démarches engagées par le Département d'Etat et l'ambassade américaine à Moscou restèrent sans effet.

A la mi-juillet, Zbigniew Brzezinski, assis sur un tronc d'arbre grossièrement taillé en forme de banc, fit part de ses vives inquiétudes au président de l'US-USSR Trade Council, Hal Scott. Les deux hommes participaient à la session annuelle du Bohemian Grove, la plus extravagante manifestation de puérilité programmée du monde des affaires... A 80 kilomètres de San Francisco, dans un parc aux frondaisons centenaires, aussi protégé que les réserves d'or de Fort Knox, plusieurs centaines d'hommes se réunissent pendant deux semaines et demie pour une vie en commun qui tient à la fois du jamboree scout et de la cérémonie druidique.

Cent vingt-cinq bungalows de bois au confort spartiate abritent ces adeptes du retour à la nature. A la tête de chaque habitation se trouve un chef de chalet qui répartit les tâches et assure l'organisation. Ainsi, en tant que chef des Pélicans, le milliardaire Daniel Ludwig, qui possède la plus grosse flotte de tankers à sillonner les mers, exerce son commandement sur Stephen Bechtel, Reginald Jones, président de General Electric, George Shultz, secrétaire d'Etat, et sur Alden Clausen, président de la Banque mondiale. A la tête du camp des Gazelles, l'ancien président Gerald Ford peut infliger des corvées à l'actuel vice-président George Bush, à l'ancien président de la Commission des Affaires étrangères du Sénat, George Percy, au magnat de la presse William Randolf Hearst junior et à Walter Wriston, président de la deuxième banque mondiale, la City Corp.

Ils sont ainsi quatre cents membres de ce « Club des Bohémiens » à se retrouver avec un plaisir évident pour une régression contrôlée vers les jeux de la prime adolescence. Un des vétérans du Congrès fut invité une fois à y faire un bref exposé. Il en revint amer et confia : « Je n'ai jamais rencontré une pareille concentration de décideurs politiques et économiques. Si je l'avais su auparavant, voilà un lieu où j'aurais efficacement dépensé mon temps, moi qui rencontre toujours des problèmes de financement pour mes campagnes électorales ! »

Les quatre derniers présidents des Etats-Unis, de Nixon à Reagan, appartiennent à ce club qui ne tolère aucune présence féminine.

Une des rares photos diffusées à l'extérieur et prise en 1934 montre un étrange spectacle : une centaine d'hommes, debout les uns derrière les autres, mains posées sur les épaules de leur voisin, forment une ronde au milieu d'une immense clairière. Au-dessus d'eux brille une torche qui existe toujours, baptisée « la lumière de l'Amitié ». Les visages expriment tous une joie naïve. Ce sont ceux des plus impitoyables « barons » de l'industrie et des finances américaines...

Même si les hymnes à la Nature, les délassements champêtres et les sketches de théâtre amateur constituent le gros de l'activité des membres du « Bohemian », les discussions et manœuvres ayant pour objet ou enjeu l'exercice du pouvoir ne cessent pas dès l'entrée. Ainsi, en 1928, le président des Etats-Unis, Calvin Coolidge, confia à l'issue d'un déjeuner dans le parc du Bohemian : « Je ne me représenterai pas » ; une heure plus tard, son voisin annonçait sa propre candidature, appuyée par la plupart des membres présents : il s'agissait du futur président Herbert Hoover.

En 1967, à l'ombre d'un séquoia, Nixon passa un accord avec Ronald Reagan, qui souhaitait lui aussi briguer l'investiture républicaine pour la prochaine élection présidentielle : Nixon se présenterait aux premières élections primaires et c'est seulement si ses résultats se révélaient décevants que Reagan entrerait en lice. L'épisode est rapporté par un témoin, le sénateur James Buckley, héritier d'une des plus riches familles de la côte Est, devenu depuis lors un des ministres de Reagan.

C'est également devant le Bohemian Club que le savant Edward Teller, père de la bombe H, exposa pour la première fois ses idées sur la « guerre des étoiles », devenue la priorité militaire de l'administration républicaine.

En 1978, le problème exposé par Zbigniew Brzezinski était d'une tout autre nature : comment obtenir la libération de cet homme d'affaires américain emprisonné en U.R.S.S. sans avoir à prendre des mesures de rétorsion envers les Soviétiques, comme un refus de visas à plusieurs délégations officielles qui se préparaient à se rendre en visite aux Etats-

Unis ? Brzezinski ajouta que le ministre des Finances, Michael Blumenthal, ancien président de Bendix, rentrait juste de Moscou et avait essuyé une brutale fin de non-recevoir en évoquant ce problème dès le début de ses entretiens avec le Premier ministre Alexis Kossyguine.

Un mois plus tard, toutes les possibilités avaient été explorées — en vain. Le 12 août, Hammer, accompagné de Bill Mac Sweeney, prenait place à bord de son Boeing qui décollait de l'aéroport de Washington à destination de Moscou. A leur arrivée, les deux hommes, interrogés par les correspondants de l'agence Associated Press, confièrent que Brejnev les avait invités à se rendre à Yalta où il les recevrait, suprême privilège, dans sa datcha.

Le lendemain, l'avion personnel du secrétaire général les transporta jusqu'à la célèbre station des bords de la mer Noire. Là, plusieurs voitures et une importante escorte policière les conduisirent jusqu'à la résidence de Brejnev qui avait mis, en outre, un yacht à leur disposition.

Le soir même de son arrivée, Hammer dîna en tête à tête avec Brejnev. Bien entendu, comme il est à la fois le principal acteur et le seul témoin de cet événement, il convient d'accueillir son récit avec un intérêt prudent :

> Nous avons très vite évoqué le problème en suspens. Brejnev me dit que le K.G.B. avait recueilli toutes les preuves de la culpabilité de l'Américain et il ajouta : « Nous allons faire un exemple.
>
> — Qu'avez-vous à y gagner, lui répondis-je. Vous allez vous aliéner la communauté économique et financière. Plus aucun homme d'affaires ne se sentira en sécurité dans votre pays. Pourquoi ne pas simplement l'expulser ? »
>
> A plusieurs reprises, j'avais déjà pu lui arracher des concessions qui paraissaient impossibles. Une fois, un petit enfant avait besoin d'urgence d'un traitement spécial qu'il ne pouvait recevoir qu'hors de Russie. J'étais intervenu et il avait accordé au garçon et à ses parents la permission de quitter le pays.

Ce soir-là, dans le calme de sa datcha, il paraissait particulièrement détendu et confiant. Comme à chacun de nos dîners, il consommait énormément de vodka, vidant verre sur verre tout en demeurant parfaitement lucide. Notre conversation se prolongea tard dans la nuit et il me parla des horreurs dont il avait été témoin durant la dernière guerre : « Si je le pouvais, me déclara-t-il, je serais prêt à donner ma vie pour le maintien de la paix. »

Je contemplais son visage grave tandis qu'il prononçait ces mots, et je savais qu'il disait vrai.

La *Pravda* du lendemain évoqua en première page la rencontre qui s'était déroulée « dans une atmosphère chaleureuse entre Léonid Brejnev et Armand Hammer, éminent représentant des milieux d'affaires américains ». Trois jours plus tard, le procès de l'homme d'affaires arrêté, jusqu'alors différé, s'ouvrit à Moscou en présence de journalistes occidentaux. Parmi les témoins cités par l'accusation pour prouver les « relations illicites » de l'Américain avec certaines « femmes soviétiques », une créature à l'allure de vamp, les épaules couvertes d'un boa en plumes, dont le physique fit une profonde impression sur l'assistance. Crawford, jugé coupable, fut condamné... à quitter le pays. Pour expliquer cette sentence, le juge lui dit : « Vous avez de la chance que votre compagnie possède un très bon ami en Union Soviétique. »

Curieusement, la nouvelle ne provoqua aucun plaisir à Washington. Brzezinski, qui détestait Hammer, se montra furieux et le secrétaire d'Etat Cyrus Vance garda un silence embarrassé : le milliardaire américain ne déclarait-il pas partout qu'il avait agi à la demande expresse du responsable de la diplomatie américaine ?

Or Vance, avocat new-yorkais d'une soixantaine d'années, ancien directeur de la Fondation Rockefeller, sous-secrétaire à la Défense sous Kennedy et Johnson, était un maniaque de la discrétion. « J'ai séjourné durant un mois en Chine avec lui, se rappelle un officiel américain, et à aucun moment je n'ai pu savoir ce qu'il pensait au juste. » Son tempérament réservé était violemment choqué par les déclarations triomphantes du président d'Occidental, et ce pilier de l'administration Carter en retira la désagréable impression d'avoir été manipulé.

Une autre personnalité ne dissimulait pas son courroux : l'ambassadeur américain en poste à Moscou. Les Soviétiques avaient concédé en quelques heures à Hammer ce qu'ils lui avaient sèchement refusé depuis plusieurs mois. Or l'homme qui dirigeait la représentation diplomatique américaine en U.R.S.S. n'était pas un diplomate de carrière, mais l'héritier et principal actionnaire de la firme considérée par Wall Street comme le « joyau de l'industrie capitaliste » : IBM.

Thomas Watson, soixante-deux ans, croyait en la réalité de la détente et en la possibilité d'une « convergence » entre systèmes communiste et capitaliste. Il était aussi fermement convaincu de l'impact de son nom et de son influence sur les milieux dirigeants américains aussi bien que soviétiques. Plusieurs de ses principaux collaborateurs, dont Harold Brown, secrétaire à la Défense, occupaient dans l'administration Carter des postes importants.

Si Watson avait abandonné sa luxueuse résidence des environs de New York pour une vie sans éclat dans la capitale soviétique, c'est parce qu'il croyait aux vertus du prosélytisme. Il pénétrait en terre communiste avec la foi naïve des missionnaires partis évangéliser des tribus animistes.

En 1933, à l'occasion de son élection à la présidence de la Chambre de commerce internationale, son père avait usé d'un slogan que le fils reprenait totalement à son compte : « La paix mondiale par le commerce mondial. » Mais le fondateur d'IBM en excluait alors la Russie communiste et préférait apporter son soutien à Benito Mussolini, avant de recevoir d'Hitler l'ordre du Mérite de l'Aigle allemand avec étoiles...

Pour Thomas Watson junior, l'inéluctable déclin des idéologies impliquait la consolidation d'un axe Washington-Moscou. Il voulait ignorer les illusions vite dissipées, les enthousiasmes rapidement taris de ses prédécesseurs à ce poste.

« Mais, confie un expert qui fut étroitement mêlé à toutes les négociations soviéto-américaines, l'exercice de la détente ressemble à la pratique du football américain. C'est un sport rude où ne s'affrontent que des professionnels remarquablement entraînés. Hammer, et à un moindre degré Kendall, sont de remarquables avants ; David Rockefeller un arbitre efficace ; mais Watson, tout comme Ford, n'a jamais compris, lui, qu'il n'était qu'une de ces majorettes pleines de sex-appeal qui restent sur la touche et ne servent qu'à applaudir les points marqués par leur équipe [3]... »

XV

L'homme quitta Moscou pour Paris le 6 juillet 1979 à bord d'un vol régulier décollant en fin d'après-midi. Ses amis et associés, restés avec lui jusqu'à l'embarquement, ne remarquèrent rien d'anormal. Il paraissait en excellente forme, toujours aussi brillant et incisif. Pourtant, sa fille, qui l'avait accompagné durant cette semaine passée en U.R.S.S., s'exprime de manière sensiblement différente :

« En huit jours, je pense qu'il n'a même pas absorbé quatre repas. Dans l'avion, il éprouvait des douleurs à rester assis. Je lui ai suggéré de prendre du repos, de trouver le temps d'écrire un livre sur sa vie. Il m'a regardée longuement, a effleuré ma joue et m'a répondu : " Tu as mon sens de l'éternité. En fait, je n'ai pas seulement agi par goût de l'argent, bien qu'il permette d'acquérir une certaine crédibilité. La preuve, c'est qu'on n'écoute jamais un homme pauvre... " »

L'avion se posa à Roissy à 19 h 30. L'homme et sa fille, qui voyageaient en première classe, furent parmi les premiers passagers à descendre. Moins de deux heures plus tard, ils arrivaient dans leur luxueux appartement, avenue Foch. L'homme apprit alors que sa jeune femme — son quatrième mariage — venait de s'envoler pour les Etats-Unis. Il téléphona au concierge du Plaza Athénée, où il était fort connu, et demanda qu'on lui réservât une place pour le lendemain sur le vol Concorde à destination de New York.

Sa fille alla se coucher vers les deux heures du matin : « Il était insomniaque et, bien qu'ayant pris deux Librium, il n'arrivait pas à dormir. Quand je l'ai laissé, il profitait du décalage horaire pour passer plusieurs coups de téléphone à l'étranger. »

A quatre heures du matin, il parla à sa femme, déjà arrivée à New York.

A sept heures trente, la jeune fille fut réveillée par le valet de chambre affolé. Quand elle pénétra dans la chambre de son père, celui-ci gisait sur le sol, face contre terre, à côté de ses bagages qu'il n'avait même pas défaits. Elle sut d'emblée qu'il était mort : « Il était tombé sans même avoir eu le réflexe de mettre ses mains en avant pour amortir la chute. »

Les deux docteurs arrivés peu après sur les lieux, son médecin personnel et un collègue appelé par la police, conclurent tous deux à une mort naturelle provoquée par une attaque cardio-vasculaire, et signèrent le permis d'inhumer. Deux jours plus tard, un petit groupe silencieux se pressait autour du cercueil au cimetière du Père Lachaise. Etrange rassemblement où l'on distinguait Christina Onassis, les dirigeants de la Banque Lazard, plusieurs responsables soviétiques du Comité d'Etat pour la science et la technologie. La cérémonie venait à peine de commencer lorsqu'elle fut interrompue, et un murmure incrédule parcourut l'assistance : l'incinération et les obsèques étaient annulées, le corps conduit à l'Institut médico-légal pour autopsie.

La veuve, rentrée en hâte des Etats-Unis, prétendait en effet que son mari avait été assassiné par le K.G.B. Par-delà cette accusation, beaucoup de gens s'intéressaient aussi de très près à cette mort subite.

Dès l'annonce du décès, un rapport avait été transmis au secrétaire d'Etat par l'ambassadeur des Etats-Unis à Paris, tandis que les services spéciaux français et américains tentaient de reconstituer les derniers moments d'un personnage dont la disparition était bien à l'image de sa vie : imprévue, complexe et mystérieuse.

Il se nommait David Karr. Juif né à Brooklyn, ne disposant pour seul atout que d'un quotient intellectuel de 189 qui, selon les responsables de son école, en faisait un véritable petit génie, il venait de mourir à Paris, cinquante-cinq ans plus tard, à la tête d'une fortune de plus de 20 millions de dollars répartie à travers un dédale de sociétés en Suisse, au Lichtenstein, et jusque dans l'île de Jersey.

Qui était Karr ? Journaliste travaillant pour le compte du quotidien communiste américain *Daily Worker,* il avait conseillé les plus grandes firmes multinationales. Il se flattait aussi d'être l'ami des candidats démocrates à la présidence les plus en vue : Sargent Shriver, Jerry Brown, Edward Kennedy. Il déclarait avoir aidé à l'émigration vers Israël de nombreux Juifs soviétiques. Pourtant, un député israélien (au passé douteux, il est vrai), Flatto Sharon, affirma qu'on avait retrouvé copie d'une lettre adressée par le dictateur ougandais Idi Amin Dada à Karr, le remerciant pour la livraison de 10 millions de dollars d'équipement militaire soviétique... Un de ses anciens employeurs, Sir Charles Forte, propriétaire de la chaîne d'hôtels Trusthouse, qui contrôle plusieurs palaces à Paris, ajouta : « Quand j'entends dire que David Karr se sentait concerné par le sort des Juifs russes, cela me fait sourire. Il n'était intéressé que par une chose : l'argent [1]. »

L'examen du corps révéla une petite lésion du larynx, mais qui pouvait avoir été provoquée par la chute et ne contredisait pas, aux dires des experts, le diagnostic de crise cardiaque.

L'acharnement mis à tenter d'élucider les conditions de cette mort n'était pas seulement le fait d'une épouse opiniâtre. La vie de Karr recélait trop de zones d'ombre et d'ambiguïtés pour que l'on ne cherchât pas à explorer toutes les éventualités. L'homme était en effet un intermédiaire des plus importants dans le commerce Est-Ouest, dont Paris constituait un carrefour majeur. Or son décès survenait moins de douze heures après qu'il eut remporté son plus important triomphe personnel en Union Soviétique, la signature d'un contrat de

175 millions de dollars portant sur la construction d'un hôtel Cosmos de 1 777 chambres : projet et équipement français (jusqu'aux verres à armagnac), financement occidental, et 1 200 travailleurs, pour la plupart yougoslaves.

Peu après la signature de l'accord et quelques heures avant son départ, Karr avait rencontré le vice-premier ministre Nikolaï Tikhonov, pour évoquer avec lui la mise en chantier de nouveaux hôtels à Kiev et à Léningrad.

La « détente économique » était un secteur particulièrement « délicat », impliquant parfois des transferts de technologie extrêmement « sensible » pour la sécurité, ou encore l'accès à des informations confidentielles sur la santé des grandes firmes ou les rapports de force au sein de la direction soviétique. Or, les affaires de David Karr étaient aussi complexes que sa façon de les traiter. Beaucoup en concluaient sans doute un peu hâtivement qu'il œuvrait à la lisière de la stricte activité financière et du renseignement.

Ainsi les services secrets israéliens n'entérinèrent jamais l'hypothèse d'une mort naturelle. Quelques confidences recueillies en 1979 révélèrent que Tel Aviv considérait l'intermédiaire comme engagé dans des activités de ventes d'armes soviétiques à la Libye et à l'O.L.P. Karr serait allé trop loin en facturant aux Russes et à leurs clients « des doubles commissions ».

Karr habitait au 60 avenue Foch ; quelque cent mètres et vingt numéros plus bas résidait une autre personnalité profondément engagée elle aussi dans la politique de détente : l'avocat d'affaires Samuel Pisar. L'auteur des *Armes de la Paix,* qui connaissait bien Karr, considère « qu'il avait tendance à être engagé des deux côtés de chaque équation ; mais il était souvent en mesure de fournir l'ingrédient manquant qui permettait de conclure une affaire... »

Selon Karr, « passer des accords avec l'Union Soviétique était comme manger un éléphant : il fallait procéder morceau après morceau ». On pouvait se demander si cette boulimie n'était pas la cause indirecte de sa disparition.

Karr avait en effet décidé d'affronter celui qui, pendant

plusieurs années, avait été son employeur : Armand Hammer. Associé à l'offensive commerciale du président d'Occidental en direction de l'U.R.S.S., c'est lui qui avait négocié, en compagnie de Sargent Shriver, alors ambassadeur à Paris, l'autorisation d'atterrissage à Moscou de l'avion personnel de Hammer. L'affaire avait finalement été conclue à l'issue d'un déjeuner chez Lasserre avec Vishyany.

Karr effectua plus de trente voyages en U.R.S.S. pour la mise au point du fameux contrat de 20 milliards de dollars passé entre Moscou et Occidental. D'après les confidences de sa femme, la rupture survint « quand David sentit qu'il avait été utilisé, manipulé par Hammer ». Beaucoup pensent qu'il était à l'affût d'une revanche. Selon d'autres confidences recueillies par le *New York Times,* il aurait, au cours d'une audition secrète devant la S.E.C. (Commission américaine des opérations en Bourse), révélé que Hammer aurait opéré plusieurs versements illicites en U.R.S.S.

Pour s'opposer au président d'Occidental, il avait choisi un marché évalué à 300 millions de dollars : celui des pièces et médailles en or, argent et platine fabriquées pour être diffusées à l'occasion des futurs jeux Olympiques. Plus de trente compagnies s'étaient portées candidates, dont American Express, Dresdner, la première banque allemande, New York Times Co, et un groupe financier dirigé par Karr. American Express paraissait la mieux placée au niveau de l'infrastructure et du savoir-faire, et son président Howard Clark avait reçu des assurances du ministre adjoint du Commerce extérieur, Vladimir Alkhimov. Mais Hammer avait fait irruption sur ce marché avec toute la puissance d'un éléphant nullement disposé à être mangé, fût-ce bouchée après bouchée, et il avait emporté l'accord après un coude à coude impitoyable avec Karr qui ne possédait ni son influence ni ses ressources [2]...

L'affaire Karr et ses méandres étaient bien à l'image de cette année 1979, étrange période d'inquiétude et de confusion fébrile.

Les protagonistes du commerce Est-Ouest se disputaient les

contrats avec les pays communistes en témoignant d'une âpreté inhabituelle. Chacun éprouvait le sentiment diffus qu'il fallait se hâter, que la dégradation rapide du climat international allait rendre aléatoire la poursuite de la détente. Les nombreux accords politiques conclus entre Washington et Moscou apparaissaient, avec le recul, comme des exercices de virtuosité, de brillantes constructions qui n'avaient pas pour autant débouché sur la paix.

La détente souffrait d'une évidence simple : les gains de ces sept dernières années n'avaient été rendus possibles que parce qu'on avait volontairement esquivé tous les points de friction. Le commerce avait imposé à la diplomatie un profil bas, mais, après avoir acclamé la détente comme moyen de délivrer l'humanité des guerres, force fut de constater qu'elle ne faisait au mieux que circonscrire certains conflits qui n'épargnaient en somme que le monde développé ; puis on l'accusa bientôt de brader peu à peu les intérêts occidentaux aux Soviétiques.

Les artisans de la détente continuaient d'en défendre le concept, tout en déplorant les insuffisances ou les travers de sa mise en application. Nixon écrivit dans le *New York Times* : « L'échec n'est pas celui de la détente, mais bien plus celui de sa mise en œuvre par les décideurs politiques aux Etats-Unis. »

Il avait fallu attendre le 24 novembre 1975 pour que Washington reconnût officiellement la présence de troupes cubaines en Angola. Selon les estimations officielles américaines, les troupes envoyées par La Havane s'élevaient alors à 15 000 hommes. Kissinger confia peu après au président vénézuélien : « Rendez-vous compte à quel point se dégrade l'action de nos services de renseignements ; il aura fallu que nous constations la présence de soldats cubains en Angola pour apprendre qu'on les y avait envoyés. »

Même si l'on admettait avoir négligé la permanence des objectifs géopolitiques de l'Union Soviétique, on estimait que cette percée en Afrique australe n'avait été rendue possible que par la crise qui se prolongeait alors au sein de l'Exécutif américain.

En 1979, les risques de fractures paraissaient plus nombreux et plus inquiétants. Jimmy Carter considérait la plupart des avantages obtenus par les Soviétiques comme précaires et avait pris un certain nombre d'options aussi courageuses que discutables : moins de présence ou de pression nord-américaine en Amérique centrale, traditionnelle arrière-cour des Etats-Unis (ce fut alors le soulèvement au Nicaragua et le renversement de la famille Somoza) ; plus d'attention aux problèmes et aux revendications du tiers monde, notamment en matière de droits de l'homme (un des aboutissements indirects en fut la crise iranienne).

Un observateur, Richard Falk, confirme que les déclarations de Carter en faveur des droits de l'homme encouragèrent effectivement l'opposition religieuse en Iran : « J'en fus tout à fait surpris, reconnaît Falk. J'avais pensé qu'il ne s'agissait que de propagande à usage interne. Mais Bazargan, le Premier ministre de Khomeiny, le reconnut : ils avaient pris les apparences pour la réalité. »

En 1972, Nixon avait confié à l'Iran le rôle de gendarme du Golfe. Un tel choix, dans une région aussi vitale, confirmait ce pays dans son statut d'allié privilégié des Etats-Unis et confortait le chah dans ses rêves de grandeur. L'empire iranien, devenu premier client des Etats-Unis en matière d'armements, avec 4 milliards de dollars d'achats annuels, offrait un exemple parfait du recyclage des pétrodollars au profit de l'Occident. Atterrir à l'époque sur un aéroport c'était découvrir des escadrilles de chasseurs ultramodernes, F 16 et F 18, cloués au sol faute de personnel qualifié, tandis que, dans la capitale, le prix du moindre logement, insalubre, ou de la nourriture de base, importée, devenait inaccessible à la majeure partie de la population. L'Iran se hissait au rang de puissance régionale pourvue d'un équipement militaire extrêmement sophistiqué, mais privée de toute infrastructure industrielle, technique et éducative. La crise était inéluctable.

Lorsque les premiers troubles éclatèrent, les Américains

avaient les mains liées par leur propre doctrine. Soutenir le chah apparaissait en de nombreux milieux comme une trahison de la doctrine des droits de l'homme. Permettre que le chah s'effondre était prendre un risque géopolitique aux répercussions incalculables.

Aux Etats-Unis mêmes, les observateurs les plus critiques considéraient toute action américaine comme une ingérence dans les affaires intérieures d'un pays tiers, ce que Carter lui-même avait juré d'éviter. Cette tendance à l'inaction inquiétait fort le souverain iranien qui envoya en mai 1978 son ambassadeur aux Etats-Unis discuter à New York avec son vieil ami Nelson Rockefeller. Au cours de cet entretien rapporté par Michael Ledeen et William Lewis, l'ambassadeur fit part à l'ancien vice-président de la déception du chah devant l'absence de garanties claires sur les intentions américaines. Etait-il à même d'intervenir pour faire évoluer la situation ?

Rockefeller fit au moins deux choses : il téléphona au chah pour l'assurer du soutien total des Américains, puis il appela Brzezinski pour lui demander de faire de même. Brzezinski s'entretint avec le souverain au nom de Carter, alors en tournée dans l'Illinois. Le souverain réclama alors un télégramme confirmant que ces encouragements émanaient bien du président des Etats-Unis. Au lieu de cela, le Département d'Etat se borna à expédier un message « pour information » à l'ambassadeur américain à Téhéran, et le Palais dut dépêcher son chef du protocole à l'ambassade pour entrer en possession du document...

L'évaluation des conséquences de la crise fut rendue encore plus difficile par l'activisme de certains membres de l'entourage immédiat du président. Le représentant américain aux Nations Unies, Andrew Young, se montrait le plus enthousiaste pour la révolution iranienne ; prenant la parole à Washington, il expliqua que le mouvement khomeiniste n'était que l'aboutissement du système éducatif américain. Il soutenait que la révolution iranienne avait été inspirée et conduite par les 25 à 50 000 étudiants qui s'étaient imprégnés des concepts américains de démocratie et de gouvernement représentatif à l'époque où ils fréquentaient les universités et établissements d'enseignement supérieur aux Etats-Unis. « Nous ne devrions pas nous effaroucher de voir les gens commencer à prendre conscience de leur propre pouvoir ! » s'exclama-t-il, et il suggéra que les objectifs de cette révolution étaient essentiellement les mêmes que ceux du mouvement noir pour les droits civiques dans les années 60. « Quand la révolution sera achevée, conclut-il, on reconnaîtra que Khomeiny était une sorte de saint. »

Dès janvier 1979, le chah quitte presque clandestinement l'Iran, cependant que des millions de gens sont descendus dans les rues. La monarchie s'est trouvée condamnée dès l'instant où l'Exécutif américain a fait connaître son opposition à toute action violente et son refus d'appuyer une intervention massive de l'armée iranienne. Le 9 avril, dans son journal, Carter fait allusion à une visite de David Rockefeller : « Il a passé un long moment avec moi. Son propos était de me convaincre d'accueillir le chah malade. Kissinger et Brzezinski semblent décidés à faire front commun avec lui. » Quelques semaines plus tard, il note : « J'ai dit à Brzezinski de faire savoir au chah qu'il pouvait se faire soigner à New York, et de se borner à transmettre l'information à notre ambassade à Téhéran. »

Le dimanche 4 novembre 1979 à 8 h 45, alors qu'il séjournait dans sa ville natale de Plains en Georgie, le président reçut un appel de Brzezinski. Son conseiller lui téléphonait de son bureau du Conseil national de Sécurité, situé dans les sous-sols de la Maison Blanche. Un message venait d'être décodé : l'ambassade américaine à Téhéran avait été assaillie par plus de trois mille manifestants protestant contre l'asile accordé au chah, et cinquante à soixante ressortissants américains étaient détenus en otages.

Curieusement, cette nouvelle n'inquiéta pas outre mesure les responsables américains. La vacance du pouvoir paraissait totale à Téhéran ; l'armée se désintégrait ; des bandes armées occupaient les rues. Pourtant, à Washington, on persistait à penser que la police allait rapidement chasser les manifestants qui occupaient les locaux diplomatiques.

Les cinquante-deux Américains allaient demeurer prisonniers pendant quatre cent quarante-quatre jours, suscitant une grave crise internationale, l'interminable agonie politique du président Carter, et une vive et profonde inquiétude des milieux d'affaires engagés dans la politique de détente.

« Tout ce qui se passe en Iran nous préoccupe au plus haut point, affirmait déjà Staline en 1946. Tout, y compris un homme qui craque une allumette. » En 1979, l'allumette semblait avoir mis le feu à une gigantesque poudrière. Dix jours après la prise d'otages à Téhéran, un groupe d'extrémistes attaqua la grande mosquée de la Mecque, proférant des accusations contre le pourrissement des mœurs au sein de la famille royale saoudienne. A Islamabad, capitale du Pakistan, une foule déchaînée incendia l'ambassade américaine. Un compte à rebours semblait engagé, menaçant de finir par une déflagration généralisée anéantissant la détente, cette construction diplomatique si patiemment élaborée.

Dans les milieux industriels et financiers d'Europe et des Etats-Unis, l'inquiétude était d'autant plus vive que l'on savait n'avoir aucune prise sur les nouveaux maîtres de l'Iran. Ceux-ci manifestaient un mélange d'indifférence et de mépris pour les règles habituelles du jeu international. Déjà, la peur d'une pénurie sur les marchés mondiaux faisait flamber les cours du pétrole qui augmentèrent de 160 % en quelques mois par suite de la panique des acheteurs.

Parmi les mesures retenues pour répliquer à la prise d'otages figurait la saisie de tous les avoirs iraniens déposés dans les banques américaines, estimés à plus de 10 milliards de dollars. Ces placements, effectués au fil des années par le chah avec l'encouragement de toutes les administrations qui s'étaient succédé à la Maison Blanche, avaient profité à la plupart des grands établissements bancaires américains, le plus favorisé étant la Chase qui détenait à elle seule près de la moitié de l'ensemble des dépôts. David Rockefeller, après avoir consulté ses propres experts, fit connaître officieusement son opposition totale à une telle mesure, qui fut alors abandonnée.

Mais la crise iranienne était un piège qui se refermait peu à peu sur tous les protagonistes. Le 14 novembre à 5 h 45 du matin, Carter fut réveillé par un appel de William Miller, président de la Federal Reserve. Ses correspondants bancaires l'informaient que les Iraniens étaient sur le point d'ordonner le retrait de tous leurs fonds placés dans des établissements nord-américains. A sept heures, la salle des transmissions de la Maison Blanche recevait une cascade de messages confirmant l'ampleur des ordres de rapatriement. Carter, désemparé, demanda à l'un de ses conseillers économiques :

« Combien de temps nous reste-t-il pour réagir ?

— Deux heures, Monsieur le Président. Jusqu'à l'ouverture des banques et des marchés boursiers. »

Quelques instants plus tard, l'avocat Joseph Califano prévint le président d'un appel urgent. Carter se dirigea seul vers le bureau ovale et en ressortit quinze minutes plus tard. Il s'approcha du petit groupe réunissant les responsables des Affaires étrangères, de la Justice et des Finances, le conseiller pour la Sécurité nationale, le porte-parole de la Présidence et le directeur de la C.I.A. :

« Messieurs, rendons-nous dans la *situation room* ; nous allons recevoir d'ici une vingtaine de minutes certaines informations importantes. »

Les huit hommes descendirent dans cette petite pièce installée dans l'aile ouest de la Maison Blanche, équipée de cartes et d'écrans de télévision. A 8 h 20, trois visages apparurent sur un des écrans, grâce à un circuit vidéo : ceux de Walter Wriston, Alden Clausen, David Rockefeller présidant les tout premiers établissements financiers mondiaux.

Clausen, visage massif, lunettes à fine monture, parla le premier : « Monsieur le Président, depuis cinq heures ce matin, nous consultons sans désemparer tous nos collègues à la tête des principales banques d'Europe et du Japon. A Londres, Paris, Francfort, Zurich, Tokyo et Hong-Kong, la réaction est unanime : si, face à un terrorisme d'Etat, des représailles sont nécessaires, elles ne doivent en aucun cas affecter le fonctionnement des marchés financiers. »

David Rockefeller enchaîna : « Votre projet de gel des avoirs, Monsieur le Président, aurait des conséquences incalculables : sur notre crédibilité auprès de nos clients et alliés, mais aussi sur l'équilibre international. S'engager dans une telle procédure reviendrait à faire nôtres les méthodes de nos adversaires. »

Un silence embarrassé régnait dans la pièce. Tous les regards se tournèrent vers Carter, apparemment impassible, qui caressait d'une main la surface de bois poli du bureau.

« Pensez-vous, Messieurs, qu'une telle mesure, appliquée non seulement aux Etats-Unis, mais en Europe et dans vos établissements au Japon, serait légale ? »

Sur l'écran, ses interlocuteurs semblèrent se consulter d'un air gêné. L'un d'eux répondit :

« Disons qu'elle pourrait avoir toutes les apparences de la légalité, mais ceci n'ôterait rien à nos réserves. »

Carter eut un bref signe de tête : « Messieurs, je vous remercie. »

Il était alors 8 h 40. A 8 h 50, il ordonnait l'application du plan d'urgence. Malgré les mises en garde du monde des affaires, tous les avoirs iraniens détenus dans les banques américaines et leurs succursales à travers le monde étaient irrémédiablement gelés. Une heure plus tard, les leaders du Congrès furent convoqués à la Maison Blanche pour être informés de la décision. Le document ordonnant officiellement le blocage des avoirs iraniens fut apporté à Carter pour signature alors qu'il venait de passer à table et commençait à prendre son petit déjeuner.

Parmi les nombreux négociateurs à être intervenus dans l'affaire des otages de Téhéran, l'un tient une place assez paradoxale. Sean Mac Bride était l'ami d'Armand Hammer, mais on ne pouvait imaginer trajectoires plus dissemblables que celles de ces deux hommes. Le vieillard à l'allure aristocratique et au visage sillonné de rides, vivant dans la vaste demeure familiale de Roebuck House, connue de tous les habitants de Dublin, est en Irlande un véritable personnage de légende. Son père, exécuté par les Anglais, avait été l'un des chefs de la fameuse insurrection de 1916, surnommée « les Pâques sanglantes ». Sean Mac Bride fut de tous les combats pour l'indépendance de son pays et, après une carrière politique au cours de laquelle il devint ministre des Affaires étrangères, c'est lui qui fonda Amnesty International en 1960. Il reçut en 1974 le prix Nobel de la Paix et distribua alors le montant intégral du prix — 120 millions de centimes — entre diverses organisations pacifistes et humanitaires.

En réalité, ce qui unit Hammer et Mac Bride, deux hommes également entêtés et énergiques, est probablement beaucoup plus fort que ce qui les sépare. L'ardent défenseur des droits de l'homme et le milliardaire américain manifestent une large compréhension vis-à-vis de la plupart des thèses soviétiques ; ses prises de position, d'un antiaméricanisme virulent, ont d'ailleurs fait de Mac Bride la bête noire de la diplomatie de Washington. Son engagement en faveur du mouvement pacifiste européen n'est assurément pas fait pour déplaire à Moscou.

Le 22 novembre 1979 à 3 heures du matin, il était arrivé à Téhéran pour négocier avec Bani Sadr, futur président de la République iranienne, alors ministre des Affaires étrangères. Il fait figure d'interlocuteur valable : il n'a cessé de dénoncer les violations des droits de l'homme perpétrées par le régime du chah, précisant que l'ancien Premier ministre Hoveida lui avait même avoué : « C'est vrai que nous torturons, mais sous le contrôle d'experts américains. » Il déclare également comprendre, sans l'approuver, l'action de commando dirigée contre l'ambassade. « Elle a été menée par des étudiants, dit-il, par ceux qui ont le plus souffert avant la révolution. »

Un mois plus tard, le 21 décembre à 10 heures du matin, le téléphone sonne chez Sean Mac Bride. Celui-ci traverse son salon, s'arrête un instant pour ranimer les braises qui rougeoient dans la cheminée, et pénètre dans son bureau, une vaste pièce en désordre, à peine chauffée malgré le froid qui sévit à Dublin. Son interlocuteur est un avocat iranien installé à Paris, Nuri Albala. Lié au Parti communiste iranien inféodé à Moscou, il est également un proche du nouveau ministre des Affaires étrangères, Sadek Ghotzadeh. Celui-ci souhaite renouer les fils de la négociation. Mac Bride accepterait-il de retourner sur-le-champ à Téhéran ? Le fondateur d'Amnesty répond : « Envoyez-moi le billet d'avion, je suis prêt. »

Peu après, Mac Bride téléphone à Hammer qui, la veille, lui a laissé plusieurs messages. Il l'informe de cette nouvelle initiative et des propositions qu'il souhaite présenter aux autorités iraniennes : notamment la mise sur pied d'une commission internationale inspirée du tribunal de Nuremberg, pour étudier dans quelle mesure les actes perpétrés par le chah et son administration ont constitué des crimes contre l'humanité. Mac Bride précise qu'un des éléments de cette proposition serait évidemment la libération préalable des otages.

Hammer communique aussitôt ces renseignements à divers dirigeants financiers. Le président de la Chase se montre particulièrement hostile à la personne de Mac Bride, mais le président d'Occidental n'a aucun mal à le convaincre qu'un négociateur ouvertement proaméricain n'aurait aucune chance d'aboutir.

Le 24 décembre en fin d'après-midi, harassé, Mac Bride quitte Téhéran pour Dublin, via Paris. Il s'arrête quelques heures dans la capitale française et téléphone depuis son bureau de l'U.N.E.S.C.O., rue Miollis, où il dirige les travaux d'une commission chargée d'étudier un nouvel ordre mondial de l'information. Son premier appel est pour l'ancien ministre de la Justice Ramsey Clark, avocat new-yorkais avec qui il a longuement voyagé au Nord-Vietnam. Libéral, Clark avait été le premier négociateur désigné par Washington, mais il avait dû renoncer face à l'hostilité des Iraniens. Au téléphone,

Mac Bride fait part de son optimisme et annonce qu'il va mettre à profit les vacances de Noël pour rédiger son projet de commission d'enquête. Clark lui répond qu'il va transmettre aussitôt la teneur de ses propositions au secrétaire d'Etat Cyrus Vance.

Mac Bride téléphone ensuite à Hammer. Mais la crise vient déjà de se déplacer plus à l'Est. Tandis que se déroulent ces échanges, le Pentagone adresse une note secrète au président : « Les Soviétiques ont commencé à déplacer leurs forces armées dans le but de renverser le gouvernement en place en Afghanistan. Plus de 215 gros-porteurs se sont posés sur l'aéroport de Kaboul au cours des dernières vingt-quatre heures [3]. »

Six mois plus tôt, les participants à la conférence au sommet des chefs d'Etat des pays non alignés avaient assisté à La Havane à un bien étrange spectacle. Tariki, secrétaire du Parti communiste afghan, aux côtés de Fidel Castro en battle-dress vert olive, avait démenti d'un ton débonnaire les rumeurs de dissensions au sein de la direction afghane : « Des rivalités personnelles ? Une pure invention de la presse occidentale... Le soutien soviétique ? Il est bien réel... » Le vieux dirigeant aux cheveux et à la moustache poivre et sel tendait l'oreille d'un air amusé : « Une présence militaire de l'U.R.S.S. sur notre territoire ? Vous plaisantez ! Nous sommes des nationalistes... »

Une semaine plus tard, de retour à Kaboul après un crochet par Moscou, Tariki est abattu par son rival Amin qui lance un appel aux Soviétiques avant d'être à son tour « suicidé ». Le choc en Occident est d'autant plus fort que tout, dans l'intervention soviétique, démontre qu'il ne s'agit pas d'une simple opération temporaire de maintien de l'ordre.

Avec une candeur inégalée, Carter confie alors : « Cet événement m'a plus appris sur l'U.R.S.S. que trois années d'exercice du pouvoir. »

Quelques jours après l'annonce de l'invasion, l'homme qui

prétendait si bien connaître les Soviétiques quitta Los Angeles pour Washington où il s'entretint longuement avec Dobrynine. A sa sortie de l'ambassade soviétique, Hammer déclara aux journalistes : « La présence soviétique n'est que provisoire... Monsieur Dobrynine ne s'est jamais trompé. »

Ces propos ne laissèrent pas d'étonner alors que tout le monde pouvait constater l'intensification du pont aérien entre l'U.R.S.S. et Kaboul. Des Antonov y atterrissaient toutes les quatre minutes, débarquant chars lourds et pièces d'artillerie ; les photographies prises par satellites montraient d'interminables convois militaires qui franchissaient la frontière dans la province du Turkménistan, gravissant les contreforts de l'Hindu-Kush.

« Parfois temporaire dans ses expéditions lointaines, l'expansionnisme soviétique s'avère plus définitif à sa périphérie », ont pu constater certains experts. Quel jeu jouait Hammer, dont il était impossible de prétendre qu'il fût naïf ou mal informé ?

Il restait en contact avec la Maison Blanche, mais cette sollicitude n'empêcha pas Carter de vivre, comme lui-même le confia à l'un de ses proches, « les journées les plus éprouvantes depuis le début de ma présidence ». Le président américain semblait rechercher éperdûment auprès de ses visiteurs étrangers appui et réconfort. Un homme lui fit alors une profonde impression : le leader de la droite allemande, le Bavarois Franz-Josef Strauss. Cet homme massif, au langage direct, lui fit part de son mépris pour la politique extérieure française. Il raconta qu'à Paris les principaux dirigeants considéraient l'agression en Afghanistan « comme une preuve de la faiblesse de l'U.R.S.S. » L'homme politique allemand prétendit avoir demandé à ses interlocuteurs français : « Combien de preuves de faiblesse seront nécessaires, selon vous, pour que l'Armée rouge se retrouve à Paris ? »

Carter était contraint par les événements à faire preuve de fermeté, mais tous ceux qui, quatre années durant, s'étaient parfaitement satisfaits de ses faiblesses et de sa candeur lui reprochaient désormais une position de force tout aussi dérisoire, selon eux, que sa naïveté d'antan. Le président américain offrait l'image d'un chef d'Etat acculé au suicide politique.

Une majorité de la population, qui rêvait de s'adonner aux délices de l'isolationnisme, l'accusait de n'avoir pu contenir l'irruption du monde extérieur dans la réalité américaine : encore une fois, l'étranger se révélait porteur de tragédies, contribuait à bouleverser et à corrompre les nobles idéaux américains. Carter avait affirmé dans son discours d'investiture : « Nous allons être les témoins d'une aube nouvelle. » Par sa faute ou son incurie, la population se voyait ramenée cinq ans en arrière, le drame de Téhéran ne faisait qu'un avec celui de Saïgon en 1975 ; les images se télescopaient en un rappel lancinant : le cauchemar américain n'avait pas pris fin.

Le 2 janvier 1980, le président américain impose l'embargo sur les céréales et les fertilisants à destination de l'Union Soviétique et demande à ses collaborateurs d'envisager les conditions d'un boycott des jeux Olympiques. Il sait que ces décisions risquent de réduire à néant tous les résultats obtenus en dix années d'une stratégie patiente et complexe : celle de la détente. Nul ne le lui pardonnera : le premier indice fut enregistré par l'appareil du Parti démocrate lorsque, en cette année électorale, ses trésoriers commencèrent à tirer les sonnettes des bailleurs de fonds. Les réactions à l'idée d'appuyer le président sortant ressemblèrent à un électro-encéphalogramme au tracé désespérément plat. « Notre attitude était parfaitement claire — déclare le responsable d'une grande société implantée dans plusieurs pays communistes. Nous ne voulions même pas lui verser les quelques dollars nécessaires à l'achat des quatre planches de son cercueil. »

Le 20 janvier, Carter participe à un face à face télévisé avec la presse :

« Nous avons adressé au Comité olympique international et aux gouvernements des pays invités à Moscou une déclaration précisant que, si les troupes soviétiques n'ont pas quitté l'Afghanistan dans un délai d'un mois, nos athlètes ne participeront pas aux Jeux. »

Un journaliste l'interrompt :

« Pensez-vous pouvoir maintenir une telle position si aucune autre nation ne se joint aux Etats-Unis ? »

Carter marque une brève hésitation :

« Nous la maintiendrons tant que le peuple afghan devra vivre sous la botte des Soviétiques. »

Le 9 février, en l'espace d'une dizaine de minutes, plusieurs limousines viennent se garer devant le perron d'une résidence cossue de Bethesda, banlieue résidentielle de Washington. L'habitation appartient à un ancien ministre. Les neuf hommes qui se retrouvent dans le salon de Scott sont chargés de coordonner l'attitude du Conseil face aux initiatives du pouvoir politique. Ils représentent les directions de General Electric, d'IBM, de la Chase Manhattan, de Bechtel, de Kaiser Industries et de John Deere. Entre leurs mains, un document portant le sceau « confidentiel », rédigé par le Pentagone à l'intention du président des Etats-Unis. Le scénario développé dans cette étude de vingt-cinq feuillets envisage une intervention soviétique en Iran et les moyens d'une réplique militaire directe des Etats-Unis. Plusieurs options tactiques y sont développées. Les renseignements parvenus à ces hommes indiquent que le projet fait « l'objet d'un examen attentif » à la Maison Blanche, et que sa mise en application peut être considérée comme « probable ».

Les répercussions financières, économiques et énergétiques d'un conflit « engageant directement, sur un théâtre d'opérations proche du Golfe, les Etats-Unis et l'U.R.S.S. » sont analysées et confrontées quatre heures durant par ces personnalités du monde des affaires. Leur recommandation à l'issue de cette recontre : l'envoi d'un « signal » rapide à Moscou, se démarquant de la position officielle américaine et désarmorçant cette stratégie de la tension. Leur souci : agir avant que la montée des antagonismes ne conduise à des situations aussi dommageables que la suppression du prêt-bail à l'U.R.S.S. en 1946, « prise si brutalement — rappela l'un d'eux — qu'elle constitua presque une déclaration de troisième guerre mondiale et marqua les débuts de la guerre froide ».

Le 11 février, l'exécutif américain de l'US-USSR Trade Council, réuni à New York, examine ces propositions et décide de mandater Armand Hammer pour tenter d'obtenir à Moscou un assouplissement de la position soviétique. Le black-out le plus total entoure cette initiative. Mais les nombreux engagements du président d'Occidental ne lui permettent pas de quitter les Etats-Unis avant le 25 février, alors que le délai fixé par Carter pour le retrait des troupes soviétiques a déjà expiré.

Le 26, Hammer se pose sur un aéroport proche de Moscou. Un de ses collaborateurs l'y attend. Ce personnage aux activités mystérieuses, Mikhaïl Bruk, a travaillé pendant plusieurs années au bureau soviétique d'Occidental. Depuis 1976, il se définit comme un « consultant spécial » qui « aide spontanément le docteur Hammer comme on aiderait un parent ». Bruk est connu dans la communauté internationale comme un homme extrêmement bien informé, influent, voyageant fréquemment en Grande-Bretagne et aux Etats-Unis ; ses liens avec le K.G.B. sont une quasi-certitude pour nombre d'observateurs. Ancien « journaliste », spécialiste, selon des experts, de la « désinformation active » auprès de la presse occidentale, Bruk a été le premier à écrire sur Hammer, en 1964, dans le supplément hebdomadaire des *Izvestia.* Murray Seegar, à l'époque correspondant à Moscou du *Los Angeles Times,* fut l'un des premiers, quant à lui, à évoquer ses liens avec les services de renseignement soviétiques.

Bruk accompagne Hammer jusqu'à son appartement moscovite. Le lendemain, le milliardaire est reçu pendant trois heures d'horloge par Brejnev qui, au terme de cette rencontre, lui remet un message à l'intention de Carter.

A Washington, la stupéfaction est totale. Cette initiative a pris de court la Maison Blanche. Un des conseillers présidentiels, Stuart Eizenstat, ami proche de Carter, chargé des relations avec les milieux d'affaires, a bien eu vent du projet mais, malgré tous ses efforts, n'a pas réussi à percer les consignes de black-out.

Le plus étonnant reste cependant à venir. Il s'agit des propos tenus par Hammer lors d'une conférence de presse organisée à Moscou quelques heures après sa rencontre avec le secrétaire général. Selon lui, « Monsieur Brejnev estime que le problème afghan pourrait être résolu si les Etats-Unis et les pays entourant l'Afghanistan garantissent qu'ils useront de leur influence pour éviter toute ingérence extérieure dans les affaires du gouvernement de Kaboul ». Il ajoute que le numéro un soviétique considère comme un non-sens les accusations américaines sur une prétendue avancée soviétique en direction de la zone du Golfe, et il conclut, en rappelant l'affirmation de Léonid Brejnev : « L'Afghanistan fait d'ailleurs partie de la sphère d'influence soviétique. »

Il s'agit bien d'un alignement quasi complet sur la position officielle de Moscou, qui frappe de stupeur la Maison Blanche et la plupart des collègues de Hammer au sein de l'US-USSR Trade Council. La plupart de ces hommes d'affaires estiment en effet qu'une attitude conciliante envers l'U.R.S.S. n'impliquait pas « ce soutien ouvert à une agression caractérisée ».

Lorsque le Boeing *OXY 1* quitte Moscou, trente-six heures plus tard, son plan de vol ne prévoit pas un retour immédiat aux Etats-Unis. Après avoir obtenu l'autorisation des Soviétiques de survoler l'Afghanistan, il se pose à Islamabad, capitale du Pakistan, pays frontalier et proaméricain. Hammer y rencontre dès son arrivée le général dictateur Zia Ul Haq, et annonce qu'Occidental va s'engager sur place dans un vaste programme de prospection pétrolière évalué à plusieurs millions de dollars.

Treize jours plus tard, un rapport rédigé par l'antenne de la C.I.A. au Pakistan serait parvenu au siège de l'agence à Langley, puis sur le bureau du directeur, l'amiral Stanfield Turner. Il précise : « La frontière pakistanaise constitue le seul point de passage pour l'aide et l'approvisionnement destinés aux forces de la résistance afghane.» Et il aurait ajouté : « On ne saurait exclure, à la lumière de nos informations, qu'Hammer utilise ses promesses de prospection pétrolière pour obtenir que cette frontière soit totalement verrouillée [4]... »

XVI

Les promesses offertes par la Chine paraissaient aussi larges que le sourire avenant de son leader Deng Xiao-ping. Ce pays d'un milliard d'habitants, où l'on traitait les enfants comme des hommes et les hommes comme des enfants, fascinait l'Amérique qui le trouvait tellement exotique et si peu communiste. A New York comme à San Francisco, on considérait les Chinois comme puritains, nets, travailleurs, respectueux, joyeux, toutes qualités que les Américains admirent le plus parce qu'elles sont aussi les leurs.

En 1949, quand la Chine avait basculé dans le communisme, la colère avait vite succédé à l'incrédulité. Une série d'articles avait alors connu un impact extraordinaire : ils mettaient en cause la politique suivie depuis vingt ans par les Etats-Unis et s'intitulaient : « Pourquoi nous avons perdu la Chine. » La formule devint un slogan populaire où se mêlaient le désaveu diplomatique et de multiples variations sur le thème : « 700 millions d'êtres vous manquent et tout est dépeuplé... »

Aussi, en cette soirée du 27 janvier 1979, la présence du numéro un chinois dans les murs de la Maison Blanche ressemblait-elle davantage à de chaleureuses retrouvailles avec un parent d'une lointaine province céleste qu'à la visite officielle d'une personnalité étrangère. La frêle silhouette de Deng disparaissait presque entièrement dans le grand fauteuil où il avait trouvé place. Tout en fumant cigarette sur cigarette, il écoutait attentivement Jimmy Carter, le regard en alerte, se tournant de temps à autre vers son interprète et ses conseillers pour opiner à telle ou telle remarque.

« Les dirigeants chinois sont d'un réalisme implacable », confiait quelques années auparavant Henry Kissinger à l'issue de ses pourparlers avec Mao Tsé-toung et Chou En-laï. Le voyage aux Etats-Unis de Deng, survivant des purges de la Révolution culturelle, justifiait la remarque de l'ex-secrétaire d'Etat et montrait avec quelle désinvolture l'idéologie pouvait être mise à l'écart.

Lors de la dernière grande conférence mondiale du mouvement communiste, qui avait réuni en 1960 à Moscou plus de 81 partis, le délégué chinois avait prononcé un violent réquisitoire contre les tentations de la coexistence pacifique avec les régimes capitalistes et le rapprochement entre Moscou et Washington. Ce délégué n'était autre que Deng, et ce soir-là, à Washington, qui aurait pu imaginer que le même petit homme si courtois et enjoué avait tenu vingt ans auparavant des propos aussi intransigeants et sectaires contre l'Amérique ?

En 1971, à l'issue de ses premiers contacts avec les Américains, le Premier ministre Chou En-laï, ce fils de mandarin à l'allure de fin lettré, déclarait en souriant : « Il est naturel de faire des concessions aussi longtemps qu'elles ne vont pas à l'encontre de nos principes. » Le monde abasourdi découvrait alors une Chine gagnée aux vertus de la flexibilité, alors que cette souplesse n'avait en fait jamais cessé d'inspirer la politique étrangère de Pékin.

En 1960, l'U.R.S.S. avait exercé un véritable chantage économique pour venir à bout du schisme des dirigeants chinois. Les 1 390 spécialistes soviétiques furent retirés, plus de 300 projets en cours de réalisation, dans toutes les branches de l'activité industrielle, furent stoppés net. Le journaliste Robert Guillain, qui visita la Chine en 1964, aperçut de nombreuses « usines mortes, visiblement abandonnées depuis longtemps, et leurs dortoirs eux-mêmes restés vides ; une proportion considérable de cheminées qui ne fumaient pas ; des constructions inachevées, façades sans fenêtres ni toits, chantiers sans signe de vie... » Neutralisée dans son effort de modernisation, humiliée dans sa volonté d'indépendance, la Chine populaire recommençait à stagner dans les marais du sous-développement.

Quand Nixon, au cours de son voyage officiel, rencontra pour la première fois Mao Tsé-toung dans sa petite maison de la Cité impériale, il lui dit avec le désir de se montrer aimable : « Les relations entre nos deux pays se fondent sur une base solide parce qu'aucun n'attend quelque chose de l'autre. » Mao réfuta fermement la banalité du propos : « Si nous n'avions rien à attendre l'un de l'autre, pourquoi seriez-vous à Pékin ? » Il exprima le souhait que s'instaure entre les deux pays une coopération commerciale, puis coupa court à tout développement en ajoutant : Ce ne sont pas des questions à discuter avec moi. Elles doivent être débattues avec le Premier ministre et les autres dirigeants. »

Sept ans plus tard, c'est justement ce à quoi s'employait Deng Xiao-ping, devenu responsable d'un pays qui affirmait avec orgueil sa supériorité culturelle tout en révélant ses multiples vulnérabilités. Tandis que s'achevaient les premiers entretiens et que les personnalités présentes se préparaient à prendre part à un fastueux banquet, Deng indiqua à Carter qu'il désirait s'entretenir brièvement de sujets plus confidentiels. Les deux hommes se rendirent alors dans le bureau ovale, accompagnés du vice-président Walter Mondale, de Cyrus Vance et de Brzezinski.

La porte à peine refermée, le dirigeant chinois indiqua que son pays se préparait à attaquer le Vietnam, qu'il qualifia de « Cuba de l'Asie ». Fait étrange, qui révélait le capital de sympathie quelque peu irrationnel dont bénéficiait la Chine auprès des dirigeants américains, aucune objection ne fut alors avancée par ses interlocuteurs. Le principe d'un conflit localisé ayant ainsi été admis par tous, les dirigeants gagnèrent la salle de banquet où les attendaient de nombreux invités.

La présence du leader chinois constituait un événement à

la fois politique et mondain, pimenté par la réapparition en « vedette américaine » de Richard Nixon, qui effectuait son premier retour à la Maison Blanche depuis sa démission en 1974.

Depuis plusieurs semaines, Armand Hammer s'efforçait d'être présent à cette soirée. En vain. Malgré son insistance et les multiples démarches de Bill Mac Sweeny, son correspondant à Washington, la Maison Blanche avait hésité, éludé. Finalement, Jimmy Carter eut le courage de décrocher son téléphone et d'appeler à Los Angeles la résidence de l'homme d'affaires :

« Docteur, je ne crois pas que votre présence soit souhaitable. En raison de vos liens avec l'U.R.S.S., je redoute que les Chinois ne vous considèrent comme *persona non grata.* »

Il avait marqué une légère pause avant de trébucher sur les derniers mots qui, avec son accent du Sud, avaient pris une tonalité étrange.

Hammer ne manifesta aucun dépit et remercia chaleureusement le président de l'avoir ainsi prévenu. Carter, comme la plupart des hommes politiques, croyait que les antagonismes comme les alliances constituaient des réalités bien définies, figées une fois pour toutes. L'avenir proche allait le détromper.

Le 30 janvier, après avoir achevé la partie strictement politique de son voyage, Deng partit pour Houston, au Texas, où il était l'invité de 150 présidents de compagnies pétrolières et de multinationales. Un gigantesque barbecue fut organisé en son honneur. Le petit homme vêtu d'un costume mao gris-bleu disparaissait au milieu des groupes d'hommes d'affaires en chemises bariolées et chapeaux Stetson. Avec la même bonhomie que sa bête noire le « renégat révisionniste Khrouchtchev » vingt ans auparavant, Deng transformait sa visite en succès populaire. Il assista à un rodéo, s'installa dans une diligence, agitant un chapeau à la portière comme dans les meilleurs westerns. Bref, s'il avait à cet instant demandé l'asile politique aux Etats-Unis, nul doute qu'on le lui eût accordé, estimant qu'il avait déjà tous les gestes et réflexes d'un véritable Américain.

Lorsqu'il regagna en fin d'après-midi le calme de ses appartements, il interrompit d'un signe l'interprète qui voulait lui présenter le visiteur l'attendant au salon :

« Inutile de me présenter le docteur Hammer dont tout le monde sait en Chine combien il vint en aide à la Russie de Lénine. »

Selon un témoin qui assista à l'entretien, le dirigeant chinois approcha son fauteuil et se pencha vers son interlocuteur comme pour lui parler sur le ton de la confidence. Tout sourire avait disparu de son visage.

« Docteur, voudriez-vous venir en Chine faire ce que vous avez réussi en U.R.S.S. ? »

Hammer écouta posément la traduction et sourit :

« Ce serait avec plaisir, Monsieur le Président. Hélas, vous n'autorisez pas les avions privés à pénétrer dans votre espace aérien. Or, à mon âge, je n'ai nulle envie, pour un si long trajet, d'emprunter un vol régulier. »

Deng éclata de rire et frappa du plat de la main sur le bras du fauteuil :

« Vraiment, ce n'est pas un problème ! Je vais vous envoyer un message et je compte bien vous revoir prochainement à Pékin. »

Trois semaines plus tard, toutes les autorisations nécessaires parvenaient au siège d'Occidental. Un mois après, au terme d'un séjour en Europe, Hammer pouvait décoller de Londres à destination de la Chine. Il voyageait dans de bien meilleures conditions que lors de son premier voyage en U.R.S.S., mais son excitation restait tout aussi grande. Encore une fois, il était le premier, brouillant les cartes de ceux qui ne raisonnaient qu'en termes idéologiques.

Les violents combats sur l'Oussouri entre l'armée chinoise et les forces soviétiques ne remontaient qu'à dix ans. En cette année 1979, Hammer n'en vendait pas moins à la Chine 50 000 tonnes d'engrais azoté en provenance directe d'U.R.S.S. :

une des toutes premières transactions dans le lent et prudent rapprochement qui s'amorçait entre les deux pays.

« Les Soviétiques ne se montrèrent-ils pas furieux de ce voyage ? »

Il a un sourire espiègle, comme si soudain tout cela lui apparaissait comme un gigantesque jeu à la limite de la farce.

« Bien au contraire. Au départ de Londres, je voulais arriver en Chine le plus rapidement possible. Les Soviétiques nous autorisèrent le survol de la Sibérie et de la Mongolie extérieure. En huit jours, à Pékin, nous avons pu négocier plusieurs contrats... (Il s'interrompt un instant, en quête de l'épithète le plus adéquat :) ... fructueux ! »

Trois ans de pourparlers aboutissent à des résultats impressionnants. Le 9 août 1983, Occidental se voit accorder un permis d'exploitation et de développement de la production pétrolière au large des côtes, au sud-est de Hong Kong. Les 2 500 kilomètres carrés de cette zone de la mer de Chine sont considérés comme recélant les gisements les plus prometteurs en hydrocarbures. Le contrat prévoit un investissement de 115 millions de dollars et consacre une nouvelle victoire d'Occidental sur ses rivaux Exxon et Shell.

Le 30 avril 1984, Hammer reviendra à Pékin signer un accord portant sur plus d'un demi-milliard de dollars : l'exploitation de la plus grande mine de charbon à ciel ouvert existant à travers le monde, à Pinghsud, dans la province de Shanxi. Cet accord, le plus important jamais conclu entre la Chine et une société capitaliste, équivaut à lui seul à la totalité des investissements des compagnies étrangères opérant en territoire chinois.

Au cours de sa première visite, Hammer rencontra l'ensemble de la direction chinoise avant de conclure par un nouvel entretien en tête à tête avec Deng. Les deux hommes conversèrent côte à côte, enfoncés dans deux immenses fauteuils rouges aux dossiers recouverts de broderies. A les observer ainsi, on était frappé par une étrange ressemblance : même morphologie, mêmes attitudes, bien que Deng parût légèrement plus trapu. Leurs visages, au-delà des sourires forcés, exprimaient la même vigilance. Chez ces deux êtres simulant la sérénité du grand âge, on devinait la même capacité à agir vite, le cas échéant de manière implacable.

A la fin de cette rencontre, Hammer remit au vice-président chinois un étrange cadeau : un exemplaire du célèbre best-seller du Dr Atkins sur la meilleure façon de suivre un régime diététique. L'Américain aime à expliquer sa remarquable forme et sa longévité par la discipline de vie qu'il s'impose : « Je ne fume jamais, je ne bois pas d'alcool, bien que j'en aie fabriqué et vendu plus que n'importe qui à travers les Etats-Unis ; je nage une heure et demie chaque matin et je travaille très dur. » Une jeune femme à qui il faisait ces confidences lui objecta que son propre père avait mené une vie tout aussi rigoureuse et n'en était pas moins mort à quarante-neuf ans. Impassible, Hammer lui répondit : « Il n'a pas suivi son régime assez longtemps. »

Tandis que Carter, piégé politiquement par ses échecs en Iran et en Afghanistan, se débat de plus en plus malhabilement, le monde des affaires s'engouffre à la suite d'Occidental dans la vaste antichambre des dirigeants chinois.

Bechtel passe alors des accords pour l'exploitation de plusieurs mines de charbon. Comme pour l'U.R.S.S., l'objectif principal reste l'acquisition de crédits fédéraux à bon marché en vue de financer ces projets. Bechtel engage à cette fin l'ancien responsable de l'Eximbank, John Moore, promu vice-président de la firme. Bechtel, comme Occidental, souhaiterait obtenir des crédits à 6,5 % remboursables sur vingt ans au-delà d'un délai de grâce de treize ans, alors que les emprunts lancés dans le public par la Banque fédérale sont assortis d'un intérêt de 12,5 % ; la différence serait ainsi réglée par le contribuable américain...

Le commerce avec la Chine avait déjà une longue histoire. Dès 1971, Cargill, la firme régnant sur le marché mondial des céréales et qui avait vigoureusement soutenu l'élection de Nixon, voyait l'un de ses vice-présidents s'installer à la

Maison Blanche comme conseiller spécial chargé d'assouplir les réglementations existantes dans les échanges avec la Chine. Les convergences entre planificateurs communistes et « capitalistes monopolistiques », pour reprendre la terminologie marxiste, s'illustraient déjà de belle manière.

David Rockefeller revint alors enthousiaste d'un voyage en Chine et relata ses impressions dans le *New York Times* : « Les Chinois sont actifs, intelligents, et quelles réserves de main-d'œuvre bon marché ! » Il insistait « sur la formidable expérience sociale menée par le président Mao, une des plus importantes et des plus réussies dans toute l'histoire humaine... » Ignorés les dizaines de millions de morts broyés lors du Grand Bond en avant ou de la Révolution culturelle ! Le contrôle absolu exercé sur les populations, ce rôle souverain d'« ingénieurs des âmes », avec tout ce qu'il permet en matière de manipulation des masses, fascine les hommes d'affaires qui, dans l'autre camp, souscrivent au postulat marxiste selon lequel l'économique détermine le politique. Paradoxalement, par un mouvement inverse, la fidélité au dogme marxiste s'estompe à Pékin. En 1984, on en vient à confier que « certaines de ses idées ne sont pas nécessairement adaptées à notre époque » et que, ainsi que le notait jadis Confucius, « si le discours n'est pas conforme à la réalité des choses, les affaires ne peuvent être menées à bien [1]... »

Principe qui commence également à se faire jour aux Etats-Unis en cette année 1980. L'expérience Carter se révèle un fiasco total. Les preuves de son impuissance ne sont plus escamotées, mais au contraire montées en épingle. L'échec de la mission de sauvetage en Iran vient confirmer, pour de nombreuses voix autorisées, « le fait que les Etats-Unis ont raté toutes les entreprises militaires importantes dans lesquelles ils se sont lancés au cours des vingt années écoulées ».

Une formidable mise en condition de l'opinion est alors engagée. Plusieurs groupes proches du Parti républicain et des milieux d'affaires s'attellent à un travail de réflexion sur le pouvoir présidentiel. On répartit les présidents en deux catégories : les présidents « tâcherons », qui se bornent à faire tourner la machine, et les présidents « symboles », qui impulsent des changements radicaux. Carter, comme autrefois Ford et même Truman, sont aux yeux des experts des présidents « tâcherons ». Roosevelt et Kennedy des présidents « symboles ». A l'intérieur de ces groupes d'études, des sociologues étudient la fonction présidentielle et évaluent le discours censé avoir le plus d'impact lors des prochaines élections. On le définit comme devant être « simple, exprimant l'imagerie des petites villes de l'Amérique profonde, une foi sans bornes dans la libre entreprise, une confiance totale dans le jugement des hommes d'affaires ». « Bref, conclut l'un des experts, il faut un type qui sache parler aux gens simplement, au coin du feu, en leur disant : " Moi, je sais que vous êtes capables du meilleur. " »

Reagan, de l'avis de ceux qui suivent sa carrière, a cette façon de se débrouiller avec les mots pour dépeindre des situations et des défis en termes si clairs que les gens se sentent aussitôt concernés. Au surplus, sans détours ni fausse honte, l'ancien gouverneur de Californie ne cache pas son admiration pour un président abhorré des démocrates, Calvin Coolidge, surnommé « le Silencieux », qui, dans les années 20, avait pris pour devise : « Le travail de l'Amérique consiste à faire des affaires. »

L'idée développée tout au long de sa campagne par le candidat républicain sera la restauration d'une Amérique suffisamment forte et sûre d'elle-même pour affronter un monde dangereux, incertain. Bill Casey, directeur de cette campagne, estime que, pour « retrouver une position solide en politique étrangère, il convient d'abord de provoquer chez notre peuple un choc émotionnel ». Au cours des soirées que ce riche homme d'affaires organise dans sa résidence de Washington, les invités peuvent découvrir l'étonnante collection de livres rares qu'il a réunie sur le phénomène de la décadence. Ce sujet passionne le futur directeur de la C.I.A. qui aime à esquisser des parallèles entre la chute de l'Empire romain et les périls qui menacent l'Amérique.

Le philosophe Carl Schmit résumait la politique en une

formule lapidaire : « C'est avant tout la désignation d'un ennemi. » Cet ennemi sera bien entendu Moscou, qui remplit alors à merveille une double fonction symbolique : celle d'adversaire objectif et d'incarnation du Mal.

Mais la politique est aussi un gigantesque théâtre d'apparences, et, entre les deux capitales présumées rivales, les connivences sont bel et bien maintenues.

Le 6 novembre 1980, Reagan obtient un véritable triomphe. Dès le lendemain matin, il apparaît sur la scène du Century Plaza à Los Angeles pour une première conférence de presse. La plupart de ses lacunes transparaissent dès que fusent les premières questions. Interrogé sur le récent voyage effectué à Varsovie par Valéry Giscard d'Estaing pour rencontrer Brejnev, Reagan lance des regards traqués en direction de son entourage et se révèle dans l'incapacité de répéter le nom du président français, comme s'il l'avait entendu prononcer pour la première fois.

Mais qu'importe : il est direct, chaleureux. Il affirme : « Je n'ai pas peur de ce qui m'attend, et le peuple américain non plus n'a pas peur de l'avenir » — avant d'ajouter à l'adresse des journalistes qui l'ont suivi tout au long de sa campagne : « Voilà, mes enfants, vos ennuis sont terminés, les miens viennent de commencer ! »

A quelques kilomètres de là, Hammer exulte :

« Tout est parfait, c'est vraiment le meilleur des résultats qu'on pouvait escompter. »

Son interlocuteur reste interdit.

« Mais enfin, Ronald Reagan a fait reposer sa campagne sur un anticommunisme virulent et sur une attitude de fermeté à l'égard de l'U.R.S.S...

— Comme Nixon. Cela fait longtemps que je les connais l'un et l'autre. La campagne et l'élection sont une chose. C'est Nixon qui a instauré la détente. Rappelez-vous ce que je vous dis : le président Reagan fera rapidement un geste en direction de l'U.R.S.S. en levant l'embargo. »

Le 24 avril 1981, l'homme d'affaires américain venait d'arriver à Moscou quand fut annoncée la levée de l'embargo sur les exportations de phosphates. Il dicta aussitôt une lettre au nouveau président, le félicitant pour sa « décision courageuse ».

Beaucoup pensent que Hammer en avait été informé à l'avance. Quoi qu'il en soit, le *timing* était parfait ! Hammer engageait de délicates négociations avec les Soviétiques au moment même où l'on apprenait la mesure prise par la Maison Blanche, qui favorisait essentiellement Occidental : 70 % de ses ventes annuelles de phosphates ne partaient-elles pas à destination de l'U.R.S.S. ? On ne pouvait en effet imaginer plus beau geste.

En janvier 1982, Reagan impose un nouvel embargo sur les matériels fabriqués aux Etats-Unis et destinés à la construction du gazoduc euro-sibérien. Il le complète par un second embargo visant cette fois les matériels américains fabriqués en Europe sous licence. L'accord auquel s'oppose ainsi l'administration républicaine est le contrat signé par la France, l'Allemagne et l'Italie, prévoyant la livraison annuelle par l'Union Soviétique de 8 milliards de mètres cubes de gaz pendant vingt-cinq ans, les Européens fournissant en échange une part importante du matériel nécessaire à la construction des 5 500 kilomètres de gazoduc. L'enjeu, pour l'Europe en crise, était vital : 20 milliards de francs, plus de 20 millions d'heures de travail pour ses entreprises. Mais, à terme, une dépendance inacceptable, estime le gouvernement américain.

Dès l'annonce de l'embargo, le chancelier ouest-allemand Helmut Schmidt se rend d'urgence à Washington pour défendre la poursuite de ce projet. Les succès économiques de l'Allemagne, durant deux décennies, avaient imprimé leur rythme au reste de l'Europe. Mais l'industrie de Bonn abordait les rivages du XXIe siècle avec des atouts remontant au XIXe siècle et reposant sur deux données périmées : l'industrie lourde et l'énergie à bon marché. Cette perte de leadership constituait un phénomène dramatique. Une de ses raisons profondes, selon Bruce Nussbaum, en était l'« incapacité des

Allemands à aller de l'avant. Leur goût pour l'ordre et la perfection, convenant si bien à la construction de machines, devint un handicap au cours de cette période mouvante ; alors que la vitesse, l'aptitude au changement sont aujourd'hui les conditions de la survie économique, les Allemands continuent d'avancer lentement, prudemment ». Face aux difficultés de cette industrie vieillissante, les marchés de l'Est apparaissaient comme une dernière chance, et tout illustrait déjà la formidable dépendance de Bonn vis-à-vis de ses voisins communistes.

Par ces mesures d'embargo, Washington, de façon aussi maladroite qu'hypocrite, entendait répliquer aux décisions brutales prises en Pologne à l'encontre du syndicat Solidarité. Les Allemands de l'Ouest refusèrent de s'associer aux mesures de rétorsion visant la situation polonaise. Sans le gazoduc, nombre de leurs entreprises se seraient retrouvées au bord de la faillite.

Ainsi Mannesman, un des géants de la Ruhr, qui devait fournir les tuyaux du pipe-line et dont le carnet de commandes se réduisait presque au seul marché soviétique. Privé de la fourniture des compresseurs destinés à ce même gazoduc, un autre pilier de l'industrie lourde, AEG, eût sombré lui aussi.

Plus de 250 000 emplois, liés à l'approvisionnement des marchés communistes, sont en jeu en République fédérale : dès lors, le marché « captif » n'est plus celui du pays acheteur, mais bien celui de l'Etat vendeur.

Aux yeux de certains, cette dépendance de l'économie ouest-allemande, renforcée par le développement du commerce avec Berlin Est, marque déjà une rupture progressive de l'Allemagne avec l'Occident, un retour aux réflexes du siècle passé, quand Krupp exportait par priorité ses canons en Russie ou quand Siemens vendait ses premiers appareils télégraphiques au tsar...

Après une journée d'entretiens politiques à la Maison Blanche, Helmut Schmidt dîna à l'ambassade d'Allemagne, rejoint dans la plus grande discrétion par une poignée d'invités. Il s'agissait de John Mac Cloy, d'Henry Kissinger, de Gerald Ford, de David Rockefeller et de George Shultz, pas encore tout à fait secrétaire d'Etat mais dont la firme, Bechtel, venait de se défendre d'enfreindre l'embargo imposé par l'administration Reagan. A San Francisco, son porte-parole avait expliqué sèchement que « la société avait été contactée par Occidental pour réaliser l'ingénierie d'un pipe-line destiné à acheminer du charbon liquéfié de Sibérie jusqu'à Moscou. Ce charbon sibérien sera utilisé à l'intérieur des frontières de l'U.R.S.S. et n'accroîtra donc en rien la dépendance de l'Europe vis-à-vis de l'U.R.S.S. »

A la fin du repas, l'ambassadeur allemand se retira, laissant le chancelier en tête à tête avec ses hôtes. Schmidt plaida en faveur de la levée de l'embargo, exposant l'état de l'économie allemande, soulignant les avantages financiers du contrat, le peu d'effets des sanctions économiques. Il indiqua enfin que cette mesure constituait à ses yeux une attaque directe visant la capacité européenne à construire des pipe-lines, d'autant plus choquante que les alliés européens n'avaient été informés que cinq heures à l'avance de la décision du président américain.

La discussion se poursuivit jusqu'à minuit et demi. David Rockefeller parla peu, mais approuva l'analyse du chancelier. Il avait d'autant plus de motifs à le faire qu'une des firmes allemandes les plus touchées par l'embargo, Ruhrgas AG, lui appartenait à travers Exxon...

Quelques jours après cette rencontre, John Mac Cloy émit une brève remarque en privé : « Au sein de cette administration, il y a trop d'idéologues qui tentent de parler haut et fort. »

Comme par hasard, les hommes du président les plus impliqués dans l'activisme antisoviétique se turent ou bien quittèrent peu à peu leurs fonctions : Alexander Haig démissionna du Département d'Etat, Richard Allen quitta le Conseil national de Sécurité, Richard Pipes, soviétologue réputé pour ses positions dures, se trouva sensiblement marginalisé au sein de la Maison Blanche.

La dernière offensive contre l'embargo eut lieu à l'occasion de la conférence annuelle du Fonds monétaire international, qui se déroula en septembre 1982 à Washington. Profitant de la présence de plusieurs milliers de banquiers et d'industriels, la Commission trilatérale diffusa à grand renfort de publicité un rapport plaidant pour « une coexistence prudente entre l'Est et l'Ouest ». Pour les auteurs de ce document, « l'Occident a tout à gagner à reprendre le développement de ses échanges avec l'Est ». A propos de l'affaire du gazoduc, il notait que « la seule conséquence tangible de cette affaire a été de diviser les alliés ».

Quelques mois plus tard, Reagan annonça la levée d'un embargo au demeurant déjà amplement tourné.

Sur scène, Lénine dialoguait avec Hammer. Dans la salle, installé dans la loge réservée aux dirigeants, Hammer devisait avec Constantin Tchernenko et un homme plus jeune, à l'allure énergique malgré un visage poupin : Gorbatchev. Dans ses appartements du Kremlin, non loin de là, Brejnev agonisait.

La longévité du milliardaire américain, son influence intacte sur les générations successives de dirigeants soviétiques, trouvaient ce soir-là une magistrale illustration. La pièce qui se jouait au Théâtre d'Art de Moscou s'intitulait *Tak Pobyedin* (« Ainsi nous triompherons »). Joués à guichets fermés, elle évoquait les dernières années de Lénine et un célèbre acteur soviétique, Ievgueny Kindinov, interprétait le rôle du jeune Hammer face au dirigeant de la révolution d'Octobre. Le vieil homme écoutait, attentif, presque fasciné, comme s'il découvrait en cet instant l'épisode dont il avait été jadis l'acteur principal. Au terme de son destin, conscient de la précarité de ce qu'il laisserait après lui, peut-être songeait-il que ces mots lui dispensaient quelques bribes d'immortalité, ou bien au contraire les prenait-il déjà comme un ultime hommage avant sa disparition ? Secret sur sa vie, Hammer l'était tout autant sur sa propre perception de la mort. Derrière cette réussite en apparence parfaite, un des empires économiques les plus puissants de la planète ne risquait-il pas de se défaire du jour au lendemain ?

A la même époque, un film faisait aux Etats-Unis une sortie remarquée. Son titre : *La Formule.* Le sujet : un magnat du pétrole, personnage diabolique interprété par Marlon Brando, manipule les pouvoirs, traverse intact toutes les époques, les crises, les soubresauts idéologiques. John Avildsen, l'auteur et metteur en scène, confia s'être inspiré du personnage d'Armand Hammer. Ce dernier ne réagit que lorsqu'il eut connaissance des trois millions de dollars de cachet obtenus par Marlon Brando pour quinze jours de tournage : « Pour ce prix-là, j'aurais pu jouer moi-même mon rôle. »

Un rôle qui ne laisse pourtant intacte aucune conviction. Voyager avec Hammer, c'est parcourir à la fois les pages du *Who's Who* international et celles d'un atlas de géopolitique. A Ottawa, il assiste à une soirée de gala que le Premier ministre donne en son honneur, avant de s'envoler pour le Brésil où l'attend le président de la République avec qui il est engagé dans un projet qui permettra d'acheminer du gaz naturel jusqu'au Brésil. Puis il gagne Londres, s'envole pour New Delhi où il est longuement reçu par le Premier ministre et par son ministre des Affaires étrangères. Partout la même énergie, et soudain le visage qui se ferme lorsqu'on lui demande : « Docteur, avez-vous parfois le sentiment que c'est peut-être la dernière fois que vous venez en ces lieux ? » La réponse fuse : « Jamais ! »

Le 24 mai 1978, il a fêté son quatre-vingtième anniversaire au Kremlin, en présence de la direction soviétique. Léonid Brejnev a lu un discours en son honneur.

En 1981, plus d'un millier d'hommes d'affaires et de personnalités politiques venus du monde entier l'acclamèrent lorsqu'il apparut au Century Plaza de Los Angeles, présenté par Bob Hope, le comique aux opinions ultraconservatrices, comme « le plus pur symbole du succès capitaliste en tant qu'industriel, collectionneur d'art, diplomate et philanthrope ».

En 1982, pour fêter ses quatre-vingt-quatre ans, il loua l'immense Kennedy Center de Washington et l'Orchestre symphonique. Devant un parterre réunissant toutes les personnalités détenant une parcelle de pouvoir dans la capitale des Etats-Unis, il annonça d'une voix apparemment émue qu'il faisait don d'un demi-million de dollars pour financer l'Orchestre national et de 250 000 dollars supplémentaires pour assurer le fonctionnement de Carnegie Hall. L'orchestre enchaîna en interprétant quelques-uns de ses morceaux préférés : l'ouverture d'une symphonie de Beethoven et l'hymne américain...

Quelques jours après ce triomphe, Armand Hammer décroche son téléphone. Il n'est que huit heures du matin, l'interlocuteur est surpris par le ton formidablement las de sa voix :

« Comment allez-vous, Docteur ?

— Oh, maintenant, comme un vieil homme... »

Imperceptible fêlure, immédiatement effacée. Hammer a brouillé toutes les pistes qui pourraient permettre de remonter jusqu'à sa vérité. Sa vie n'est pas une simple carrière, plutôt la trajectoire d'un homme en quête du vrai destin qui lui permettrait d'en accepter vraiment le terme.

Bien avant les catastrophes de Seveso et de Bhopal, il sensibilise l'opinion américaine aux risques technologiques. Des habitants aux revenus modestes vivaient non loin des chutes du Niagara, dans une zone baptisée — comble de l'ironie — Love Canal ! Cette population découvrit dans les années 60 qu'elle dormait sur un dépôt toxique. Le propriétaire de ces terrains n'était autre que la division chimique d'Occidental. Il est vrai que l'opération de stockage avait eu lieu avant son rachat par Hammer. Ce qui stupéfia néanmoins l'ensemble de l'opinion, ce fut la nomination de celui-ci, en 1981, à l'initiative de Reagan, à la présidence d'une commission chargée d'organiser la lutte contre le cancer... « Un tel choix, écrivit le magazine satirique *Mother Jones*, est aussi incroyable que le serait la nomination du colonel Kadhafi à la tête de l'Agence juive [2] ! »

En 1980, deux des familles les plus riches au monde tentèrent de se rendre maîtresses de la totalité du marché mondial de l'argent. Cette manipulation fut évoquée pour la première fois en 1979 par le président de Nocetta Metals de New York : « Si cent cinquante millions d'onces d'argent se trouvaient entre les mains de spéculateurs décidés à les garder le temps de faire un bénéfice net de 30 à 40 %, ces gens exerceraient une influence décisive sur les cours et pourraient fort bien faire la loi sur le marché. Un tel achat porterait sur une valeur d'un milliard de dollars. Se trouvera-t-il des gens assez puissants pour se lancer dans une pareille spéculation ? »

Les Hunt, dominant le Texas, et les Saoud, régnant sur l'Arabie Saoudite, allaient s'engager dans ce pari qui les conduisit, moins d'un an plus tard, à des pertes dépassant les deux milliards de dollars.

Paul Volker, président de la Federal Reserve, devant les risques de déstabilisation provoqués par un tel krach, accepta qu'un pool bancaire prêtât un milliard de dollars à la famille Hunt, imposant comme condition que celle-ci cesse de spéculer sur le marché de matières premières pendant toute la durée du prêt, soit jusqu'en 1990.

Les observateurs et les courtiers s'interrogeaient : si les pertes étaient à ce point démesurées, les gains de certains autres spéculateurs devaient se révéler impressionnants. Or le principal vainqueur de l'opération n'était ni un banquier ni un négociant.

Le 28 mars 1980, au cours d'une conférence de presse réunie à Los Angeles, Armand Hammer, le vieux rival des Hunt, annonça et prouva qu'en prenant des positions *short* sur le marché de l'argent il avait réalisé en l'espace de quelques semaines un gain de 119 millions de dollars ! L'idée lui en était venue quand, diversifiant ses investissements, il avait racheté dans le Colorado quelques mines d'argent...

En novembre 1974, John Swearingen, président de la puissante Standard Oil of Indiana, était venu spécialement à Los Angeles pour annoncer que sa compagnie allait lancer une

O.P.A. sur Occidental. Hammer avait blêmi : « Vous ne parlez pas sérieusement ? »

Il avait aussitôt mis fin à l'entretien.

Swearingen avait alors griffonné le numéro de sa chambre d'hôtel :

« Au cas où vous changeriez d'avis...

— Jamais ! lui avait répondu Hammer en repoussant d'un geste le bout de papier. Je vous combattrai jusqu'au bout ! »

En 1982, Occidental passait à l'offensive en rachetant pour 4 milliards de dollars le groupe pétrolier City Services convoité par son ancien adversaire.

« Aujourd'hui, déclare Hammer, il est moins cher d'acheter une compagnie, avec ses réserves et ses réseaux, que de poursuivre une politique d'exploration. » Il s'interrompt un instant, le temps qu'un de ses collaborateurs décapsule une des nombreuses bouteilles d'eau minérale disposées sur la table et lui apporte un verre. « J'ai effectué plusieurs forages infructueux en Alaska qui m'ont coûté plus de cinq cents millions de dollars... Le risque d'être rachetés ? Impossible, nous sommes bien trop grands. Désormais, c'est nous qui absorbons. »

En 1984, il s'est fait réélire par son conseil d'administration à la présidence d'Occidental jusqu'en 1990. A 87 ans, il explique, pince-sans-rire : « Ma stratégie repose sur le long terme. »

« Il est toujours le roi d'Oxy », titre la presse, mais c'est un souverain de plus en plus solitaire. Tous ses dauphins l'ont quitté ou ont été écartés. Procédure d'autant plus aisée qu'à tous il demande de signer, dès leur entrée dans la compagnie, une lettre de démission avec la date en blanc. A tous également il a confié ou laissé entendre de manière voilée : « Vous serez mon successeur. » Mais ces hommes ambitieux et impatients renoncèrent, usés par un phénomène défiant toute logique : la longévité de Hammer. Six présidents en titre se sont ainsi succédé à la tête de la compagnie en moins de treize ans. Selon un analyste financier, la seule prévision que l'on puisse faire à propos d'Occidental, c'est qu'il s'agit d'un groupe imprévisible.

Le 26 avril 1981, alors que Reagan se préparait à annoncer la levée de l'embargo, Hammer emmenait avec lui à Moscou David Murdoch. Cet homme, un des plus riches financiers californiens, présentait aussi l'intérêt d'être le plus gros actionnaire de Iowa Beef Processor, premier fabriquant mondial de corned-beef. Murdoch était aussi un collectionneur passionné de pur-sang arabes. Il avait appris qu'une des espèces les plus rares, l'étalon Pesniar, était élevée en Union Soviétique. Hammer avait proposé à Murdoch de l'aider auprès des autorités à acquérir quelques-uns de ces chevaux.

De Moscou ils se rendirent à l'élevage de Piatigorsk, sur la mer Noire, où Murdoch en extase put contempler quelques-uns des plus beaux spécimens.

Tandis que se déroulait ce voyage d'agrément, John Pugash, l'assistant de Hammer, enquêtait en détail sur le portefeuille d'actions de Murdoch. Une semaine plus tard, à peine rentré en Californie, le président d'Occidental proposait au financier le rachat du numéro un mondial des viandes congelées pour 800 millions de dollars. L'affaire fut négociée en quelques semaines. Un mois plus tard, Hammer suggérait au vice-premier ministre soviétique, Léonid Kostandov, un plan visant à régler les difficultés d'approvisionnement en viande de son pays. Il s'agissait d'installer en U.R.S.S. plusieurs usines hautement automatisées qui produiraient directement pour le marché soviétique de grandes quantités de bœuf en conserve.

Dans la transaction qui était intervenue, Murdoch avait acquis 5 % du capital d'Occidental. Au fil des mois, il allait cristalliser sur son nom toute l'opposition à Armand Hammer. Cette guerre larvée entre les deux hommes se poursuivit jusqu'en juillet 1984. Murdoch, dont le quartier général faisait face à celui d'Occidental, accepta alors de traverser Wilshire Boulevard et de monter jusqu'au bureau du vieux milliardaire. La conversation fut brève, l'enjeu financier déterminant : Hammer écartait totalement Murdoch d'Occidental en lui rachetant ses 5 % du capital pour 194 millions de dollars.

Quelques jours plus tard, un autre opposant, le président en titre d'Occidental, Robert Abboud, était à son tour éliminé.

Mais, pour les 80 000 employés du groupe comme pour le monde des affaires qui retenaient leur souffle devant l'habileté manœuvrière du vieil aventurier, l'élimination de toute opposition interne laissait intactes les causes de dissensions. Ces critiques portaient essentiellement sur les contrats passés entre Hammer et les régimes communistes.

Depuis le début des années 70, Occidental donnait l'impression d'être devenue le partenaire privilégié de l'U.R.S.S., des autres pays d'Europe de l'Est et de la Chine. Mais, aux yeux de nombreux analystes, cette orientation conduisait à négliger des marchés plus fructueux en d'autres parties du monde. L'« idylle » d'Armand Hammer avec l'univers communiste aboutissait à des « rêves inachevés » :

— l'exploitation du gaz et du pétrole acheminés de Sibérie jusqu'au littoral Pacifique de l'U.R.S.S. était désormais stoppée en raison du coût gigantesque du projet ;

— les ventes de phosphates subirent les contrecoups de l'embargo et la levée de celui-ci ne permit pas pour autant d'atteindre les niveaux escomptés. Les ventes de potasse et d'engrais azotés soviétiques à Occidental se révélèrent de moitié moins importantes que prévu ;

— l'installation d'usines de conserves de bœuf dut également être abandonnée en raison des faibles capacités de réfrigération et de stockage existant en U.R.S.S...

Ces désillusions s'étendaient à l'ensemble des pays est-européens avec lesquels Occidental avait noué des liens exceptionnellement étroits. Ainsi que le confiait Herter Heiss, responsable au département du Commerce soviétique : « Ces Etats savaient qu'ils pouvaient négocier avec cette compagnie sans avoir à nous demander le feu vert. »

En 1980, Hammer se rendit en Pologne en compagnie de Sean Mac Bride afin d'y organiser une conférence sur la paix et les droits de l'homme. Le moment n'était pas très bien choisi. Le Premier secrétaire du parti, Edward Gierek, et son équipe, en passe de basculer dans les poubelles de l'Histoire, furent leurs seuls interlocuteurs, cependant que l'immense élan de Solidarité s'étendait à toute la Pologne. Hammer et Mac Bride se montraient on ne peut plus réservés vis-à-vis du syndicat de Lech Walesa. L'homme d'affaires américain y voyait un puissant facteur d'instabilité, contrariant la bonne marche de ses affaires, et Mac Bride croyait déceler, derrière l'élan populaire, un travail de manipulation souterraine de la C.I.A.

Entre Occidental et Varsovie, un contrat de 1 330 millions de dollars, reposant sur la vente de phosphates américains en échange de soufre polonais, resta en suspens. Hammer mit en cause l'instabilité politique et les pressions qui s'exerçaient sur ce pays pour expliquer son semi-échec.

Argument guère recevable en Bulgarie, satellite docile de Moscou. Là, un accord décennal de coopération portant sur des domaines aussi divers que la construction d'usines chimiques et le développement des ressources charbonnières restait néanmoins sans effet.

Seule la Hongrie semblait échapper à ce bilan assez terne, et le milliardaire américain ne manquait pas une occasion d'insister sur la réussite de l'expérience menée à Budapest : « J'ai dit à Janos Kadar : vous avez réussi parce que vous avez réconcilié capitalisme et communisme. — Ne dites jamais ça ! m'a-t-il répondu. J'ai réussi parce que j'ai réconcilié le communisme et l'homme... »

Pour préserver leurs réserves en devises, les pays communistes avaient astreint leurs partenaires occidentaux — y compris Occidental — à des arrangements les obligeant à recevoir en paiement des biens ou des matières premières qu'ils ne pouvaient pas toujours revendre à l'Ouest avec profit. Au-delà de ces expédients se profilait une interrogation fondamentale : pouvait-on réellement s'engager dans une véritable coopération avec les économies planifiées du monde communiste ? La détente, si longtemps brandie et défendue, n'était-elle pas, en considérant les choses avec indulgence, un simple leurre, ou, d'un point de vue réaliste, une véritable supercherie ?

Bien des arguments avancés par les « détentistes » se révélaient à l'examen on ne peut plus faibles et même spécieux.

Ainsi l'idée d'une modernisation de l'appareil productif soviétique à travers l'émergence de nouvelles générations de techniciens. Toutes les informations recueillies révèlent que le respect de l'orthodoxie est tout aussi répandu dans ces secteurs que dans les autres domaines d'activités, la docilité restant le principal critère pour qui veut faire carrière et gravir les échelons. Un ancien chercheur soviétique de haut niveau, aujourd'hui installé en Israël, le professeur Perak, estime que « le système soviétique contient suffisamment d'anticorps pour résister à l'injection et à la diffusion de technologies étrangères... Les chercheurs s'inspirent souvent de brevets étrangers, qu'ils plagient en les modifiant quelque peu. Ils font ensuite croire à leurs supérieurs qu'il s'agit du fruit de leurs propres travaux. Aucun de ces hommes ne souhaite la diffusion de technologies étrangères sur une large échelle. Ils redoutent une telle éventualité qui ferait apparaître, par contraste, l'absence de consistance de leurs propres efforts ».

L'introduction de Pepsi Cola, vendue comme une boisson de luxe, ou l'apparition du jean, ne marquent pas la fin d'une orthodoxie à laquelle reste tenue la majeure partie de la population. Les seuls consommateurs à être pris en considération sont les militaires. Plus de 135 usines, entre 4 et 7 millions de personnes travaillent pour les divers secteurs de la Défense, qui font part de leurs besoins aux fournisseurs, comme aux Etats-Unis, et peuvent refuser les produits qui ne répondent pas à leurs exigences. Il arrive même fréquemment que plusieurs usines travaillant pour les secteurs militaires soient mises en concurrence pour la fabrication d'un même produit.

Signe de la formidable stérilité du régime soviétique : son incapacité à organiser un fonctionnement normal de l'économie, et sa remarquable propension à voler, frauder, copier les plus récentes découvertes. Toutes les enquêtes réalisées aux Etats-Unis soulignent l'hémorragie de produits, d'inventions, d'informations hautement stratégiques tombés entre les mains de l'U.R.S.S. et de ses alliés : « Une guérilla technologique incessante qui mine le leadership et la capacité de défense des Etats-Unis », déclare à ce sujet un proche de Ronald Reagan.

Les rapports parvenus sur le bureau présidentiel témoignent de la gravité de la situation : « Les plans et produits volés ont permis à l'Union Soviétique de combler, dans le domaine militaire, un retard de près de dix ans. »

En 1921, dans un essai sur l'Or, Lénine recommandait à ses camarades de se conduire comme « les plus impitoyables des capitalistes, jusqu'au triomphe mondial du socialisme... Quand vous vivez dans un monde de loups, vous devez hurler comme eux », écrivait-il. En l'espace de soixante ans, cette consigne a permis à l'Union Soviétique de devenir une formidable machine à spéculer, appliquant les techniques les plus sophistiquées de manipulation des cours et des marchés.

En novembre 1984, l'U.R.S.S. annula ou différa d'importantes livraisons de pétrole à certains de ses clients d'Europe de l'Ouest. Motif officiellement invoqué : les mauvaises conditions climatiques régnant dans les zones pétrolières de Sibérie. Nul ne crut un seul instant au bien-fondé de cette explication. Pour Wall Street, Londres et Zurich, cette mesure n'avait qu'un seul objectif : faire monter les cours du pétrole, dont l'U.R.S.S. reste le premier producteur mondial.

Clifford Drake, président d'Avant-Petroleum Inc., un des plus importants acheteurs américains de matières premières en provenance d'U.R.S.S., confirma cette hypothèse : « Quelquefois, ils stoppent brutalement toute exportation si les cours stagnent ou chutent, afin de créer une pénurie artificielle. »

A la même époque, les responsables soviétiques des achats de blé annulèrent le voyage qu'ils devaient effectuer en Argentine, leur premier fournisseur. Peu après, des rumeurs filtrèrent, indiquant que les achats soviétiques allaient être révisés en baisse. En quelques semaines, le blé argentin perdit 22 % de sa valeur. Peu avant Noël, Moscou, profitant de l'effondrement du marché, passait avec Buenos Aires un important contrat.

Les techniques de désinformation couramment appliquées

en politique s'étendent naturellement au secteur économique : renseignements incomplets, erronés, permettant de fausser la capacité d'analyse et de négociation des firmes occidentales. A l'intérieur de ce grand corps bureaucratique que l'on imagine frappé d'une torpeur mortelle, les organisations commerciales négociant avec l'Occident sont autant de cellules autonomes de taille réduite, disposant des instruments d'analyse et d'action les plus sophistiqués. « Une douzaine d'hommes, pas plus, indique un banquier américain, disposent des pleins pouvoirs pour tous les achats de blé à travers le monde. » Tous les hommes d'affaires qui ont négocié avec eux comparent ces responsables à des joueurs d'échecs préparant soigneusement le moindre coup, recherchant la combinaison complexe qui surprendra et désarçonnera le mieux. La plupart ont été formés à l'Institut des Relations internationales ou dans la prestigieuse Académie pour le Commerce avec l'étranger, véritable équivalent de la Harvard Business School américaine. Virtuoses, ils doivent être en mesure d'effectuer en l'espace de quelques minutes des ventes ou des achats massifs de devises, en traitant simultanément avec vingt ou vingt-cinq banques à travers le monde ; ils jouent sur la relative vulnérabilité de ces établissements, dont chacun ne connaît qu'une fraction du montant total négocié, pour obtenir les prêts ou crédits aux meilleures conditions.

Ce goût du secret, qu'ils partagent avec les protagonistes du capitalisme spéculatif, se retourne parfois contre eux : récemment, une de leurs banques à Zurich, la Wozchod Handessbank, aurait subi plus de 78 millions de dollars de pertes en spéculant sur l'or.

Pour un financier belge installé à Anvers, qui négocie régulièrement avec eux, « ce sont les plus rusés et les plus durs des capitalistes ».

« En fait, notre mot d'ordre est on ne peut plus simple, révèle le directeur de la Banque centrale soviétique à Marshall Goldman, directeur de l'Institut d'Etudes russes de Harvard. Nous demandons à nos opérateurs de faire exactement le contraire de ce qu'ils feraient chez nous... »

Le K.G.B., selon tous les témoignages, joue un rôle clé dans la collecte d'informations sur la santé économique des grandes firmes occidentales et dans la coordination entre les différents organismes commerciaux. De l'avis de nombreux financiers, la Banque soviétique pour le commerce avec l'étranger, qui assure la plupart des transactions, bénéficie fréquemment de renseignements confidentiels en provenance des banques centrales européennes, ce qui implique que des complicités lui seraient acquises au sein même de ces établissements.

Juste après sa réélection, Reagan prononça des paroles empreintes de modération à l'adresse de l'Union Soviétique, les accompagnant d'une offre de reprise du dialogue.

Deux ans auparavant, la très populaire éditorialiste Ann Landers, dont les articles sont lus à travers toute l'Amérique, envoya à Reagan un papier qu'elle venait de publier sur les risques de catastrophe nucléaire. Le président lui suggéra de l'adresser également à Brejnev. Landers répondit alors : « Armand Hammer, votre ami et celui de Léonid Brejnev, serait la personne la mieux indiquée pour accomplir un geste d'une portée aussi symbolique. »

Cette accession au statut envié d'« homme de la paix » comblait probablement les vœux de Hammer qui devait rêver secrètement d'obtenir un jour le prix Nobel... comme son ami Mac Bride.

En décembre 1984, alors que les signes d'un réchauffement des relations entre les deux superpuissances se multipliaient, il prit une nouvelle fois le chemin de Moscou. Il y fut longuement reçu par Tchernenko, avec les mêmes égards que du temps de Brejnev.

Cette visite revêtait néanmoins l'allure d'un *remake*, dont on sait qu'il est toujours moins réussi que l'œuvre originale. Cette fois, l'instabilité ne caractérisait plus l'administration américaine, mais la direction soviétique. Tchernenko donnait toutes les apparences d'un pape de transition.

Peu avant son départ pour la capitale soviétique, vêtu d'un

élégant costume bleu nuit, il déclarait avec cette pointe de dramatisation dont ses propos ne se départissent jamais :

« Depuis soixante-six ans que je suis mêlé aux rapports Est-Ouest, jamais les relations entre Moscou et Washington n'ont été aussi mauvaises. La raison en est tragiquement simple : les négociations restent confiées à des subalternes pleins de méfiance et de préjugés les uns envers les autres. Ils freinent tout processus vers un accord. C'est pourquoi il faut que Monsieur Reagan et le principal dirigeant soviétique se rencontrent rapidement, seuls, en tête à tête ; qu'ils se parlent et se comprennent. Alors nombre d'*a priori* et d'arrière-pensées tomberont. »

Tchernenko ne rencontrera jamais le président américain, mais Hammer connaît parfaitement son successeur. On dit même que les thèses défendues par Gorbatchev sur la priorité à accorder au développement économique doivent beaucoup au vieux patriarche de Los Angeles.

L'évolution au sein de l'appareil dirigeant soviétique permettra-t-elle à Hammer d'imposer son scénario, lui qui affirme que « la chose la plus triste au monde est un projet qui n'aboutit pas [3] » ?

Avril 1985

NOTES BIBLIOGRAPHIQUES

CHAPITRE II

1. Zeman Z. A. B., *Germany and the Revolution in Russia, 1915-1918,* documents from the Archives of the German Foreign Ministry, Oxford University Press ; Zeman et W.B. Scharlau, *The Merchant of Revolution : the life of Alexander Israel Helphand (Parvus) 1867-1924,* Oxfor University Press ; Soljenitsyne Alexandre, *Lénine à Zurich,* Seuil.

2. Bagocki S., *Rencontres avec Lénine en Pologne et en Suisse,* Moscou ; Hoffman Max, *War Diaries and other Papers,* London, Seeker ; Vlam Adam, *The Bolcheviks,* Harvard University Press ; US Committee on Public Information, *The German-Bolchevik Conspiracy,* n° 20, october 1918.

3. Browder Paul et Kérensky Alexander F., *The Russian Provisional Government,* 1917, Stanford University Press ; Futrell Michael, *Northern underground,* London, Faber and Faber ; US State Department, Decimal File 861 00/1130 ; Sutton A., *Wall Street and the Bolchevik Revolution.*

4. Allelouïev, *La Chronique rouge,* Moscou, 1924 ; Hanecki J., *Le Retour du camarade Lénine,* La Révolution prolétarienne, Moscou ; Lénine, *Œuvres complètes.*

5. Allen Gary, *None Dare Call it conspiracy,* Rossmoor, California ; Dodd, William Edward, *Ambassador Dodd's Diary,* Harcourt Brace ; Hagedorn Hermann, *The Magnate : William Boyce Thompson and his time (1869-1930)* ; Reynal and Hitchkock, *Lorkhart Bruce Robert, British Agent,* Putnam's ; Moody John, *The Truth about the Trusts,* New York, Moody Publishing, 1905 ; Nevada Joseph, *Trotsky and the Jews,* Philadelphia, Jewish Publication Society ; Steffens Lincoln, *Letters,* Harcourt Brace ; Trotsky Léon, *Histoire de la Révolution russe, Le Triomphe des Soviets* ; *Ma vie* ; Washington Post, 2 février 1918.

CHAPITRE III

1. Cave Brown Anthony et Charles McDonald, *On a field of Red,* Putnam (remarquable travail socio-politique faisant l'historique de l'ascension d'Hitler et de Staline et de l'entrée en scène de Roosevelt).

2. Browder Robert Paul, *The Origins of Soviet-American Diplomacy,* Princeton. Draper Theodore, *The Roots of American Communism,*

Viking ; Filene Peter G., *Americans and the Soviet Experiment 1917-1933,* Harvard University Press ; Glazer Nathan, *The Social basis of American Communism,* Harcourt Brace ; *Ideology and Economics : US Relations with the Soviet Union 1918-1933,* Columbia University of Missouri Press ; Kampelman Max, *American Labor, The Communist Party against the C.I.O.,* Arno, New York ; Lénine, *Œuvres complètes ;* Ulam Adam, *The Bolcheviks,* Harvard University Press.

3. Dangulov Savva, *Lenin Talks to America,* Moscou, Ed. du Progrès ; Department of Justice upon the Status of Martens, 7 décembre 1920 ; Gitlow Benjamin, *I confess,* Dutton ; *The whole of their Lives,* Scribner's ; State Department Archives, mai 1935 : memorandum on the Communist Party in Russia and Relation to the Third International, 20 mars 1920 ; Sutton Anthony C., *Wall Street and the Bolchevik Revolution,* Arlington (réflexion remarquable, complétée par *Western Technology and Soviet Economic Development*) ; Wolfe Bertram D. *A Life in two centuries,* Stein and Day ; *New York Times,* 6 novembre 1921, 20 juillet 1920, 18 septembre 1920.

CHAPITRE IV

1. Carr E.M., *The Bolchevik Revolution 1917-1923* ; Dangulov Savva, *Lenin Talks to America,* Moscou, Ed. du Progrès ; Finder Joseph, *The Red Carpet,* Holt Rinehart and Winston ; Fainsod M., *How Russia is ruled,* Cambridge, Massachusetts ; Heller A.A., *The Industrial Revival in Soviet Russia,* New York, Seltzer ; Hullinger Edwin, *The Reforging of Russia,* New York, Dutton ; Lazitch Branko, *Dictionnaire biographique du Komintern,* Stanford, Californie ; Lénine, *Œuvres complètes* ; Rhys Williams Albert, *Journey into Revolution : Petrograd 1917-1918,* Chicago, Quadrangle ; Salisbury Harrison, *The Soviet Union : the Fifty years,* Harcourt Brace ; Ulam Adam, *The Bolcheviks,* Harvard University Press ; *Krasnaya Gazeta,* 21 janvier 1926.

2. Belkman Alexander, *The Bolchevik Myth,* New York, Boni et Liveright ; Furayev V.K., *USSR-USA Economic relations,* Moscou ; Lénine, *Œuvres complètes* ; Prothro James Warren, *The Dollar Decade* Baton Rouge, 1954 ; Documents of Soviet Foreign Policy, Gospolitizdat, Moscou, 1957 ; *La Chronique rouge,* Léningrad, n° 2, 1925 ; *New York Times,* 4 et 6 novembre 1921 ; Yergin Daniel et Gillette Philippe S. *The One Man Flying Multinational,* Atlantic Monthly, 1975.

CHAPITRE V

1. Brough James, *The Ford Dynasty : An American Story,* Doubleday ; Browder Robert Paul, *Soviet American Diplomacy,* Princeton ; Cave Brown Anthony et McDonald Charles, *On a Field of Red,* Putnam ; Filene Peter G., *American and the Soviet Experiment,* Harvard University Press ; Fisher Louis, *Oil Imperialism : The International Struggle for Russian Petroleum,* New York, 1926 ; Ford Henry, *My life and Work,* Garden City ; Gitlow Benjamin, *The Whole of their Lives,* Scribner's ; Lee Albert, *Henry Ford and the Jews,* Stein and Day ; Libbey James K., *Alexandre Gumberg and Soviet American relations,* University of Kentucky Press ; Reed John, *The Sisson Documents,* Liberator Publishing ; Shishkin V.A., *The Soviet State and the West,* Léningrad ; Yergin Daniel, *Shattered Peace,* Houghton Mifflin, édition française, Balland ; Atlantic Monthly : *The One man, flying multinational,* Daniel Yergin ; *Ford Archives,* Edison Institute, Dearborn, Michigan ; Mémorandum de l'Ambassadeur US en Italie au Secrétaire d'Etat, 4 mai 1922.

2. Bryant Louise, *Mirrors of Moscow,* Seltzer, New York ; Bullitt

William, *Mission to Russia*, B.W. Huebsch ; *It's not done*, Harcourt Brace ; Campbell Thomas D., *Russia Market or Menace*, New York ; Finder Joseph, *The Red carpet*, Holt Rinehart and Winstoin ; Gitlow Benjamin, *I confess*, New York, Dutton ; Hearing Scott, *The Economic Organization of the Soviet Union*, Vanguard Press ; Hoetzsch Otto, *Le Caractère et la situation internationale de l'Union des Soviets*, Genève, 1932 ; Lénine, *Œuvres complètes* ; *Lénine on the United States*, Moscou, Ed. du Progrès ; Lyons Eugene, *Assignment in Utopia*, Harcourt Brace ; Papaionnou Kosta, *L'Idéologie froide*, Pauvert ; Schwartz Jordan A., *The Speculator : Bernard Baruch in Washington*, University of North Carolina Press ; Wolfe Bertram D., *A Life in two centuries*, Stein and Day ; *Brookly Eagle*, 7 décembre 1930, Congressional Record ; *New York Times*, 8 octobre 1930 ; *Nation's Business*, Henry Ford : Pourquoi j'aide la Russie, 22 juin 1930 ; National Archives : *L'Orchestre Rouge, rapport préparé par la C.I.A.*

CHAPITRE VI

1. Deutscher Isaac, *The Prophet unarmed : Trotsky 1921-1929*, London ; Dobb Maurice, *Soviet Economic Development since 1917*, New York International Publishers ; Fainsod M., *How Russia is ruled*, Cambridge University Press ; Gigon Fernand, *Le Jeudi noir*, Laffont ; Hammer Armand, *Quest of the Romanoff Treasure*, 1935 ; Lovenstein Meno, *American opinion of Soviet Union*, American Council on Public Affairs ; Lyons Eugene, *Assignment in Utopia*, Harcourt Brace ; Pipes Richard, *The Formation of the Soviet Union*, Cambridge University Press ; Rozanov, *Souvenirs sur Lénine*, Moscou ; Salisbury Harrison, *Without fear of favor*, Times Books ; Thomas et Witts, *Les Coulisses du Krach de 1929*, Belfond ; Trotsky : *Journal d'exil* ; Ulam Adam B., *The Bolcheviks*, Harvard University Press ; Williams Robert C., *Russian Art and American Money*, Harvard University Press.

2. Browder Robert Paul, *Soviet American Diplomacy*, Princeton.

3. Amstrong John, *The Politics of Totalitarianism*, Random House ; Bullitt William C., *It's not done*, Harcourt Brace ; Cordell Hull, *Memoirs*, New York ; Davies Joseph E., *Mission to Moscow*, New York, 1941 ; Draper Theodore, *American Communism and Soviet Russia*, Viking Press ; Fischer Louis, *The Soviets in World Affairs*, London, 1930 ; Furayev V.K., *USSR-USA Economic Relations*, Mysl, Moscou ; Gitlow Benjamin, *I confess*, Duton ; Grew Joseph C., *Establishment of Diplomatic relations with the Union of Soviet Socialist Republics*, Washington, Government Office, 1933 ; Papaionnou Kosta, *L'Idéologie froide*, Pauvert ; Roosevelt Eleanor, *This I remember*, New York, 1949 ; Franklin Roosevelt Library ; Morgenthau Diaries, *Colliers*, 11 octobre 1947 ; *New York Times*, 1er juillet 1933, 3 juillet 1933, 18 novembre 1933 ; *Foreign Relations*, 1933 ; *Daily Worker*, 21 novembre 1933 ; *Nation*, 17 janvier 1934 ; *New Yorker*, 23 décembre 1933.

CHAPITRE VII

1. Brzezinski Zbigniew, *La Révolution technetronique*, Calmann Lévy ; *Illusion dans l'équilibre des puissances*, L'Herne ; Filene Peter G., *American and the Soviet Experiment*, Harvard University Press ; Halberstam David, *The Best and the Brightest*, Random House ; Harriman Averell, *Special envoy to Churchill and Stalin*, Random House ; Truman Harry, *Mémoires*, Plon ; Yergin Daniel, *Shattered Peace*, Houghton Mifflin, édition française, Balland ; Barnett Richard J., *The Giants* (analyses souvent pénétrantes sur les relations U.R.S.S.-Etats-Unis), Simon and Schuster ; Goldmann Marshall, *Detente and Dollars*, Basic

Books ; Levinson Charles (en collaboration avec Eric Laurent), *Vodka-Cola,* Stock (où est évoquée la genèse de cette politique de détente) ; Ulam Adam B., *Expansion and Coexistence,* New York, Praeger ; *L'Expresso,* 1958 ; *New York Times,* 29 avril 1946, 20 juillet 1946, 20 octobre 1948 ; *Forbes,* 28 avril 1980.

CHAPITRE VIII

1. Bolhen Charles E., *Witness to History 1929-1969,* New York, Norton ; Cate Curtis, *The Ides of August,* Evan, édition française, Balland ; de Gaulle, *Mémoires,* Plon ; Finder Joseph, *The Red Carpet,* Holt Rinehart and Winston ; Galbraith John Kenneth, *Economics, Peace and Laughter,* Hougthon Mifflin ; Gurevitsch David, *Eleanor Roosevelt,* New York, Quadrangle ; Halberstam, *The Best and the Brightest,* édition française : « On les disait les meilleurs et les plus intelligents », Laffont ; Kissinger Henry, *Nuclear Weapons and Foreign Policy,* Harper ; Khrouchtchev, *Mémoires,* Little Brown, édition française, Laffont ; Sulzberger Cyrus, *A long row of candless,* MacMillan.

2. Barnett Richard J., *The Giants,* Simon and Schuster ; Kutz Myer, *Rockefeller Power,* Simon and Schuster ; Lundberg Ferdinand, *The Rich and the Super-Rich,* Lyle Stuart ; Shulman Marshall D., *Agenda for a Nation,* Brooking Institute ; Tatu Michel, *Le Pouvoir en U.R.S.S.,* Grasset ; White Theodore, *Forfaiture à la Maison Blanche,* édition française, Fayard ; *New York Times,* 18 septembre 1959, 27 septembre 1964, 26 et 27 octobre 1962 ; *New Yorker,* 1er décembre 1962 ; *Saturday Evening Post,* 12 mars 1966.

CHAPITRE IX

1. Sampson Anthony, *Seven Sisters,* Hodder and Stonghton, London ; édition française, Alain Moreau ; Bainbridge John, *The Super Americans,* London ; Duchesnau Thomas, *Competition in the Us Energy Industry,* Ballinger ; Faure Edgar, *Le Pétrole dans la paix et dans la guerre,* éd. Nouvelle Revue critique, 1939 ; Engler Robert, *The Brotherhood of Oil,* Chicago Press ; *The Politics of Oil,* Phoenix Brooks ; Mosley Leonard, *La Guerre du pétrole,* Presses de la Cité.

2. *Atlantic Monthly,* The One Man flying multinational, Daniel Yergin ; *New York Times Magazine,* 29 novembre 1981 ; *Business Week,* 18 décembre 1971 ; *Observer,* 9 août 1981 ; *Forbes,* 28 avril 1980 ; *Sunday Times Magazine,* 24 juin 1984 ; Lyndon Johnson Library ; *Mother Jones,* The Bechtel File, septembre-octobre 1978 ; *Wall Street Journal,* 8 février 1972.

CHAPITRE X

1. Banada Harmid, *Kadhafi : Je suis un opposant à l'échelle mondiale,* Editions Favre ; Heikal Mohamed, *Le Sphinx et le Commissaire,* éditions Jeune Afrique ; entretien avec l'auteur.

2. *Mother Jones,* The Bechtel File, septembre-octobre 1978 ; Sampson Anthony, *The Seven Sisters,* Hodder and Stonghton, édition française, Alain Moreau.

3. *Atlantic Monthly,* One Man, flying Multinational, Daniel Yergin ; *Forbes,* 28 avril 1980 ; Golan Matti, *Conversations secrètes au Proche-Orient,* édition française Laffont ; conversation de l'auteur avec André Bénard.

4. Barnett Richard J., *The Giants,* Simon and Schuster ; *Foreign Affairs,* avril 1973 ; Multinational Hearings, Congrès, 1974 ; Rovere Richard, *The American Establishment,* New York, Random House ; Sarkis Nicolas, *Le Pétrole à l'heure arabe,* avec Eric Laurent, Stock ;

Shawdran Benjamin, *The Middle East, Oil and the Great Powers,* New York.

CHAPITRE XI

1. *Business Week,* 31 juillet 1971 ; *Esquire,* avril 1975 ; Klein Herbert, *Making it Perfectly Clear,* Doubleday ; Louis J.C. et Yazijian H.Z., *The Cola wars,* Everest House ; *New York Times,* 27 juillet 1959 ; Nixon Richard, *Mémoires,* Grosset and Dunlap, édition française, Stanké ; Thomas Bob, *Joan Crawford,* Simon and Schuster ; Witcover Jules, *The Resurrection of Richard Nixon,* Putnam.
2. Barnet Richard J., *The Giants,* Simon and Schuster ; *Esquire,* avril 1975 ; Goldman Marshall, *Soviet Foreign Aid,* New York, Praeger ; Levinson Charles (en collaboration avec Eric Laurent), *Vodka Cola* (pour l'opposition entre système économique national et multinational) ; Vernon Raymond, *Apparatchiks and Entrepreneurs,* Foreign Affairs, janvier 1974.
3. Levinson Charles (en collaboration avec Eric Laurent), *Vodka Cola.*
4. *East-West Trade,* mars-avril 1970 ; *Forbes,* 18 avril 1980 ; Karnow Stanley, *Vietnam,* Presses de la Cité ; Kennan George, *Foreign Affairs,* octobre 1972 ; Kissinger Henry, *White House years,* Little Brown, édition française, Fayard ; Lukas Anthony, *Hightmare,* Viking Press ; Nizer Louis, *Reflections without mirrors* ; Stans Maurice, *Terrors of Justice,* Everest House.

CHAPITRE XII

1. Finder Joseph, *The Red Carpet,* Holt Rinehart and Winston.
2. Holzman Frankly D., *International Trade under Communism,* Basic Books ; *New York Times Magazine,* Jay Epstein, 29 novembre 1981.
3. Brownstein et Easton, *Reagan's Ruling Class,* Pantheon Books ; Channing C.G., *Siberia's untouched Treasure,* Putnam's Sons, 1923 ; *Fortune,* 7 avril 1980, juillet 1973 ; Lénine, *Œuvres complètes ; New York Times,* 20 et 21 mai 1973 ; St Georges Georges, *Sibérie, le géant qui monte,* Stock ; Sutton Anthony, *Western Technology and Soviet Economic Development,* Arlington House.

CHAPITRE XIII

1. Goldman Marshall, *Detente and Dollars,* Basic Books ; Halberstam David, *The Powers that be,* Knopf, édition française Fayard ; Kissinger Henry, *The White House years,* Little Brown ; Levinson Charles (en collaboration avec Eric Laurent), *Vodka Cola,* Stock (sur l'US-USSR Council et le rôle de Nixon dans l'affaire chilienne) ; Lukas Anthony, *Hightmare,* Viking Press ; Stans Maurice, *The Terrors of Justice,* Everest ; *Time,* 25 juin 1973.
2. *Esquire,* avril 1975 ; Furayev V.K., *USSR-USA Economic Relations,* Moscou ; Levinson Charles (en collaboration avec Eric Laurent), *Vodka Cola,* Stock ; *New York Times Magazine,* 5 janvier 1975 ; White Theodore, *Breach of Faith,* Atheneum ; *Washington Post,* octobre 1973, 23 juin 1973 ; Wise David, *The Politics of Lying,* Random House.

CHAPITRE XIV

1. Engler Robert, *The Brotherhood of Oil,* Quadrangle ; Finder Joseph, *The Red Carpet,* Holt Rinehart and Winston ; *Forbes,* 28 avril 1980 ; Nizer Louis, *Reflections without Mirrors* ; *Sunday Times Magazine,* 24 juin 1984 ; *Wall Street Journal,* 5 mars 1976 ; White Theodore, *Breach of Faith,* Atheneum.

2. Allen Gary, *The Rockefeller File,* Press of California ; autre ouvrage récent sur le C.F.R. : *The Wise men* ; Kennan George, *Foreign Affairs,* 1947 ; Molnar Thomas, *Le Modèle défiguré,* édition française P.U.F. ; Morgenthau Henry, *Diaries,* Colliers, 1947 ; Nizer Louis, *Reflections without mirrors* ; Persico Joseph, *The Imperial Rockefeller,* Simon and Schuster ; White Theodore, *Breach of Faith,* Atheneum.

3. Domhoff William G., *The Bohemian Grove,* Harper and Row ; Moskowitz Milton et Michael Katz, *Everybody's Business,* Harper and Row ; *Mother Jones,* août 1981 ; *People,* 29 novembre 1982 ; *Progressive,* janvier 1981.

CHAPITRE XV

1. *Fortune,* 3 décembre 1979.

2. *New York Times,* 13 février 1979.

3. *Commentary,* octobre 1974 ; *Foreign Affairs,* Detente or Entente, avril 1975 ; *Foreign Policy,* William Sullivan, 1980 ; Garcia Marquez Gabriel, *Agence Prensa Latina,* janvier 1977 ; Ivanov I.D., *Multinational Corporation in the World Economy,* Moscou ; Leeden Michael et Lewis William, *Debacle,* Knopf ; *New York Times Magazine,* 30 mai 1976 ; Salinger Pierre, *Otages,* édition française, Buchet-Chastel.

4. Carter Jimmy, *Mémoires,* édition française, Plon ; *Chicago-Sun Times,* novembre 1979 ; *Le Milieu des Empires,* Laffont, 1980 ; Moskowitz Milton, *Everybody's Business,* Harper and Row ; *New York Times,* 9 août 1980, 20 décembre 1981, 22 novembre 1976, 31 janvier 1980 ; *New York Times Magazine,* 29 novembre 1982 ; *Pravda,* 24 août 1978.

CHAPITRE XVI

1. Allen Gary, *The Rockefeller File* ; Carter Jimmy, *Mémoires,* édition française, Plon ; Fejtö François, *Chine-U.R.S.S.,* Seuil ; Kissinger Henry, *White House Years,* Little Brown, édition française, Fayard ; *Washington Post,* 21 octobre 1984.

2. *Business Week,* 10 janvier 1977 ; Finder Joseph, *The Red carpet,* Holt Rinehart and Winston ; *Mother Jones,* 1982 ; *New York Times Magazine,* 24 novembre 1981 ; Nussbaum Bruce, *The World after oil,* Simon and Schuster, édition française, Acropole ; Schmitt Carl, *La Notion de politique,* Calmann-Lévy ; Smith Hedrick, *Reagan The man,* Macmillan, édition française Balland.

3. *Atlantic Monthly,* The One man, flying Multinational, Daniel Yergin, 1975 ; Barghoorn Frederick, *Detente and the Democratic Movement in USSR,* Free Press ; *Business Week,* 10 septembre 1984 ; Corkburn Andrew, *La Machine de guerre soviétique,* Plon ; Fay Stephen, *Beyond Greed,* Viking Press, édition française, Godefroy ; *Forbes,* avril 1980 ; *Foreign Policy,* William Maynes, spring 82 ; Parry Albert, *New Class divided* (Russian Science and Communism), MacMillan ; *Wall Street Journal,* 30 avril 1984 ; 16 octobre 1984 ; 30 janvier 1985.

— ACHEVÉ D'IMPRIMER —
LE 3 AVRIL 1985
SUR LES PRESSES DE
L'IMPRIMERIE
CARLO DESCAMPS
CONDÉ - SUR - L'ESCAUT
POUR LE COMPTE
DE LA LIBRAIRIE
ARTHÈME FAYARD
75, RUE DES SAINTS-PÈRES
PARIS VIe

35-57-7326-01
ISBN 2-213-01550-3
Dépôt légal : avril 1985
N° d'éditeur : 7098
N° d'imprimeur : 3731
Imprimé en France

35-7326-8